JN272648

THE ADVENT OF A SYNERGETIC SOCIETY

シナジー社会論

他者とともに生きる

今田高俊・舘岡康雄 ─────［編］
Imada Takatoshi　Tateoka Yasuo

東京大学出版会

THE ADVENT OF A SYNERGETIC SOCIETY
Living Together with Others
Takatoshi IMADA and Yasuo TATEOKA, Editors
University of Tokyo Press, 2014
ISBN 978-4-13-050181-1

はじめに

これまで数多くの社会論が語られてきた．産業社会論，大衆社会論，市民社会論，消費社会論，情報社会論，知識社会論，監視社会論，格差社会論，メディア社会論，リスク社会論など，数え上げればきりがないほどである．社会論とは何かという明確な定義はいまのところ見当たらないが，その共通点は，時代の変化とともに登場した，あるいはしつつある新たな現実を読み解く作業にあるといえよう．どのような社会論が歴史の淘汰に耐えて生き残るかは定かでないが，少なくとも人間社会の本質を突いた議論であることが優れた社会論の必須要件である．

1990年代のなかば以降，PCによるインターネット利用の普及と並行して，グローバル化が本格的に進んでいった．地球に暮らすだれとでもリアルタイムでコミュニケーションが可能となり，人とひとの個別のつながりが天文学的に増加したといっても過言でない．しかし喜んでばかりはいられない．コミュニケーションは人間相互の理解を高める効果をもたらすことは確かであるが，逆に相互の誤解を招き不信を高める場合もある．

今日，コミュニティの再生や携帯電話・SNS（ソーシャル・ネットワーク・サービス）を介した新しいつながりに社会的関心が高まっている．しかし，新しいつながりがどのように進展していくかに関して必ずしも楽観的になれない状況である．ネットや携帯電話のとりこになって，あまりにもつながりに神経質になることで，コミュニケーション本来のはたらきである相互了解や意思疎通の機能が失われるケースが多くなっている．つながりそれ自体に拘泥するあまり，つながり本来の機能が失われ，「つながり不全症候群」が現れている．

本書は人とひとのつながりをシナジー社会という視点から，前向きに捉えることを目的として編まれた．シナジーとは要素間の協同現象により新たな特性や秩序が生まれることを意味するが，この概念を社会論に適用するに当たって，人が互いに力を引き出し合うようなつながりに焦点をあてて，その兆候と傾向

の解明を試みた．その底流には効率と合理性を過度に優先してきたモダニティに対する反省と問い直しが存在している．モダニティは個人主義化を不可避のものとする．そこには人とひとのつながりを担保する論理基盤は見当たらない．

　自由で自立した人間が自己決定と自己責任にもとづいて行動するのがモダニティの論理の帰結である．このこと自体はとても重要で意義がある．しかし，この先に大きな分岐点が存在する．人を自己利益を求めてなりふり構わぬ競争へと駆り立てるか，あるいは相手の呼びかけに応えつつ相互に力を引き出し合うような協同へと向かわせるかである．シナジー社会は後者の道を進むことを意味する．

　社会が活力を持つためには競争が不可欠であるが，他者を出し抜く弱肉強食型の競争社会となるか，あるいは他者を慮る共生配慮型の競争社会となるかで，人びとの幸福は大きく左右されよう．競争社会が幸福をもたらすためには，他者を慮り，他者とともに生きることを基本とする「つながり社会」が不可欠である．このために，いまシナジー社会論の彫琢が求められている．

　シナジー社会はモダニティの足元で，〈ささやかな革命〉として進行中である．消費の場で，職場と家庭で，医療の場で，経営の場で等々，生活諸領域においてささやかに，しかし着実に変化の兆しが蓄積されつつある．本書はそうした動向に焦点をあてて分析を試みたものである．人間社会の本質を突いた議論になっているか否かは読者の判断にゆだねるほかないが，本書の構えは的を射たものであると信じてやまない．

　　2014 年 1 月 20 日

今 田 高 俊

目　次

はじめに　i

序章　フロンティアとしてのシナジー社会 ── 今田高俊・後藤実　1
　1　シナジー社会論の由来と意義　1
　2　シナジー社会の展開　4
　3　シナジーの潜在力 ── 生活の質の探究　10
　4　社会の質をめぐる近代の分岐　12

I ── シナジーの誕生

1章　モダニティとシナジー ── 後藤　実　21
　1　近代社会と諸機能の協力　21
　2　シナジー作用とその社会的展開　26
　3　シナジーが切り拓くモダニティの拡張領域とその変容 ── 幸福の主題化　30

2章　自由な個人と共同性 ── 武藤正義　37
　　　近代とポスト近代へ
　1　自由な個人と社会秩序　37
　2　政治的秩序問題と経済的秩序問題　40
　3　行為の外部性と創発効果 ── ゲーム理論の本質的要素　42
　4　人と人の間にあるフロンティア　46

3章　コモンズの悲劇からの脱出 ──────中井　豊　57
地域と社会的企業家のシナジー

1　自助・公助・共助　58
2　悲劇の舞台そのものが消える悲劇　59
3　管理者への選択的なインセンティブ　63
4　二重の悲劇の同時解決　66
おわりに　70

4章　政策決定のための幸福指標は実現するか ──岩井　淳　73
社会的選択理論の情報学的展開

1　社会的選択理論と幸福指標　74
2　社会的選択理論の問題設定　75
3　情報学的展開の試み　78
4　観察と評価に基づく社会的選択に向けての困難　81
おわりに　83

II ── シナジーの躍動

5章　シナジー消費の時代 ──────佐野美智子　89
つながりがもたらす幸せを求めて

1　手に入れたい生活の変化──消費がもたらす豊かさの変遷　90
2　幸福をもたらす消費とは？　96
3　経験の共有と共感──シナジー消費と幸せ　101

6章　グローバル化のなかの豊かさとリスク ──西山　昇　107
金融危機を事例として

1　グローバル市場主義のジレンマ　107
2　豊かさ指標と所得格差　110

3　リスク社会の到来と金融危機　113
　　4　競争と共同にゆらぐ境界　115

7章　不確実さのなかの生活設計　　　　　　　　　　栗林敦子　121

　　1　生活資源の変化　121
　　2　生活資源とライフコースの不確実性　123
　　3　個人のリスク・マネジメントと日本人の特徴　126
　　4　長期的な生活目標を達成するための新しい生活設計　129

8章　ポスト近代の仕事と家庭　　　　　　　　　　　池田心豪　135

　　1　「男性は仕事, 女性は家庭」のその後　135
　　2　仕事と家庭の両立をめぐる女性の選択——C.ハキムの選好理論を題材に　136
　　3　仕事と家庭の両立を図る女性の主体性——過去の反復・未来への応答　139
　　4　反復・応答と出産退職——データにみる女性の主体性と労働市場の構造　141

III──シナジーの未来

9章　〈生〉と〈死〉のシナジーを求めて　　　　　　遠藤　薫　153
　　　　「高齢社会」再考

　　1　「老い」を再考する　154
　　2　老死と社会　156
　　3　「老い」の抑圧と復活　160
　　4　成就としての老い, フロンティアとしての老い　165

10章　医療における新次元　　　　　　　　　　　　小松楠緒子　171
　　　　医師と患者の協同参加型モデル

　　1　協同参加型モデルの概要　171

2　協同参加型モデルの実際　173
　　3　協同参加型モデルのメリットと阻害要因　177
　　4　協同参加型モデルの展開および課題　180

11章　エネルギーと環境問題の本質　————一針源一郎　185

　　1　再生可能エネルギーの光と影　185
　　2　エネルギーとグローバル経済・政治　190
　　3　二酸化炭素を減らせるのか　191
　　4　幸せな未来へ向けて　194
　　おわりに　196

12章　"SHIEN" マネジメントとその先の近代————舘岡康雄　201

　　1　新たな時代の幕開け　202
　　2　来たるべき時代の捉え方　206
　　3　注目すべき経営的事実と実践　209
　　4　その先の近代を支える新たな概念と思想　216

終章　共生の原理を求めて————今田高俊　223

　　1　「つながり」の条件——自由主義か共同体主義か　223
　　2　他者性の再定位　226
　　3　つながり不全症候群　230
　　4　新しい共同体づくり——ケアを介した「つながり共同体」　233

おわりに　241

索　引　243

序章
フロンティアとしてのシナジー社会

今田高俊・後藤実

　シナジーとは部分の総和を超えた創発特性を生み出す相乗作用のことである．複数の人や事柄が，相互に作用しあうことで新たな効果や機能を生み出したり，既存のそれらを高めたりすることがシナジーである．本書では，相互に他者の力を引き出しあうことで自分だけではできない新たな現象を創発する社会をシナジー社会と定義する．

　3・11 以後，日本では人びとのあいだでつながりや絆を求める動きが高まっている．この意味で新しい協力形態をさまざまな角度から議論することは時宜を得ていよう．ただ本書の立場は，あくまでモダニティの深化と関連づけてシナジー社会の到来を問うことにある．今日，地域共同体の再生や SNS を介した新しいつながりは，世界的なテーマになっている．しかし，新しいつながりがどのように進展しているのかにとどまらず，なぜそうなのかを理解する必要がある．そのために，本書ではシナジー社会をモダニティとの関連で多角的に照射することを試みる．

1　シナジー社会論の由来と意義

　一般にシナジーという言葉を聞いて思い浮かべるのは経済的な相乗効果である[1]．だとすれば，それは収入，知識・情報を十分に持つ限られた人びとのあいだの創発効果や機会拡大の話にすぎない，という声が聞こえてきそうである．十分な知識・情報，経済的基盤を持たなければ個人間の創発効果が期待できないのであれば，シナジー社会は領域的に極めて限定されたものになる．しかしながら，情報化とグローバル化は社会の流動化を促進しており，人びとはそれぞれの立場に応じた不安を抱えるようになっている．こうした状況下では，人

は孤立した境遇に耐えられず，不安を解消するために他者とのつながりを求める動きが顕在化する．ここにシナジー社会が一般化する契機がある[2]．

シナジー社会論のルーツはエミール・デュルケーム（Émile Durkheim）の『社会分業論』にある[3]．後藤論文（第1章）にあるように，デュルケームは社会の健康状態としての幸福を維持するために，道徳の存在と専門化を強調した．つまり，法と道徳を基礎にした社会的分業によってはじめて有機的連帯が可能となることである．近代の理念である自由と平等を野放しに認めるのではなく，それらに節度を設けることで，社会は自己本位的な個人主義や欲求の無規制状態から免れ，有機的連帯が確保される．有機的連帯にとっての課題は，成員の異質性と相互依存性を高めることにある．このためには相互の「異質性の尊重」が不可欠である．有機的連帯はシナジー社会の定義にある「相互に他者の力を引き出しあう」ことまで要請しているわけではないが，他者の異質性を尊重した相互依存性はシナジー社会の基礎である．

デュルケームの有機的連帯は今日，社会関係資本（social capital）として関心を呼んでいる．人びとの絆，つながり，共同性と深く関わる．ロバート・パットナム（Robert Putnam）は，著書『孤独なボウリング』において，アメリカでコミュニティが衰退した原因を社会関係資本の不足に探っているが，そこで社会関係資本を「個々人の結合，そこから生じる社会的ネットワーク，互酬性の規範，信頼性をさす」と定義している[4]．社会関係資本の三要素である信頼，互酬性の規範，ネットワークはデュルケームの有機的連帯の構成要因とみなしうる．互酬性の規範と信頼にもとづいた人びとのネットワークはまさに社会的連帯をあらわす．「相互に他者の力を引き出しあう」シナジーが発生するためには，社会関係資本が充実して，社会的連帯と共同性が担保されている必要がある[5]．

近代社会を高度に機能分化を遂げたシステムと規定するニクラス・ルーマン（Niklas Luhmann）によれば，近代社会は政治・経済・教育・法・学問・宗教などの機能的部分システムが完全分化を遂げ，それぞれの作用が自律的な「閉じclosure」を持つに至った．このため，各部分システムは，オートポイエティック（自己産出的）に作動しあっているだけで，どの部分システムも社会システム全体を制御できない状態になっているとする[6]．近代社会は全体の舵取

りが不可能な状態に陥ったことだ．個別の部分システムが独自の論理で作動して，他の部分システムからの干渉を寄せつけないのである．ルーマンによればこのとき頼りにすべきは「システム信頼」であるという[7]．システム信頼とは，「システムが作動しているという前提のもとで，そのシステムの働きに信頼を置いている」ことである[8]．高度に機能分化した社会では，複雑性が増大するため，特定の個人に対する人格的信頼や慣れ親しみ（慣習）により全体を統治することはできなくなる．こうした社会では，部分システムごとに特化したシステム信頼の登場にリスク管理を委ねるほかない．現代社会についてのルーマンの捉え方はいかにもテクノクラティックである．彼のいう信頼は個別システムの制御能力に焦点があり，システム間の協調関係は視野の外にある．

　筆者らの見解では，高度な機能分化を遂げた近代社会は諸部分システムからなる自律分散系へと変容を遂げたのである．つまり，システム全体を統治するセンターはなく，自律的に行動する各サブシステム間の相互作用によって全体として機能するシステムのことである．自律的で自由な振る舞いをするサブシステム間の協調作業により全体としての秩序が形成される．自律分散系におけるシステム間の協調はシナジー現象と呼ばれてしかるべきである．

　ところで，シナジー社会で注目されるのは，他者の力を引き出すコミュニケーション業の発達である．企業を相手にしたコンサルタントにとどまらず，人の人生設計を支援するアドバイザーやプランナー，他者の心の痛みに寄り添い精神的な支援をおこなうカウンセラー，科学や健康など何らかの分野の専門情報や知識を持ち，これらを一般の人びとに分かりやすく解説するコミュニケーターなどがその例である．このような役割を担う人びとと接点を持つことで，境界を超えた人びとのつながりが拡大し，行為の自由度が拡大する．これはつながりの多様性のなかで得られる自由，すなわちシナジー的自由と呼びうるものである．

　情報化とグローバル化には，格差の拡大といった負の側面だけでなく，地域共同体や職場での人間関係を超えた広範な人びとのつながりを作り出す効果がある．だれもがコミュニケーション業やコラボレーション広場にアクセスし，関与できることがシナジー的平等としての意味を持ち始めている．

　以上，シナジー的自由と平等が伸張していくところに，シナジー化する社会

の事実性が認められる．

近代社会の理念は自由と平等に体現されている．ところが昨今，自由といっても収入や知識・情報などの資源保有者にとっての自由が強化されるとともに，生活様式の多様化が資源獲得の格差化と相関しあうかたちで進行する傾向がみられる．このため平等を保障する動きにブレーキがかかっている．つまり，特定の階層に限定された自由と平等がもたらされていることである．これに対してシナジー社会は拡張的な自由と平等の在り方を模索するものであり，自由と平等の新たな位相を実現する試みである．

2 シナジー社会の展開

2-1 シナジー関係の社会的埋め込み——社会空間の創出

社会のシナジー化によって人びとが得る果実とは何か．それはコミュニケーション回路が広がることで多元的な関与の機会を持てるようになることである．このような生活基盤を背景にして共感・共鳴にもとづくシナジーが生まれる．これは典型的には，人とつながることに喜びと幸福を感じる消費および社会生活におけるシェア志向にみられる．

佐野論文（第5章）は，モノやコトの消費を通して他者とつながり，相互に他者を活かしあうことで，自分だけではできない新たな自己実現や自己の成長を可能にする「シナジー消費」の台頭を紹介している．モノの所有を目的にお金を使うことと経験にお金を使うことでは，どちらがより幸福感につながるか．紹介されている調査研究によれば，経験を獲得することにお金を使うほうが，私たちをより幸せにするという．最近，話題になっている「社会貢献型消費」「エシカル消費」「ソーシャル消費」などにみられる向社会的支出はシナジー消費の典型である．向社会的支出とは，他者に利益をもたらす自発的行動としての支出であり，寄付金のほかにチャリティ商品やフェアトレード商品の購入，あるいはナショナルトラスト運動やさまざまなボランティア活動にかかる費用などからなる[9]．

「つながりを生み出す社会」をもたらす「第四の消費」を論じた三浦展によれば，社会生活におけるシェア志向が進んでいるという．彼は，20世紀初頭

から21世紀にかけての消費社会を4期に分類して特徴づける[10]．そして第四の消費社会を2005年以降の30年間とし，ノンブランドやシェア志向が優勢になると予測している．とりわけ消費における利他志向・社会志向への広がりを強調しており，そのポイントが「他者とのつながり」作りにあるとする．いわく，「自分専用の私物を増やすことに幸福を感じるだけの私有主義，私生活主義，マイホーム主義ではなく，第四の消費社会では，他者とのつながりを作り出すこと自体によろこびを見出すシェア志向の価値観，行動が広がっていく．このシェア志向の価値観，行動こそが，第四の消費社会における消費の基礎となっていくものである」[11]．

他方で，このような動きと連動して，社会システムの側でもシナジー的な社会関係を取り込み，シナジー作用が生む効果を活用しようとする動きがみられる．具体的には，タウンミーティング等の活用によって前提となる情報が共有されていない人びとのあいだの意思決定を円滑にし，問題関心の共有や政策の理解を進めながら合意形成をおこなう討議（熟議）デモクラシーの営みがそれである．

たとえば，専門家と市民が科学技術政策について熟議する「コンセンサス会議」，無作為抽出されたミニ・パブリックスとしての市民が特定の課題について討議し民意の変容を確かめる「討議型世論調査」，民衆集会と代表制を組み合わせて予算を作成する「参加型予算」（ブラジルのポルトアレグレ市で実施されている）などである[12]．これらは議会制民主主義の形骸化ないし機能不全からの回復をねらった試みである．機能する民主主義を実現するために，討議民主主義によって，直接民主主義と間接民主主義（議会制民主主義）の問題点を補完する模索が進んでいる．

また，企業では，コラボレーションを企業収益の向上のために利用する動きが顕著になっている．コラボレーションとは協同作業や連携を表わし，シナジーに近い概念であるが，今日，企業は異業種との連携で付加価値創造を高める試みが増えている．たとえば「自動車メーカーと家具メーカーによる自動車の共同開発」がある．コンピュータシステムを活用して，部門間を超える多人数の共同作業を実現している例もある．人材の多様性を経営資源として活用するダイバーシティー経営の制度化もシナジーの活用例であるといえる．ダイバー

シティー経営とは女性，外国人，高齢者，障害者等を含め，さまざまな人が働きやすい環境を構築し，多様な人材を活用して，企業の競争力に活かそうという取り組みである．

　さらに，舘岡論文（第12章）では，支援（SHIEN）マネジメントをとりあげ，「相互に人の力を引き出しあうこと」に焦点を当てたマネジメントの重要性を強調している．これまでは，組織は仕事を「させる」「させられる」の交換で成り立っていたが，つながりが重要になり，たがいを開き，重なりを作って，その重なりの領域で「してあげる」「してもらう」関係から新しい価値を生み出していく試みが増えているという．特に，その過程で「参加者誰もが想定しなかった解が立ち上がる」ことを，双方の意見や主張を超えるという意味で「第3のスペース」にジャンプすることとし，シナジーによる創発の視座を提示している．しかも，そこにつながりによるしがらみを超える自由の契機を見出すとともに喜びが伴うことを指摘している[13]．たがいに他を活かすことで価値創造へと導かれる仕組みは，シナジー経営といってよい．

　教育面では，他者の視点に配慮しながら問題の発見および解決の技法を習得するワークショップ型の授業の制度化が進んでいる．これは学習する主体が中心の授業スタイルである．教師は学習活動のテーマや大まかな規則を生徒に与えるだけで，生徒の活動にとやかく口を挟まない．生徒たちが授業に能動的に参加する．そして，活動後には反省会を開く．他の生徒の意見や感想を聞くことで気づきを得るという実践型の授業である．授業がとんでもない方向へと漂流してもかまわない．生徒の個性が相乗作用しあうなかに新たな発見を見い出そうとする．これは正解がない問題にどう対処すればよいかを学ぶ利点を持つ．

　以上のように，個人とシステム双方の動きが複合して協力形態が多様化することにより，社会的シナジーが展開される．官民協調，企業とNPO／NGO，行政と市民，消費者間，学問間，事業者間等での異質なもの同士の協力関係が生まれることで，シナジーが活性化する．シナジーには異質さのぶつかり合いにより，日常的なルーティンを超える創発過程が伴う．そして当事者が意図しなかった意外な効果や結果が生まれる．

2-2　シナジーの連鎖と物語の形成──意味と価値の創出

　シナジー社会の特徴は，単に新たな社会空間が創出されるだけではなく，シナジーを通じて意味空間が創造されることにある．シナジー社会では，行為の多意味化とその連鎖によって，より良い社会環境を作り出す営為が蓄積されていく．消費がモノやサービスの消費だけではなくフェアトレードと結びつくこと，また脱物質主義的な生活様式を追求する運動が環境破壊に対する社会変革としての意味を持つ例がそれである．さらには，個々の課題のもとに集まった集団がたがいに協力し，社会的な物語がつながることで生まれるシナジー効果が注目される．ここでいう物語とは，あらかじめ筋書が与えられているのではなく，協働作業を伴ったコミュニケーションによって創りあげられるものである．たとえば，趣味やスポーツのサークル，企業の勉強会，NPO，ベンチャービジネスにみるように，だれかが掲げたテーマやコンセプトのもとに人びとが集まり，意味づくりがなされ，それがネットワーク上で多数の参加者によって変形加工され生成変化を遂げていくことがそれである．そこでは人間が黒子となってネットワークの背景に退き，コミュニケーションによる意味たちの相乗作用が展開される．そして記号化された意味の創発が存在感を増すようになる．これは意味的なシナジー・ネットワークの出現である[14]．

　武藤論文（第2章）はゲーム理論のモデルを用いて二者関係のシナジーを定式化している．シナジーを定式化する際のポイントのひとつに利他性がある．彼によれば，ゲームの利得構造に利他性の程度をパラメーターとして組み込むことで，社会的協力関係ないし社会秩序がもたらされるという．まさに，シナジー効果による秩序の創発である．同論文が興味深いのは，人のネットワークと意味のネットワークのあいだの「二重のネットワークの共進化」というテーマを指摘していることである．さまざまな来歴を背負った人びとのコミュニケーションによって質的に新しい共同的意味が生成される時代の到来および意味のネットワークが主人公となって展開される人のネットワークの分析の必要性を強調している．シナジー効果による意味の創出の意義を数理的に補強する意義を担っていて示唆的である．

　意味的なシナジー・ネットワークは，幸福（well-being）を再考する機会をもたらす[15]．とりわけ注目されるのが近代的な価値に対する反省である．医療

技術の発展によって長寿化が進むとともに，先進国の多くは少子高齢社会に突入している．このことはスピードと新奇性を求めて効率化を図ってきた近代的な価値への反省をせまる．

小松論文（第10章）は医療における新次元として，専門家である医師と治療を要する患者のあいだの双方向でしかも深層価値（Deep Value）の共有を前提とした協同参加型の医師―患者関係を論じている．患者にとって「最良の利益」を確保するために，従来のような医師の専門的知識にもとづいて治療法を選ぶのではなく，医師や医療機関が発信する価値観を指標にして患者が医師を選ぶ考え方である．このような方法をロバート・ビーチ（Robert M. Veatch）は深層価値ペアリング（DVP）と呼び，宗教や信念や生き方の哲学など深層の価値を共有することで，安心感や信頼が確保されるという．いわゆるインフォームド・コンセントにおける十分な説明と理解を超えて価値観の共有にまで踏み込んだ治療法である．さらに小松はビーチのアイディアを発展させ，協同参加型モデルを提示している．そこには医師と患者の深層シナジーと呼びうるものが存在する．

医師と患者の協同参加を基盤とした治療法は手間ひまがかかる．当然，コストも高くなる．現状では，一般庶民にとって高嶺の花の治療法といえるかもしれない．しかし考えてみてほしい．末期癌やエイズなど治療困難な患者が死を穏やかに迎えるための病棟（緩和ケア病棟）は制度化され増え続けている．こうした病棟のコストは高価であるが，健康保険の適用が認められるなど庶民の利用を容易にする改変がみられる．

近代ではいかに主体的に生きるかが重視されてきたが，高齢化・長寿化に伴っていかに歳をとり，いかに最期を迎えるかという老い方や死の迎え方が注目されるようになった．遠藤論文（第9章）は「生」から隔離され排除されてきた「死」の問題にせまる．近代社会では老いは否定的なものとして位置づけられてきた．老いを身体機能の衰えや，保護の対象とみなすのではなく，「老い」と「若さ」が相互を活性化し，死が生を豊かにするような社会．老いの疎外を乗り越えて，「老死」と「生」が相互を深め，輝かせることがシナジー社会の課題でもある．

現在，シナジー社会へ向けての離陸が始まったばかりだが，シナジー社会で

は幸福を志向するかたちで社会の再編が進み,生活の質が多面的に追求される.特に企業セクターが共助セクターとしての性質を持つようになり,成果の中身が社会貢献,公益に照らして再定義され,つながりそのものの創出がおこなわれるようになる.このことは,社会的責任投資(SRI),企業の社会的責任(CSR)が重視される傾向に現れている.

社会的企業家はシナジー社会到来の兆しを示す典型例であるとする中井論文(第3章)は,志だけでは食べていけない現実をシミュレーションによって解明している.社会的企業家はネットワークを最大の経営資源とみなし,異業種間の連携をフルに活かして事業運営をしているが,現実の壁にぶつかって苦労が絶えない.そこで彼は,森林,漁場,河川,湖沼等のコモンズ(共有財)とともに生きる地域コミュニティと社会的企業家の共存に注目して,両者の連携に立ちはだかる壁とそれを乗り越える手立てや条件を検討している.結論は以下である.社会的企業家に求められるのは,コモンズの価値を商品として結晶化する創造力,ただ乗りを許さない冷静な事業手腕,多くの利益を求めない節度ある経営態度である.こうした企業家の活躍によって近代の個人主義と効率主義を乗り越えるための「はじめの一歩」が踏みだされた.社会的企業家はシナジー社会の申し子である.

新たな企業家の精神と実践の兆しとともに,町内会や生協といった既存の共助セクターも新たな意味づけがなされるようになる.人間がともに生きていくためには共同性の確保が不可欠であり,その身近な場である家族や地域コミュニティの働きが重要である.これらが活きいきとした姿を取り戻すためには,ボランティア団体やNPOがケアマネージャーとなって家族や地域コミュニティを支援し,これらが活力を回復することが不可欠である.子育て支援,地域の学校やコミュニティのエンパワーメント(能力強化)など,各人が生活している地域で,新たなかたちでの支え合いの仕組みを作っていくことが,市民の力による手づくりの公共性を開くことになる.そして政治もこのような新しい公共の創出を支援する役割を担い,再分配政策の見直しを進めるようになる[16].

3 シナジーの潜在力——生活の質の探究

さまざまな領域で展開を垣間見せるシナジー社会をわれわれはどう評価したらよいのか．シナジーが遂行される様式に着目してみるとき次のふたつの方向が考えられる．(1)社会の標準化・効率化が一層進展し，シナジー作用が標準化された枠組みの下で展開される．(2)脱構築，創発効果による価値の創造と転換など，領域横断的にシナジー作用が活発化する．本書の立場は後者であるが，社会の力学は後者を前者の営みに引き寄せ，政治的に取り込むように働くことを常とする[17]．シナジー社会とは，シナジー作用が生む効果を活用する人間関係が社会に埋め込まれていくことであるが，それは標準化や効率化と無縁ではいられない．しかし，シナジー社会の本質は脱構築，創発効果による価値の創造と転換を活性化する点にあることを再確認しておこう．

さて，シナジー社会の特徴は，幸福に関する個別の物語を社会的につないで諸個人のあいだのパートナーシップを深化させ，生活の質のフロンティアを開拓することにある[18]．本書では，金融，消費，仕事，地域共同体，文化，ライフコース，経営，技術開発といった特に経済・社会生活・技術の領域におけるフロンティア開拓の実践に着目してその検討をおこなう．では，このことはいかにして可能なのか．その鍵を握るのが次のような視点である．

すなわち，複雑化する近代社会においては標準化による単純化が不可避だが，こうした標準化された枠組みを懐疑し，差異化する試みが求められることだ．革新的な行為が革新を生むのではなく，適応的な態度が革新につながり，変化することで持続的な安定性が得られることである．また，他者の立場にたって考え，他者の力を引き出すことで自分も活かされるという構えを持つこと，あるいは他の組織・社会の視点から自らの組織・社会を再考してみることである．この自／他の差異が創発効果の源泉になる．さらに現在からみた未来だけではなく，未来からみた現在という視点を持つことが重要である．現在からみた未来は不確実なものだが，未来（世代）からみた現在という視点は，社会の持続可能性に関する倫理を生むはずである．

さて，シナジー社会はたがいに他者の力を引き出すことによって幸福の実現

に寄与する社会である．それは政策決定のために社会の幸福水準を厳密に測定するといった素朴な着想にもとづくのではない．岩井論文（第4章）で論じられているように，政策決定のための幸福指標を真の意味で実現することには，厚生経済学や社会的選択論での従来の議論もさることながら，情報学（情報処理）的な観点からみても極めて大きな困難が伴う．シナジー社会という着想は，社会的な幸福実現上の問題を個人主義的な自由競争パラダイムへの依拠に見出し，その克服を意図するものである．他者の力を引き出すシナジー作用に仮定されているのは自由で孤立した個人ではない．相互に他者に関わることで力を引き出しあう個人である．そこには他者に関心を抱き，関わり，他者からの呼びかけに応答的になる営みが前提とされている．

自立した個人が追求する福祉（welfare）としての幸福が自助，国家が提供するそれが公助であるのに対し，シナジー社会のそれは共助にある．他者への気づかいとしてのケアによる共助を通じた幸福の相互実現の試みが期待される．この試みをつなげることによって社会大に拡大していくことがシナジー社会の幸福論の重要なテーマである．

男女の性別役割分業も従来の見方をシナジー社会論の視点から変えるべき対象である．男女共同参画（gender equality）へ向けた取り組みが国策として進められ，1999年には法律まで施行された．その定義（第二条第一項）には高邁な理念が掲げられている[19]．しかし日本の実態は，周知のように，他の先進国に比べてお粗末な限りである．

池田論文（第8章）は，仕事と家庭の両立をテーマに，出産退職する女性の実態を調査データにより読み解いている．家事・育児との両立を図りながら継続就業する女性がいる一方，退職する女性も少なくない．分析によれば継続就業を大きく左右しているのは，労働市場における他者とのつながりの有無である．大企業では会社側からの，家庭と仕事の両立支援や男女の職域統合の取り組みが，小規模企業では会社外からのキャリア継続に役立つ情報提供が効果を発揮しているという．要は，両者ともに勤務先や労働市場とのつながりが，既婚女性の継続就業を可能にしていることである．

一針論文（第11章）は人間社会と自然のあいだのシナジーという視点から，再生可能エネルギーを問題にしている．太陽光・風力・地熱発電など再生可能

エネルギーは,他者としての自然の力を引き出すシナジーを象徴する.しかし,再生可能エネルギーはエネルギー利用の三原則である効率性,安定供給,安全性のうち安全性には優れているが,効率性や安定供給に難があるため,その利用が思うようには進まない.最近では,地球温暖化問題との関連でCO_2の排出が少ない環境への配慮が第4番目の原則として追加され,再生可能エネルギーはその優等生であるが,その発電増加率はなお緩慢である.

　持続可能な社会へ向けて舵を切るべきときであるとの認識は進みつつある.持続ということには受け身で現状維持というニュアンスがつきまとうが,「持続とは変化を続けること」であり創造的進化を遂げることである[20].一針論文にあるように,企業が寄付などの社会的責任を果たす根拠となる「啓発された自己利益」と同様に,エネルギー問題や地球環境問題への各国の対応も,おたがいの利益を増やして成長が続くような前向きの対策が重要である.

4　社会の質をめぐる近代の分岐

　シナジー社会へ向けての離陸に伴って,「住み心地のよい社会とは何か」が改めて問題になる[21].人に対する扱いが多面的に標準化され,マニュアルに埋め尽くされ,シナジーの展開基準までが標準化されている社会が住み心地のよい社会といえるかどうかは議論の余地があるが,効率の良さを心地よいこととみなすことは可能である.しかし,シナジー作用が活性化し,思わぬ創発効果が発生して価値の転換へとつながることに心地よさを感じることも忘れるべきでない.

　住み心地のよさの分岐は,社会の質を尺度とした近代をめぐる分岐でもある.標準化は効率化を主目的とし,効率化は優劣を競う.個人がリスクリテラシーを高め,リスク管理が標準化されることでリスク社会への移行に伴う近代の弊害が緩和されるとする考えは依然として有力である.また,合理性の再定義を図り,制度を柔軟に活用して,環境に優しい近代を作りあげていくことが重要であり,シナジー作用の活用はそれに適していると捉えることもできる.両者のいずれでもなく,異質な他者・行為主体間の共鳴を通じたシナジーの高度化によって,近代の個人主義と効率主義を乗り越えていくことこそが真のシナジ

一社会であると考えることも可能である．

　本書の立場は，最後の個人主義と効率主義を乗り越えていくことをシナジー社会の真の姿とみなすことにある．しかし，そこに至るまでにリスク社会への対応や環境に配慮した持続可能な社会づくりという大きな課題が存在している．この課題はシナジー社会に軟着陸を果たすための最大の関門である[22]．

　西山論文（第 6 章）は，豊かさと背中合わせになったリスク問題を，グローバル市場主義下の金融危機との関連で分析している．金融とは資金余剰を持つ部門と資金不足の部門とのあいだを仲介する役割のことであり，産業発展のためのシナジーを生み出すリエゾン機能を果たす．しかるに，2008 年のリーマンショックにみられたように，金融のグローバル化が進展するなかで，金融技術が金融機関の自己利益を最大化するための道具と化し，金融機能が産業発展のシナジーを引き起こすどころか，危機を拡大してしまった．西山はいう．この教訓を活かすために，シナジー社会では信頼を得るリスク情報の提供が欠かせないと．

　また，個人の多様化と社会の不確実性が増すなかで，シナジー社会での生活設計を生活資源に着目して論じる栗林論文（第 7 章）は，生活リスクリテラシーの重要性に焦点を当てる．彼女によれば人が生きていくうえで活用しうる健康，家族，お金といった生活資源に変化が起きているという．従来のウェットな「人脈」より冷静に判断するための「情報」，「お金」よりもゆるやかな「人間の結びつき」が新たな生活資源として重視されるようになった．それは，シナジー社会の進展に伴い，多様な人とのつながりやそこからもたらされる情報からシナジー的自由を獲得し，不確実性に対処するための「力」を高めていることの現れだとしている．生活リスクリテラシーは自由と不確実性への対処力へと変質を遂げるのである．

　シナジー社会へ向けて離陸した社会では，生活の質がフロンティアとして開拓され，葛藤とゆらぎを伴いながら幸福追求がなされる．この営為が領域横断的に展開することで，近代のかなたにある脱標準化を基調とした社会的地平が開かれるであろう．

　すでに述べたように，今日，民主主義と熟議，医者―患者関係におけるケア，教育におけるワークショップ型の授業などがクローズアップされ，シナジー関

係が拡張している．労働，消費，経営，教育，社会生活，技術開発といった各領域においても，シナジーが展開する社会空間が作られつつある．これらが政治と教育，経営と社会生活といったように相互にカップリングすることで複合化し，社会再編が進むことになる．その先には，シナジーを上位概念として各領域における営みが再定義される意味空間が作られる．さらにこの過程で，自／他，物質的な豊かさ／精神的な豊かさ，科学知／生活知，中心／周辺，文明／未開といった二項対立的な関係性を反省的に吟味する価値空間が創出される．

　シナジーの領域横断的展開によって，相互に他者の力を引き出しあう営為の時空間が拡張していく．シナジー社会におけるリーダーとは，他者の力を引き出すことで共鳴的な関係とその連鎖を創出する人物のことである[23]．そして今日，このことは地域の力を引き出すソーシャルビジネスの展開にみられるように，起業家にもますます重視されるようになっている．また，少子高齢化に伴って介護やシルバー民主主義の問題が議論されるなか，世代間交流によって年長世代が次世代の力を引き出し，活力ある社会生活を送ることが喫緊の課題となっている．

　シナジーは他者とともにあるという関係性を構築し，幸福感を生活にもたらす．そして人びとはおたがいの気づきにより，自分には見えていないものをみることを通じて生活の質のフロンティアを開拓する．シナジー社会では，あらかじめ定められた望ましい主体像や社会像へ向けて努力がなされるのではない．動態的な相互変容によって，当事者が思いもしなかった創発効果が引き出され，飛躍が生まれることに重点が置かれる．他者の力が引き出されることは，それによって応答が引き出されることである．この連鎖によって社会が生成変化を遂げていく．将来に対する楽観的な見方と悲観的な見方が入り混じるなかで複合的に展開するシナジーは，集合的な無関心を回避し，移ろいやすい感情的なつながりという危うい社会関係を超えて，社会の時空間を質的に創造する潜在力を備えているのである．

【注】
1) シナジェティクスでは，生物界／非生物界における自己組織的形成を支配する共通原理の所在が探究されているが（Haken, 1983: 訳 i-iv），社会的なシナジーは，

歴史社会的な現象なので，本書ではその個別的な現れおよび社会的条件の考察に力点を置いている．
2) ニクラス・ルーマンは社会の複雑化と「不安の個別化」に言及し，個人が信頼を作り出すことができなくなっているという（Luhmann, 1973: 訳 109）．これに対して，ウルリッヒ・ベックは，リスク社会への移行に伴い「不安による連帯」が生じるという論点を提起した（Beck, 1986: 訳 75-76）．本書では，連帯や政治に関わる市民的社会参画の内容をシナジーという概念の下に捉え直し，発展させ，金融，消費，仕事，経営といった経済領域の動向の変化を含めて具体的な検証を進める．
3) Durkheim（1893）．
4) Putnam（2000: 訳 19）．なお，パットナム（Putnam, 1993: 訳 207）では，「調整された諸活動を活発にすることによって社会の効率性を改善できる，信頼，規範，ネットワークといった社会組織の特徴をいう」と定義されている．
5) 「相互に他者の力を引き出しあうこと」という概念は箭岡の提案による．自己や自部門や自国がどうするかにコミットすることに加え，他者，他部門，他国の力を引き出すことにコミットすることによってシナジーを引き起こす考え方は本書に固有のものである．
6) ルーマン（1991）．なお，このパラグラフに関連する議論については今田（2001: 84-89）を参照のこと．
7) ルーマン（Luhmann, 1973）は信頼を 3 つに類型化している．(1)意味と世界を構成する〈馴れ親しみ〉，(2)〈人格信頼〉，(3)システムが作動していることに信頼を寄せる〈システム信頼〉である．ここでは社会システムに焦点を当てているのでシステム信頼のみを問題にする．
8) Luhmann（1973: 訳 92）．
9) フェアトレードとは，より公平な条件下で国際貿易をおこなうことを目指す貿易パートナーシップであり，特に立場の弱い開発途上国の企業の支援や労働者の生活改善を目指す貿易の在り方をいう．また，ナショナルトラスト運動とは，保護すべき地域を乱開発から守るために，自治体や市民活動によって買い上げ，保全をしていく活動をいう．
10) 第 1 の消費社会（1912-1941 年）洋風化と大都市志向，第 2 の消費社会（1945-1974 年）大都市志向の大量消費，第 3 の消費社会（1975-2004 年）個人重視の個性化・多様化，第 4 の消費社会（2005-2034 年）ノンブランドのシェア志向，がそれらである．
11) 三浦（2012: 145）．
12) 討議民主主義については，篠原編（2012）を参照．この本では，本章であげた以外のさまざまな討議民主主義の類型が紹介されている．
13) たとえば，次のようなケースが考えられる．自動車の開発期間を半分にしなければならない使命が与えられたとする．しかし，生産部門と試作部門は別々に型を造っており，2 つの部門（スペース）が話し合っても答えがみつからない．前者は安くてフレキシブルな型を追求し，後者は高価でも品質が安定している型を追求する．ここに IT 部門が参加する．たがいに胸襟を開いて話し合うなかで，試作を

IT技術で行い，最終的な試作型を造って，それを量産に援用するという答えがでた（第3のスペースへのジャンプが起きた）．これにはどの部門も満足し，この瞬間の喜びは大きかった．

14) 本書では，事物に対して確かさが持てないポストモダン的な状況に対して，認識論の再編で対応するのではなく，生活のなかで得られる社会的な確かさで対応する．大きな物語に対する不信感（Lyotard, 1979: 訳7-12）という状況を受けて，物語の形態と機能が変化したと考える．

15) ウェルビーイング（well-being）は，文脈によって福祉，幸福，善き生等に訳し分けられているが，これらを併せ持つ概念である．本章では「幸福」と表記する．脱物質的な価値の文脈でロナルド・イングルハート（Inglehart, 1997: 46）は生存的価値から幸福的価値へのシフトを長期的に考えているのに対して，アマルティア・セン（Sen, 1992: 訳59-61）は，単に置かれている生活状況ではなく，さまざまなタイプの生活を送るケイパビリティ（潜在能力）に照らして幸福を選択の機会や生活の豊かさと関連づけて捉えている．本書『シナジー社会論』では，多主体間の動態的な相互作用によって，定型的な主体像が見直され，機会の拡大だけではなく，機会を可能にしている市場等の社会的な枠組みを吟味することで豊かさを質的に問い，近代の個人主義的，物質主義的な幸福の反省という視点を打ち出すものである．

16) アンソニー・ギデンズ（Giddens, 1998: 訳195-97, 212-3）は，個人と政府以外の行為主体を，富を創出し幸福に関わる積極的福祉の主役と位置づけ，政府は第3セクターと積極的に関わり，市民文化の復活に力を注ぐべきであるとし，この立場を「第3の道」として示した．このことは，社会民主主義の刷新という枠を超えた一般的な意味を持ちつつある．

17) アメリカの脱工業社会論は，自由の増大に対応した集合体的な規制，数多くの社会的変数の調整，大規模システムの運営，計画化を論じたが（Bell, 1973: 訳42, 626-32），日本の初期情報化社会論は，実用的欲求からアクセサリー的な情報的欲求へのシフト（欲求の質的変化），有効な無駄，柔らかな組織，ソフトな社会の組み立てを早くから議論していた（林，1969）．

18) 生活の質に関しては，アリストテレスにさかのぼって政治・倫理的な側面に着目し，主観的側面／客観的側面（指標の作成と測定）という観点から研究を進めるというアプローチがあるが（Nussbaum and Sen, eds., 1993），本書では，特に経済社会的領域における協働性から開ける地平を検討している．

19) その定義とは，「男女が，社会の対等な構成員として，自らの意思によって社会のあらゆる分野における活動に参画する機会が確保され，もって男女が均等に政治的，経済的，社会的及び文化的利益を享受することができ，かつ，共に責任を担うべき社会を形成することをいう」である．

20) 変化と持続について，アンリ・ベルグソン（Bergson, 1907）は自身の著書『創造的進化』のなかで，「持続とは変化を続けることである」という逆説を述べていることを想起しよう．人や組織が持続するとは，無機物のそれとは異なり，固定した反復ではありえない．人が生きている，組織が存続するということは，自らに対する差異を生み出しつつ生成変化を遂げることである．これは裏を返せば，変化し

ないで持続することはありえないことである．なお，ポスト構造主義者であるジル・ドゥルーズのベルグソン解釈によれば，「持続とは差異を生ずるものであり，差異を生ずるものはもはや他の要因との間に差異を生ずるのではなくて，それら自らとの間に差異を生ずるのである」（Deleuze, 1956: 訳 41-42）．つまり，持続とは「自己に対して差異を生ずる」こと，自分自身に対して違いを生じることであり，これが創造的進化の真髄である．

21) エコロジーという言葉がもともと「世界を住み心地よく整える」という意味を持っていたことにルーマンは注意を喚起する（Luhmann, 1997: 訳 136）．

22) 近代の旺盛な経済活動が自然の驚異を克服し，人類に富と生活の安寧をもたらすと信じられたのは，20世紀なかばまでであった．それ以降は，地球環境問題を契機として，過剰な産業生産が生活基盤を破壊するリスクをも同時に生産していることが自覚されるようになった．1986年に出版された『リスク社会』で，ウルリッヒ・ベックは豊かさを生み出す近代産業社会が，同時にさまざまなリスクを生み出し，これを人びとに分配して，われわれの生命と社会関係をむしばむ時代を迎えていると主張した（Beck, 1986: 訳 12）．

23) このことは，ジョセフ・ナイ Jr. がリーダーシップの重要な構成要素としてあげているリーダー，フォロワー，状況を備えたプロセスという図式の再考を促す（Nye, 2008: 訳 41）．

【参考文献】

今田高俊（2001）『意味の文明学序説――その先の近代』東京大学出版会．

篠原一編（2012）『討議デモクラシーの挑戦――ミニ・パブリックスが拓く新しい政治』岩波書店．

林雄二郎（1969）『情報化社会』講談社．

三浦展（2012）『第四の消費――つながりを生み出す社会へ』朝日新聞出版．

Beck, Ulrich (1986) *Risikogesellschaft: Auf dem Weg in eine andere Moderne*, Frankfurt am Main: Suhrkamp（東廉・伊藤美登里訳（1998）『危険社会――新しい近代への道』法政大学出版局）．

Bell, Daniel (1973) *The Coming of Post-Industrial Society*, New York: Basic Books（内田忠夫・嘉治元郎・城塚登・馬場修一・村上泰亮・谷嶋喬四郎訳（1975）『脱工業社会の到来――社会予測の一つの試み』（上・下）ダイヤモンド社）．

Bergson, Henri (1907) *L'Évolution créatrice*, Paris: P. U. F.（松浪信三郎・高橋允昭訳（1966）『創造的進化』（ベルグソン全集 4）白水社）．

Deleuze, Gilles (1956) "La conception de la différence chez Bergson," *Les Etudes Bergsoniennes*, Vol. IV, Paris: P. U. F., pp. 77-112（平井啓之訳（1989）『差異について』青土社）．

Durkheim, Émile (1893) *De la division du travail social*, P. F. U.（田原音和訳（1971）『社会分業論』青木書店）．

Giddens, Anthony (1998) *The Third Way: The Renewal of Social Democracy*, Cambridge: Polity Press（佐和隆光訳（1999）『第三の道――効率と公正の新たな同

盟』日本経済新聞社).

Haken, Hermann (1983) *Advanced Synergetics: Instability Hierarchies of Self-Organizing Systems and Devices,* Berlin: Springer Verlag (斎藤信彦・小森尚志・長島知正訳 (1986)『シナジェティクスの基礎——不安定の階層＝システムとデバイスの自己組織化』東海大学出版会).

Inglehart, Ronald (1997) *Modernization and Postmodernization: Cultural, Economic and Political Change in 43 Societies,* Princeton: Princeton University Press.

Luhmann, Niklas (1973) *Vertauen: Ein Mechanismus der Reduktion sozialer Komplexität,* 2Aufl. Stuttgart: Ferdinant Enke Verlag (大庭健・正村俊之訳 (1990)『信頼——社会的な複雑性の縮減メカニズム』勁草書房).

ルーマン，ニクラス (1991)「社会システム論の現在」河上倫逸編『社会システム論と法の歴史と現在』未來社, pp. 243-74.

Luhmann, Niklas (1997) *Die Gesellschaft der Gesellschaft,* Frankfurt am Main: Suhrkamp (馬場靖雄・赤堀三郎・菅原謙・高橋徹訳 (2009)『社会の社会』(1・2) 法政大学出版局).

Lyotard, F. (1979) *La condition postmoderne,* Paris: Minuit (小林康夫訳 (1986)『ポストモダンの条件——知・社会・言語ゲーム』水声社).

Nussbaum, Martha and Amartya Sen, eds. (1993) *The Quality of Life,* Oxford: Clarendon Press (竹友安彦・水谷めぐみ訳 (2006)『クオリティー・オブ・ライフ——豊かさの本質とは』里文出版).

Nye Jr., Joseph (2008) *The Powers to Lead,* Oxford: Oxford University Press (北沢格訳 (2008)『リーダー・パワー——21世紀型組織の主導者のために』日本経済新聞出版社).

Putnam, Robert D. with Robert Leonardi and Raffaella Nanetti (1993) *Making Democracy Work: Civic Traditions in Modern Italy,* Princeton, N. J.: Princeton University Press (河田潤一訳 (2001)『哲学する民主主義——伝統と改革の市民的構造』NTT出版).

Putnam, Robert D. (2000) *Bowling Alone: The Collapse and Revival of American Community,* New York: Simon & Schuster (柴内康文訳 (2006)『孤独なボウリング——米国コミュニティの崩壊と再生』柏書房).

Sen, Amartya (1992) *Inequality Reexamined,* Oxford: Oxford University Press (池本幸生・野上裕生・佐藤仁訳 (1999)『不平等の再検討——潜在能力と自由』岩波書店).

I ── シナジーの誕生

1章
モダニティとシナジー

後 藤 実

> 専門体系を整備し，自由と平等を駆使して，
> 維持・存続してきた近代社会はどこに向かうのか．
> シナジー作用によって共鳴志向の共生の様式が創出され，
> 社会の質的な持続可能性が追求されはじめている．

　近代社会が激動する変化の時代に直面していると言われて久しい．とりわけ日本においては，ここ20年，デフレと格差拡大が進行し，先行きが見えない状況が続いている．この状況と並行して，地域社会の空洞化が進み，自己と社会とが複雑なシステムを介す形でつながっているという状況が進展している．他方で，特に1990年代後半以降，NPO／NGOの興隆，ボランティア活動の展開が顕著になり，21世紀に入って，いわゆる「新しい公共」を模索する動きが活発になっている．さらに近年では，ソーシャルビジネスの社会貢献活動が注目されている．

　これまで近代を牽引してきた先進各国において量的な経済成長の鈍化，環境破壊，資源的制約，価値対立を伴った民族紛争の顕在化，社会の空洞化に抗する新しい公共の模索という事態が生じている[1]．本章ではこうした事態をもって近代社会が岐路に立っていると考え，「相互に他者の力を引き出し合うことで自分だけではできないことを可能にする」シナジー社会の勃興によりどのような社会が開けるのかを検討する[2]．

1　近代社会と諸機能の協力

1-1　社会的分業と進歩——健全状態の指標としての幸福

　人間は社会的な動物であり，人間性の実現という原理は古来より主張されて

いる事柄であると É. デュルケーム (Émile Durkheim) はアリストテレスを引用する形で確認している[3]．その上で，社会の変化に伴って，協同 (coopération) の形態も変わると論じる．彼にとって近代的なるもののメルクマールは，同じ集団に属していなくても，生命，財産，名誉を尊重する道徳性にある[4]．社会の体積と密度が増すことで，労働が分割され，諸機能の協力として分業が展開する．それが競争という形をとったにせよ，相異なる職業はそれぞれ違った目的を追求するため，競争者が共存しうる．彼はここに社会の進歩を見出すのである．よく知られているように，これは成員が類似し，人格が集団的人格に吸収されている機械的連帯から諸個人が固有の活動領域としての人格を持ち，専門化の下で異質な個人同士が共存する有機的連帯の優越へという形で定式化されている．

デュルケームの社会学的な貢献として，社会の進歩と自殺数の増加に見られる平均的幸福の減少とが並存しうることを示したことが挙げられる．個人は幸福になろうとする願望を動機として持つものの，人間が進歩するにつれ近づきうるような客観的に測定できる絶対的な幸福はなく，進歩が著しく幸福を増加させるわけではないというのである．ここで注意すべきは，快が幸福の一要素であるといっても，快の総体，活動の豊富さと幸福の増加は別物であると彼が指摘している点である．文明民族においては，快の増加と同時に苦痛も増しているのだが，偶然的，個別的変化と社会的幸福は区別されるものであり，個人的，局部的要因を除いた一定の存在様式の下での健全状態の指標として平均的幸福を考えるのが適切だとしている．

デュルケームが追求しているのは，個人の人格の進歩と社会の分業による進歩の両立である．専門化の下での異質な個人の共存は，「正常現象」と位置づけられているのだが，それは労働と資本の敵対や互いに協力しない諸科学といった「異常形態」の除去によって達成されるという．これに関わるのが不平等な外在的諸条件の除去（外在的諸条件の平準化）と諸機能相互の結合，協力である．これらによって対等な個人による法律的形態をとった契約的連帯が発展するとされる[5]．

1-2 法・道徳を基礎にした連帯／自由と平等——社会の維持・存続という視座

ここで，法・道徳と自由／平等の関係性について検討したい．というのも，両者の扱いをめぐって社会理論が継承，発展し，それが近代社会に関する基本認識とそのメカニズムに深く関わっているからである．

デュルケームは有機的連帯の発展にとっての自由と平等が持つ重要性を認めている．ただし，それらを掲げるだけでは十分ではないと考えている．なぜなら自由といっても，それには自己本位的な個人主義が付随し，平等は外在的諸条件の平準化といった異常形態の除去に関与するものだからである．彼は自殺を導く自己本位的な個人主義に加えて，理想的な平等状態への接近による社会的拘束の必要性の弱まりに留意しながら，急激な変化や危機による集合的秩序（規範）のゆらぎに起因する欲求の無規制（アノミー）状態に着目し，欲求が肥大しているにもかかわらず，それが充足されないことによって生じる自殺がとりわけ商工業者に顕著であることを統計的事実として示した．その上で，彼は職業集団・同業組合の再建に着目し，それが共通のものを分有する連帯感の醸成と権利義務の重要性を喚起すると考えた．これは単なる共同体の再建とは異なるものである[6]．分業の意義は，交換，経済面だけにあるのではなく，人々を恒久的に結び付ける権利と義務の体系の完成にあり，ここにデュルケームは近代の特質を見出す．

有機的連帯を維持するための条件として道徳の存在及び専門化をデュルケームは挙げたが，それを機能的な観点からより踏み込んで考察したのが T. パーソンズ（Talcott Parsons）である．彼は拘束という発想をデュルケームから得て，対立項による平衡という考えを発展させた．自由を自由の拘束によって均衡させるとともに，平等の法的な制度化と評価された業績的な不平等の正当化を均衡させた．そしてこれらの均衡を実現することによって，近代社会の統合が維持されると論じた．かくして有機的連帯は，多元主義と結びつき，シティズンシップの制度化を伴った包摂と多様性を内包する価値の一般化とが実現するとした．これがコミュニティ的連帯と機能的要件の充足による全体社会の維持・存続の内実である[7]．

機能的な維持・存続と道徳・規範の一般化の両立という思考に対して，N. ルーマン（Niklas Luhmann）は近代の特質の大枠は機能分化にあり，そのも

とで，自由・平等，道徳が再定義されるという視点を打ち出した．自由と平等は人権として仮定され，これが旧来の分化に対する近代社会のメルクマールを表示するものの，それが秩序モデルを成すという発想からは離れ，機能分化した社会の下での自由と平等の機能を問題化した．すなわち，各機能システムにおいて，自由は自然的な必然性に対する偶発性の形式を指し示し，平等は不平等に照らして規定され，不平等の産出と中和が図られると考えた．ルーマンによれば，機能分化した近代社会では，総体として自由と平等から成る包摂基準を設定することは不可能であり，それはあくまで各機能システムにおいて観察される対象なのである．ルーマンは，システム信頼，信頼の拡大に焦点を当てており[8]，そのもとで，人格的自己表出に関わる自由の予期が一般化するのであるが，平等原理は，人格的な地位，役割の配置が問題にされる際に技術的に活用されるというのである．そして，機能分化した社会で道徳コードは，他の諸次元と並ぶ1つの次元と見なされるようになる[9]．

1-3 専門体系の再編

　この機能的な維持・存続と道徳・規範の一般化の関係性について，ここでは専門化の進展という観点から迫ってみたい．というのも，この両者ともに近代社会においては，学問・科学的知識なしでは達成されないからである．専門化はそれに適応できる者とそうでない者の差を生み，共存だけではなく，生存競争の帰結を表示するものでもあるというデュルケムの論点[10]について，パーソンズは次のように考えた．すなわち，専門家の非専門家に対する優越性を認めた上で，専門職複合の文化，教育的活用によって資源を活用する能力が配分されることで不平等は正当化されるというのである[11]．これに対して，ルーマンは機能分化と階層を主題化し，各機能システムがとりわけ組織における選抜に頼りながら再生産されているので，排除効果が累積されるという帰結を問題化した．つまり，機能システムの再生産こそが維持，存続上の問題を引き起こすと踏み込んだのである[12]．

　機能分化の否定的帰結の描写を強化するというルーマンのスタンスは，福祉国家のもとでの財政支出（貨幣）・法制化（法）の限界及び排除問題，エコロジー危機といった産業構造が高度化した近代に関わる観察に由来している．否

定的な諸帰結を機能分化に照らして観察し，反省するというのは，確かに理論的な方向性の1つである．他方でルーマンは，生活の質，個人の生活実践を取り上げるとともに，組織とは異なる平面の拡大を指摘する[13]．

だとするならば，状況の描写と観察を強化し，この視座を活用して，全体社会の機能的な維持・存続と道徳・規範の一般化に関する今日的な形態と可能性を論じる道もありうる．

このとき，第1に，主体像の再定義が図られることになる．ルーマンは，選択の帰属という形でまず学問的な観点から主体を把握したが，生活状況に照らした描写という視点を加えると，彼自身が具体例として挙げた失業者，外国人労働者，僻地居住者，年金生活者等について，状態の差異という観点から個人が主題化される[14]．ここで主体像の多様化は，シティズンシップの制度化という福祉国家の成果に関係していることに注意しておきたい．

第2に，専門体系の再編が観察，検討されることになる．日本では，90年代半ば以降，NPO／NGOの活動が医療，福祉，国際協力，環境保全，まちづくり分野等で活発化している．これは機能システムを直接支える組織，官僚制とは異なる領域の伸張といえる．

第3に，欲求の変化，変動を主題化することが避けられなくなる．パーソンズは，デュルケームによる功利主義批判に言及した上で，欲求が質的に変化し，同一の体系ではあり続けないことに注意を促している[15]．幸福と欲求の充足は確かに連関するが，幸福の本質は一義的には定まらない．そうなると，幸福は人それぞれという形でしか主題化できないというルーマンの視座には一定の説得力がある[16]．さりながら，生活状況に照らした描写を考慮に入れると，欲求の多様化，細分化とその追求諸様式という形で幸福を主題化することが可能となり，これもまた，福祉国家のもとで進展した個人化と関わっている．欲求の変化に関しては，R. イングルハート（Ronald Inglehart）が諸社会における自己実現，人生の質を重視する脱物質的価値志向の増大，文化変動を継続的に調査している[17]．このような欲求の変化は，専門体系の社会的な関与のあり方を変化させる[18]．

2 シナジー作用とその社会的展開

2-1 シナジー作用とその類型

ここでは 1-3 を踏まえて，官僚制，専門体系の権威の相対化に直面する中での高度産業化と福祉国家化の限界・成果を背景とした社会参画について，その継続，水平的拡張，発展の試みをシナジー（協同作用）という観点から検討する．

H. ハーケン（Hermann Haken）は，自己組織化する系に着目し，シナジェティクスの理論的，数学的基礎の確立に努めた．シナジェティクス研究では，部分系がその性質によらず協同作用によって空間的，時間的，機能的な構造を自己組織的に形成する過程が扱われており，それを支配している原理が探求されている．synergy という言葉には共同作用という意味があり，synergism は人間の更生には人間の自由意思と神意の結合，協力が必要であるとの説に由来した神学用語である．ハーケンは社会学の領域においてシナジェティクスは，主に世論形成分析に活かされると想定していた[19]．それに対して，本章では，個々の行為主体が，状況に照らしながら共鳴的な関係性を取り結び，肯定的な価値の増大を図り，共有的な価値を創出する作用として社会的シナジーを位置づけ，これが近代社会に与えるインパクトを分析する．

シナジーには，行為主体間の感情的な「共感」に基づく原基的な形態と，さらに社会的な効果を持ち，波及するものとが区別できる．確かに感情的な共感というのは，社会的なレベルにおけるシナジーに付随する要素である．そこで，これを「シナジー関係」と呼ぶことにする．しかし，感情的な共感関係というだけでは，友人関係，趣味的なサークルにおける人間関係，恋愛関係等と厳密な区別ができない．そこで，あるテーマに関して肯定的な価値の増大という効果をもたらすものを「シナジー作用」と名付ける．ここでの関係性は自己にとっての環境（他者，組織，メディア等）に対する「共鳴」であり，共鳴を通じて欲求そのものが再帰的に主題化される[20]．

まず，シナジー作用の類型として以下の2つを挙げる．第1は，行為主体間の相互作用によって個別的な相乗効果がもたらされる事態を指し，これを「積

極的なシナジー」と定義する．ここでは主に成果の増大が図られ，専門化した体系の脱分化による価値の創出が試みられる．具体的には異業種，部門間のコラボレーションが挙げられよう．言ってみれば，これは境界のゆらぎと交錯を伴った脱分化[21]を通じた専門体系の強化の側面を持つ．ただし，当事者間ではこの営為は積極的な作用をもたらすかもしれないが，それに関わらない第三者，対抗者にとってのそれを保障するものではない．

第2に，自己の知らない事柄を知る契機が否定的な出来事を通じて与えられ，専門職の垂直的権威に代えて，やむをえず知の協同的創出が水平的に試みられ，知が拡張される事態を「消極的なシナジー」と定義する．ここでは，第一義的には知の増殖と合成が図られ，その営為に基づいて，シナジー圏が形成される．前提を共有しない他者との交わりを通じた協同性の創出は，シナジー圏の形成という積極的な作用をもたらしうる．この過程で専門体系の領域横断的な再編が生じることになる．消極的シナジーの具体的なケースとしては，BSE問題等における食の安全をめぐるリスク・コミュニケーションで見られた協同が挙げられる．ここで言うリスク・コミュニケーションでは，行政機関・業界団体の相互連携のみならず，専門家と市民，生産者と消費者との間の意思疎通が有機的に連関する．このことを通じて，知の共有，創出が試みられるとともに，立場を問わず生活者としての判断領域が顕在化する[22]．

2-2 メディア媒介的シナジー

積極的シナジーと消極的シナジーは，必ずしも排他的な関係にあるわけではない．両者が融合して共鳴能力が強化される類型が考えられる．具体的には，(1)課題がパッケージ化された複合的な行動基準が専門体系・知識を活用する形で，社会観察によってシンボリックなメディアとして開発され，(2)それが各行為主体（個人・組織）の選択的な行動によって現実化されるプロセスが生じ，その際に，(3)行為主体間の相互作用によって情報交換がなされ，欲求が主題化され，共有的価値が創出される事態を指す．これを「メディア媒介的シナジー」と呼ぶ．ここでは，まずフェアトレードを例にとって説明していきたい[23]．

フェアトレードは，第1に，J. スティグリッツ（Joseph E. Stiglitz）が論じているように，公正な協定に基づく貿易に関わる．特に第三世界において，不

当に安く作物，製品が買われ，現地の発展がゆがめられ，阻害されている現実に対応して提起されているものである[24]．第2に，M. B. ブラウン（Michael Barratt Brown）が明らかにしているように，それには，個人，組織同士を結び付けるネットワークの活動によって，生産者を消費者に近づける形で両者の結び付きを強め，貿易のあらゆる部分で対等な協力関係を作り出す現地における協同作業を伴った実践という側面がある．第3に，それは，遂行するための基準が明示されたフェアトレード認証ラベルといったシンボルの開発に至り，それが生産者／消費者にとっての行動基準としての意味を持つことである[25]．

特に注目したいのは，第3の側面である．ここで行動基準がシンボリックに表示されたものをメディアとして捉え，メディアの流通がフェアトレードを促進すると考えたい．生産者／消費者を結び付ける役割を果たしているのはネットワークであるが，共鳴の対象は，複合的な基準としてのメディアである．消費者はフェアトレードに共鳴して，商品を購入する．生産者も同じくフェアトレードに共鳴して，ネットワークに関与する．メディアに媒介されることで間接的な共鳴関係が連鎖し，このことによって，それぞれにとっての欲求が再定義され，社会の質的な側面に関する集合表象が創出される．

2-3 シナジー効果と共鳴能力の拡張──シナジー圏の広域化

「積極的シナジー」において得られる肯定的な価値の内容は成果である．近代社会においては，業績主義の下で成果を上げることが期待されているが，専門体系の分業という方式に脱分化を伴ったシナジーが加わるのである．

「消極的シナジー」で得られる肯定的な価値とは知の合成と拡張である．これによって，知の相互交換を内容とするシナジー圏が形成される．積極的シナジーは，対等な主体による相互作用を形成するのに対して，消極的シナジーでは，各行為主体がそれぞれの状況に応じて，テーマを共有する形で相互関係を取り結ぶ．換言すれば，テーマの共有による共鳴である．ここで注意すべきは，「財産と教養を有する市民」[26]といった定型的な主体像は想定されていないことである．

「メディア媒介的シナジー」は，「積極的シナジー」と「消極的シナジー」の要素をあわせもっているが，それらがさらに複雑化している．まず，メディア

に媒介されているため，相互作用が間接的であり，相互作用の相手方は，可視的な存在で，直接的な関わりを持ちうる場合もあるが，他方で想像上の存在や匿名的存在でもありうる．そして，得られる価値が行為主体によって異なる．フェアトレードの例で考えると，フェアトレード認証製品を購入することによって，消費者は社会貢献とフェアトレードという集合表象の創出にコミットしていることになる．他方で生産者は，正当な対価という成果を得て，かつ公正な貿易に関わる実践と集合表象の創出にも関与していることになる．類似の機能を果たしているメディアとしては，エコマーク（ラベル）等が挙げられる．メディア媒介的シナジーは，生産者／消費者といった経済的な関係に限定されるわけではない．例えば，あるNPOがエネルギー政策に関して一定の基準を満たしている候補者に認定証を付与し，それが流通し，有権者の支持，共鳴を得ることで，投票行動に影響を与える場合が考えられる．さらには文化財保護強調週間のロゴマークの普及による文化財の保全，活用の促進といったケースも挙げられよう．

　複合的な基準としてのメディアが開発され，共鳴対象が脱人格化されることで，シナジー圏が広域化し，直接的・間接的に人々が感情的な共感を伴いながらつながる．そして，コミュニケーションのテーマが多様化し，社会的波及効果が増幅する形で共鳴能力が向上する．コミットする行為者は，当該テーマに関して最初から通暁している必要はない．また，自分の状況やリソースに応じて関与のあり方を選択できる．こうした事情の中でメディアの流通が人と人を結び付け，その中で人々は知識を深め，学習する機会を持つ．さらに，メディアの表示内容に加えて，それと関連するテーマが主題化され，それが専門体系へインパクトを与える．最初のきっかけはエネルギー政策であったとしても，そこから経済社会システム，地域社会のあり方，文化的な価値，共生，持続可能な社会というように多様なテーマが連結され，我々の欲求体系自体が主題化されながら，社会に対する協同責任という観点から専門体系の再帰的な再編が促される．

3　シナジーが切り拓くモダニティの拡張領域とその変容──幸福の主題化

　積極的／消極的シナジーがシンボリック・メディアの開発を伴って展開するという意味でのシナジー社会の到来は，専門化，機能分化の優越という経緯をたどった近代社会に対してどのようなインパクトをもたらすのだろうか．近代社会の基本は，専門体系を整備し，自由と平等を駆使して，その維持・存続を図ることにあるという立場を全否定することは難しい．とはいえ，シナジー社会に占める積極的シナジーは，専門体系の作動様式を異質性に依拠した協同作用へと変化させる．消極的シナジーは，状況的なコミットの多様性という意味において自由の社会性，積極性を喚起する．そして，シナジー圏の形成が知るという営為に基づくシティズンシップを内容的に充足していると考えれば，これが一種の平等のあり方を生み出しているという見方ができる[27]．ただし，これが平等主義的な再分配政策を代替するとまでは言えない[28]．

　全体社会の維持・存続というテーゼそのものに根本的な異論は挟めないにしても，社会の中身は問われないでよいのであろうか．実のところ，それを協同的な相互作用による欲求体系の再考という形で問題化するのがメディア媒介的シナジーである．何が真の幸福か，という幸福の本質論にこだわっていては，幸福は人それぞれということになり，それ以上の主題化が困難となる．シナジー社会の到来が提起するのは，個人の欲求の充足という基本様式を保存した形での幸福追求，表象様式の多様化である．個人化した幸福を追求しつつ，シナジー作用を経ながら幸福を追求するという様式が加わる．そして，この営為自体が社会の質的な側面に関する集合表象を創出する．社会的な幸福は集合表象という意味を帯びるが，シナジー作用は欲求を主題化し，さらにそれを揺さぶるという側面を持つ．つまるところ，シナジー社会は近代社会の分業形態と欲求追求様式に対する領域を新たに開拓し，自由と平等のあり方を多様化させる．しかしながら，機能分化や自由と平等といった基本原則そのものを代替するまでには至らない．

　幸福が社会的な主題となる事態は，社会が転換点を迎えていることの現れである．物質的な豊かさの追求が限界に達したのではないかという懐疑が脱成長

論を含む幸福の主題化を促している．その意味で，シナジー作用の展開は一過性のものなのか，それ自体が新しい近代を開拓する持続的な推進力足りうるのか，見定めていく必要がある[29]．シナジーの特徴は，初発の段階では当事者が意図していなかった思わぬ創発効果や新しい枠組みを生みだすことにある．最初の動機が社会参画を原型とした近代的な営為の継続と発展であったとしても，シナジーの広域化，テーマ化の多様性が積み重なる形で近代社会の枠組みを改変するという想定外の帰結が生じうる．このような「シナジー的近代化」は，主体像や社会状態に関する理想的な到達点を事前に持たないため，複数の展開形が想定できる．ここに，時空間の再編が進行しつつも，自己実現，自己達成といった自己の再帰的な構築という基本線があり，思わぬ成果を得る機会としてリスクの侵入を捉えつつ，社会参加が進み，一般の行為者が再帰的に知識を再領有していくA. ギデンズ（Anthony Giddens）的な「モダニティの徹底化」の企てとの違いが見出せる[30]．

　ここで焦点となるのは，シナジーの効果が近代社会の枠組みに対して，限定的な影響にとどまるのか，それともそれが一般化するのか，あるいは社会変革を志向する持続的な運動体としての性格を持つかどうかである．本章を終えるにあたり，シナジー作用の3つの可能性を挙げておくことにしよう．

　第1は，モダニティの連続性と言えるもので，近代社会においては，積極的なシナジーが基本的に企図され，消極的シナジーやメディア媒介的シナジーは，補完的な存在にとどまる可能性である．第2は，モダニティのゆらぎが継続する可能性である．機能分化自体が，社会的排除等に見られる社会問題を引き起こすもとになっているので，消極的，メディア媒介的シナジーが不可欠になる．第3は，モダニティの漸進的変容と呼べるもので，稀少性の対象が変化する場合と，稀少性が再生産の基軸とならない社会経済領域が勃興し，不連続性を帰結する事態が考えられる．この場合，状況に応じたシンボリック・メディアの開発がさらに進み，シナジーが複合化すると思われる[31]．

　以上のように，シナジー社会の展開形は複数の道に開かれている．モダニティのゆらぎ，変容が継続し，その振幅が大きくなれば，幸福の個人化という事態を超えて，幸福の追求様式が多様化し，欲求の拡張と制限が再帰的に問われるようになる[32]．このように，シナジーの展開と幸福の主題化のあり方がモダ

ニティの意味的な拡張領域を表示している．シナジー作用を通じた社会的な幸福の追求は，テーマの共有と共鳴による共生の様式を創出する．このことを通じて，社会の質的な持続可能性が追求されていく．

【注】
1) ポストモダン的な社会状況を受けて，モダニティ論が活性化している．J.ハーバマスは，日常のコミュニケーションの実践に備わっている理性のポテンシャルに着目し，これが近代というプロジェクトを推進する力になるという立場に立っている．他方で，ポスト・モデルネの人々と前近代主義者が癒着していると指摘し，それらを「保守派」と捉える（Habermas, 1981: 訳39-43, [1962] 1990: 訳xxv）．これに対して，ポストモダン論を否定的状況の描写のために活用する動きが出ている．近代はそもそも液体化のプロセスであり，古典的批判理論が企図していた解放は，固体的な近代における闘争目標であるとZ.バウマンは見ている．そして，今日の批判理論の課題は，充足を知るということに着目しながら，公的領域を再生し，生活政治的な私的自由を再考することにあるという見解を示している（Bauman, 2000: 訳5, 30-40, 62-67）．本章では，モダニティにプロジェクトとしての性格を見出すというよりは，そのゆらぎに伴って開ける拡張領域に着目する．このことは，第3節で検討される．
2) 本章では，相互行為水準における欲求の主題化とそれが機能分化した社会に与えるインパクトを吟味し，維持・存続の意味的な内容を問うことで，機能主義的思考の原点に関わるデュルケーム理論の現代化を通じた社会システム理論の拡充を試みる．そのためのキーワードがシナジー，集合表象の創出であり，シナジー作用の活性化（コミュニケーション）が諸機能システムのオートポイエティックな再生産に対する反省的な契機をもたらすことに注目する．ただし，ルーマンが考慮している結果を通じた反省，自己記述とは異なり，反省的なプロセスを重視する（Luhmann, 1997: 訳412-14, 1181）．
3) Durkheim（[1893] 1960: 訳334, 385-6）．
4) Durkheim（1950: 訳148-50）．
5) 分業の進歩，幸福についてのデュルケームの考察は，Durkheim（[1893] 1960）の特に第一編VII，第二編I, II，第三編，結論を参照．
6) Durkheim（[1897] 1960: 訳179-84, 300-20, 425, 484-93）．
7) Parsons（1977: 訳240-47, 497-512）．
8) Luhmann（1973: 訳37-38）．
9) Luhmann（1965: 訳109, 287-89, 291-96, 1997: 訳1345-47, 1365, 1398-9）．
10) Durkheim（[1893] 1960: 訳261）．
11) Parsons（1977: 訳480-82, 502-3）．
12) Luhmann（1997: 訳927-8, 1064-5, 1139-40, 1411-13）．
13) Luhmann（1981: 訳23-27, 101-03, 1997: 訳1140）．

14) Luhmann (1981: 訳 90-91).
15) Parsons (1937: 訳 24-26).
16) Luhmann (1997: 訳 1381).
17) Inglehart (1997: 28).
18) ここで列挙している3つの視点をルーマンは機能分化に関わる傍証的な観察として取り扱っている.
19) Haken (1983: 訳 1, 18-19).
20) ここでは，システムが自身の構造の規準にしたがって環境世界の出来事に反応するとしたルーマンの共鳴（Resonanz）という概念を参照している（Luhamnn, 1986: 訳 228）．なお，ルーマンの言及の中には，研究者の共同体，支配から自由なコミュニケーションを念頭に置いた出版が形成する共鳴領域を公共圏と呼んでいる箇所があるが（Luhmann, 1990: 訳 294），本章で考察している「シナジー圏」では，シナジー作用を経由した知の創出と幸福追求様式の多様化・欲求の主題化を含んだコミュニケーションが活性化する．特に 2-2 で検討するメディア媒介的シナジーは，複数の機能システムにわたる領域横断的な問題への対処を射程に入れている．
21) Lash (1990: 訳 17-19).
22) 吉川肇子は，送り手と受け手に着目してリスク・コミュニケーションを考察し，先進諸国では安全が増大するにつれ，受容可能なリスクの水準が下がる傾向にあることを指摘する（吉川，2000: 40-46, 202-24）.
23) ここでフェアトレードを取り上げるのは，ハーバマスのように生活世界の植民地化を民主的に封じ込めるために，労働市場・資本市場・財貨市場といった経済領域を含まない市民社会（Zivilgesellschaft）・政治的公共圏の再興を論じるのではなく（Habermas, [1962] 1990: 訳 xxvii, xxxvii-xl），経済，生活，欲求をテーマとしてシナジー圏が形成されることを示すためである．
24) Stiglitz (2005: 訳 79-102).
25) Brown (1993: 訳 293-323, 332-40).
26) Habermas ([1962] 1990: 訳 116-19).
27) U. ベックは，知る権利，参加の権利，インフォームド・コンセントの保障，危険の制限からなる P. J. フランケンフェルドのテクノロジー的シティズンシップに言及し，これが官僚制，代表制，階級や組織に依存しない形の政治の日常生活化をもたらすと考えている（Beck, 1999: 43-44）．
28) 後藤（2012: 333-4）．
29) いわゆる今日的な持続可能性論は，定常状態を議論した古典派経済学がよみがえったものであるという見方を H. E. デイリーは示し，物質の同化と融合による量的な増加を意味する「成長」と質的な改善，潜在力の実現を表す「発展」を区別している（Daly, 1996: 訳 6-7, 20）．他方で，規制，計画化が一定の効力を持ち，情報，調整，時間の費用といった稀少性を前提として物質の多様化が追求されるというシナリオが考慮される（Bell, 1973: 訳 623-36）．本章では，科学的な知の正当性が遂行的なゲームに依拠するようになっているとする J. F. リオタールの指摘を重く受け止めた上で（Lyotard, 1979），欲求の再帰的な主題化により，大きな物語とは異

なる形で集合表象が産出され続けるというゆらぎの事実性，継続性と，社会的協同作業による知の創出及び社会に対する協同責任を重視する．ただ，稀少性という条件の下で未来における供給を確保するという経済の機能（Luhmann, 1997: 訳 1046）がゆらぐか否かは不確定である．
30) Giddens (1990: 訳 154-5, 179-80, 184-87, 202-14).
31) 「第三の道」におけるポジティブ・ウェルフェアの焦点は，ウェルビーイング（well-being）であり，そこでは市民文化の復活とともに，富の創造に関わる第三セクター等を念頭に置いた社会的経済（social economy）への参加が重要視されている（Giddens, 1998: 訳 195-97, 212-3).
32) かつて真木悠介は，交響するコミューンによる欲求の解放を構想した（真木，1977: 177-90). これに対して，特にメディア媒介的シナジーが意図しているのは，欲求そのものは肯定した上で，専門体系，知識が関与する形で欲求を制限するとともに，その多様性を確保することである．その意味で，生活世界の植民地化とは逆に，生活世界が一方向的にシステムを侵食するという論理とも距離を置くことになる．

【参考文献】

吉川肇子（2000）『リスクとつきあう――危険な時代のコミュニケーション』有斐閣.
後藤実（2012）「包摂／排除の社会システム理論的考察」『社会学評論』Vol. 63, No. 3: 324-40.
真木悠介（1977）『気流の鳴る音――交響するコミューン』筑摩書房.
Bauman, Z. (2000) *Liquid Modernity,* Cambridge: Polity Press（森田典正訳（2001）『リキッド・モダニティ――液状化する社会』大月書店).
Beck, U. (1999) *World Risk Society,* Cambridge: Polity Press.
Bell, D. (1973) *The Coming of Post-Industrial Society,* New York: Basic Books（内田忠夫・嘉治元郎・城塚登・馬場修一・村上泰亮・谷嶋喬四郎訳（1975）『脱工業社会の到来』（下）ダイヤモンド社).
Brown, M. B. (1993) *Fair Trade: Reform and Realities in the International Trading System,* London: Zed Books（青山薫・市橋秀夫訳（1998）『フェア・トレード――公正なる貿易を求めて』新評論).
Daly, H. E. (1996) *Beyond Growth: The Economics of Sustainable Development,* Boston: Beacon Press（新田功・蔵本忍・大森正之訳（2005）『持続可能な発展の経済学』みすず書房).
Durkheim, É. ([1893] 1960) *De la division du travail social, 7e,* éd., Paris: Presses Universitaires de France（田原音和訳（1971）『現代社会学大系 2　デュルケーム社会分業論』青木書店).
Durkheim, É. ([1897] 1960) *Le suicide: étude de sociology,* Paris: Presses Universitaires de France（宮島喬訳（1985）『自殺論――社会学的研究』中央公論社).
Durkheim, É. (1950) *Leçons de sociologie: Physique des moeurs et du droit,* Paris:

Presses Universitaires de France(宮島喬・川喜多喬訳(1974)『社会学講義――習俗と法の物理学』みすず書房).

Giddens, A. (1990) *The Consequences of Modernity,* Cambridge: Polity Press(松尾精文・小幡正敏訳(1993)『近代とはいかなる時代か?――モダニティの帰結』而立書房).

Giddens, A. (1998) *The Third Way: The Renewal of Social Democracy,* Cambridge: Polity Press(佐和隆光訳(1999)『第三の道――効率と公正の新たな同盟』日本経済新聞社).

Habermas, J. ([1962] 1990) *Strukturwandel der Öffentlichkeit: Untersuchungen zu einer Kategorie der bürgerlichen Gesellschaft,* Frankfurt am Main: Suhrkamp(細谷貞雄・山田正行訳(1994)『[第2版]公共性の構造転換――市民社会の一カテゴリーについての探究』未來社).

Habermas, J. (1981) "Die Moderne: ein unvollendetes Projekt," *Kleine Politische Schriften I-IV,* Frankfurt am Main: Suhrkamp(三島憲一訳(2000)『近代 未完のプロジェクト』岩波書店).

Haken, H. (1983) *Advanced Synergetics: Instability Hierarchies of Self-Organizing Systems and Devices,* Tuttlingen: Springer Verlag GmbH & Co. KG(斎藤信彦・小森尚志・長島知正訳(1986)『シナジェティクスの基礎――不安定の階層=システムとデバイスの自己組織化』東海大学出版会).

Inglehart, R. (1997) *Modernization and Postmodernization: Cultural, Economic and Political Change in 43 Societies,* Princeton: Princeton University Press.

Lash, S. (1990) *Sociology of Postmodernism,* London and New York: Routledge(田中義久監訳, 清水瑞久・須藤廣・宮沢昭男・佐幸信介訳(1997)『ポスト・モダニティの社会学』法政大学出版局).

Luhmann, N. (1965) *Grundrechte als Institution,* Berlin: Duncker & Humblot(今井弘道・大野達司訳(1989)『制度としての基本権』木鐸社).

Luhmann, N. (1973) *Vertauen: ein Mechanismus der Reduktion sozialer Komplexität 2Aufl.,* Stuttgart: Ferdinant Enke Verlag(大庭健・正村俊之訳(1990)『信頼――社会的な複雑性の縮減メカニズム』勁草書房).

Luhmann, N. (1981) *Die Politische Theorie im Wohlfahrtsstaat,* München: Olzog(徳安彰訳(2007)『福祉国家における政治理論』勁草書房).

Luhmann, N. (1986) *Ökologische Kommunikation: Kann die modern Gesellschaft sich auf ökologische Gefährungen einstellen?* Opladen: Westdeutscher Verlag(土方昭訳(1992)『エコロジーの社会理論――現代社会はエコロジーの危機に対応できるか?』新泉社).

Luhmann, N. (1990) *Die Wissenschaft der Gesellschaft,* Frankfurt am Main: Suhrkamp(徳安彰訳(2009)『社会の科学』(1)法政大学出版局).

Luhmann, N. (1997) *Die Gesellschaft der Gesellschaft,* Frankfurt am Main: Suhrkamp(馬場靖雄・赤堀三郎・菅原謙・高橋徹訳(2009)『社会の社会』(1・2)法政大学出版局).

Lyotard, J. F. (1979) *La condition postmoderne*, Paris: Minuit（小林康夫訳（1986）『ポスト・モダンの条件——知・社会・言語ゲーム』水声社）.

Parsons, T. (1937) *The Structure of Social Action: A Study in Social Theory with Special Reference to a Group of Recent European Writers*, New York: McGraw-Hill（稲上毅・厚東洋輔訳（1989）『社会的行為の構造3 デュルケーム論』木鐸社）.

Parsons, T. (1977) *Social System and the Evolution of Action Theory*, New York: The Free Press（田野崎昭夫訳（1992）『社会体系と行為理論の展開』誠信書房）.

Stiglitz, J. (2005) *Fair Trade for All: How Trade Can Promote Development*, Oxford: Oxford University Press（浦田秀次郎監訳，高遠裕子訳（2007）『フェアトレード——格差を生まない経済システム』日本経済新聞出版社）.

2章
自由な個人と共同性
近代とポスト近代へ

武藤 正義

> 近代社会は「見えざる手」を通じて利己的な個人を解放した．
> だがそれは今日ではもう当たり前のことになった．
> むしろ私たちは利己的な個人からも解放されつつある．
> しかしそれでは他者とどう向き合えばよいのか．

　本章の目的は，近代社会とポスト近代社会の相違を，シナジー社会の観点をふまえた簡単な数理モデルによって理解することにある．まず第1節では，近代社会の特質として「自由な個人」と「利己的合理性」をめぐって議論する．つぎの第2節では，この2つの特質を結晶化させた，近代社会を象徴する数理モデルとして「厚生経済学の基本定理」を位置づける．つづく第3節では，この定理の前提外にある「行為の外部性」と「行為の創発性」を導入した，近代社会とポスト近代社会の両面をもつ数理モデルとしてゲーム理論を位置づける．最後の第4節では，ポスト近代社会の数理モデルとして，まず利己的合理性の利己性が除かれた柔らかな合理性として「社会的価値志向」を導入し，つぎに自由と共同体を止揚する「生成変化する二重のネットワーク」という概念を提示する．

1 自由な個人と社会秩序

1-1 共同体からの離脱としての自由
　周知のように，自由・平等・友愛は，近代社会の中心的な社会理念だが，この順番が指し示すように，なかでもとりわけ自由は枢要である[1]．近代以前において自由は少数の王侯貴族や聖職者のもつ特権だった[2]．一方，その特権性を否定する近代的な自由は，社会を生きる全ての人びとの自己決定権としての，

平等な自由である[3]．思想史的にみれば，神と悪魔の両極に引き裂かれるがゆえに人間には自由意思があるというキリスト教の思想に遡りうるし[4]，またさらに古代ギリシャの政治思想に遡ることもできる[5]．しかし社会史的にみれば，自由は主に封建的な身分からの「解放」と考えてもよいだろう．

　信教の自由，意見表明の自由といった思想的自由に劣らず，当該社会の全ての個人にかかわる移動の自由や職業選択の自由が社会に与えたインパクトは明らかに大きい．たとえば，産業革命期には，土地に縛り付けられていた社会の大多数を占める農民がロンドンのような大都市に移動して工場労働者となるが，このことが実現されるには移動や職業選択の自由，より一般的にいえば「選択の自由」が前提となる．

　これらの具体的な移動や職業選択は，人びとが農村共同体から離脱することを意味してもいる．古代においてアリストテレスは，「人間は生まれながらにしてポリス的動物である」と述べたが[6]，ここでは個人はポリスという共同体に埋め込まれており，自己と共同体あるいは他者の間にある懸隔は意識されていない[7]．

　一方，近代においては，人びとの農村から大都市への大規模な移動という歴史的経緯もあり，自己と共同体の間には懸隔がある．農村共同体では，基本的には助け合いがなされ，仕事がうまくいかなくても，親族や近隣の助けにより生きていくことはできる．しかし大都市ではそういうわけにはいかず，個人は自由ではあるが，共同体からの助けもなく孤立している（これは近代社会において再分配政策が必要となる基本的な理由である）．

　社会を生きる多くの人びとが，生まれ育った共同体を離れ，孤立した「自由な個人」として扱われるとすれば，自由な個人同士が限られた資源をめぐって闘争をはじめ（万人の万人に対する闘争状態），治安や平和や食糧供給といった生活を支える基本的な社会秩序が壊れるのではないか，という懸念が生ずるだろう．この懸念は「社会秩序問題」とか単に「秩序問題」とよばれる．周知のようにその嚆矢は，17世紀のイギリスという動乱の時代を生きたトマス・ホッブス（Thomas Hobbes）の『リヴァイアサン』にある[8]．

　秩序問題とは，「自由な個人」と「社会秩序」が両立困難である，という近代社会に特有の問題である．ホッブス自身は，万人の万人に対する闘争状態を

抜け出すために，自由な個人たちは圧倒的な力をもつ絶対君主に，治安や平和と交換に自身の権利を譲渡して社会契約を結ぶとした．しかしこのような解決法は，絶対君主を正当化し，のちのジョン・ロック（John Locke）やジャン＝ジャック・ルソー（Jean-Jacques Rousseau）らから批判されることになる．

1-2 利己的合理性の相互承認

ホッブスの解決法の問題点はともかくとして，現実のイギリスでは，名誉革命後の18世紀には「王は君臨すれども統治せず」と謳われた議院内閣制を擁する議会中心の穏健な立憲君主制が確立された．政治は安定し，これに加えて農業革命，産業革命により，しだいに経済が発展する．1723年に生まれ1790年に没するアダム・スミス（Adam Smith）は，このような時代に生き，『国富論』を著すことになる[9]．ホッブスは個人がたがいに自己利益を追求すれば，万人の万人に対する闘争に陥ると考えたが，逆にスミスは個人がたがいに自己利益を追求したほうが，生産・交換（流通）・消費といった今日でいう経済領域では全体として富が増大すると考えた．ここでは後にみるように市場の「見えざる手」が働いている．

自己利益追求は，ホッブスにみたように，直感的には社会にとって有害に思えるだけに，それがむしろ社会に有益であるというスミスの発想は逆説的で新鮮だった[10]．このスミスの考えは，個人間相互の利己主義と合理性，すなわち「相互の利己的合理性」を基礎としている．もともと道徳哲学者であったスミスが利己的合理性を推奨するのは大略つぎのような理由からである．日常的な生活世界では，たがいの利己的合理性を承認しあうことは，たとえおたがいさまではあっても，基本的によいことではないだろう（一方だけに利己的合理性が許容されるよりはましだとしても）．しかし市場および経済という社会領域においては，ルールを破らない限りでの相互の利己的合理性は，社会的な富をもたらすゆえ，道徳的に許容されるのである．こうした学術的なお墨付きもあり，ある種のタガがはずれたように，18世紀から19世紀イギリスにおける実経済および経済学はさらに発展する．18世紀後半には産業革命がはじまり，工業社会としての本格的な近代社会が幕を開ける．

経済学の発展は，現実社会における経済領域の自律化と発展を反映している．

17世紀にジョン・ロックは，自分の身体は自分のものである以上，それを用いて得た労働生産物は自分のもの，というロジックから労働による所有権を強調したが[11]，18世紀にスミスはこれをすすめ，自由放任（レッセフェール）をよしとした．再分配政策を否定し，政治はなるべく経済に介入すべきではない，という今日の新自由主義（市場至上主義）にまで連なるレッセフェールは，政治や道徳といったほかの社会領域から経済を切り離す．結果として，市場は生活に必要なモノをゆきわたらせる効率的な装置というだけでなく，技術革新や投資を伴う際限なき利益追求の場となり，経済はあたかも今日の競技スポーツのゲームのようなものになった（もちろん単なるゲームではなくて生活や生存を賭けたシビアなゲームであるが）．この相互の利己的合理性は，法律や政治など経済以外の社会領域でも念頭に置かれるようになり，近代社会全体がいわば経済的・市場的に考えられるようになる[12]．

2　政治的秩序問題と経済的秩序問題

2-1　ルールと秩序問題

以上のように，利己的合理性をもった個々人に自由に行為選択させることを想定する近代社会においては，王・貴族・聖職者あるいは政治家や官僚といった統治者が直接，個々人に細かい指示を出すわけではない．そこで行為選択の範囲を定め，自由の余地を残すような洗練されたルールが必要になる[13]．

この洗練されたルールは，統治者から降ってくるわけではなく，個々人自身によって制定されるという民主的な政治的手続きをとる．個々人自身によってルールを定めるという「循環的な自律性」をもつ政治システムによって，個々人は単なる個人的な行為選択の自由以上の，より高次の行為選択範囲の設定に関する集合的な自由を得ている，といえる[14]．

この行為選択範囲の設定すなわちルールの設定は，討議や投票によって，社会的に選択・意思決定される．これが近代社会における民主的な政治システムであり，上記にみるようにそこでは自由が中心的な理念となっていることがわかる．繰り返しになるが，ここで重要なのは，統治者が恣意的に直接，個々人に号令を下すのではなく，個々人の意思を集約した，つまり民意を反映したル

ールを介してしか個々人を動かせない，ということである．つまり，近代的な政治は，個々人の意思（選好）を集約して，ルールを設定（選択）するという民主的なルールメイキングが中心になる（数理モデル的には，ルールの選択に関しては「社会的選択理論」によって分析することができるが，これについては本書第I部第3章を参照）．

政治は民主的にルールを作り，そのルールによって運営される市場において，個人たちは自由に経済的なゲームをプレイする．政府はもちろんこのゲームに参加してはならない．このような政治と経済の役割分担こそが，近代的な社会システムの基本構図といえる．そしてこれは秩序問題の分化を，すなわちいかなるルールの下で自由な個人たちの選択により社会を豊かにしていくかという「経済的秩序問題」と，そもそもそのルールを個人たちが守る／守らないという選択を考える，より基底的な「政治的秩序問題」という2つの秩序問題への分化を導くだろう[15]．前者の経済的秩序問題は，後者の政治的秩序問題を論理的に前提とするがいったん棚上げし，以下では後者を第3節で扱い，前者を先に次項でとりあげる．

2-2　見えざる手──厚生経済学の基本定理

経済的秩序問題は，基本的にはアダム・スミスの「見えざる手」による市場の効率性によって，極めて有力なひとつの解決案が示されてきた（社会主義計画経済などもひとつの解決案ではある）．さらに20世紀のミクロ経済学・一般均衡論は，つぎにみる厚生経済学の基本定理によって「見えざる手」を数理モデル化した．

厚生経済学の基本定理は，第1基本定理と第2基本定理の2つのパートに分かれているが，後者は再分配を扱っているものであり，本体は前者にある．奥野正寛と鈴村興太郎によれば，前者の第1基本定理では，いくつかの条件を満たせば，利己的合理性をもつ個人たちが市場で財を交換することによって均衡が成立し，その均衡においてパレート効率が実現する（全ての個人の状態が悪くならず，ある個人の状態が改善されることを「パレート改善」といい，パレート改善できない社会状態を「パレート効率」という）[16]．このように，自由な交換の果てに常に社会的効率性の高い均衡が実現する，ということが数学的

に証明されたことは驚くべきことであり，ミクロ経済学の金字塔である．

ところで第1基本定理が成立するためのいくつかの条件とは，交換比（価格）についての情報が瞬時かつ無費用で個人全員にいきわたること，行為選択（交換）が交換当事者以外の他者に影響を与えないこと（すなわち1つ1つの交換が価格に影響を与えないこと），などである[17]．特に後者の条件は，行為選択に「外部性」が存在しないことを意味する．具体的にいえば，個人たる企業と消費者の規模が十分小さければ，彼らの選択は外部性をもたない．

このように厚生経済学の基本定理の成立には，企業が小規模であるという，今日からみればかなり非現実的な条件が含まれている．しかし，19世紀前半のイギリスでは，まだ20世紀以降にみられるような大企業はあまり存在しておらず，厚生経済学の基本定理があてはまる範囲は今日よりも相対的には大きかったと考えられる．

ホッブス以来，近代社会は，自由だが孤立した個人の利己的合理性にもとづく行為の集積として捉えられたが，スミスの「見えざる手」のアイディアとそれを洗練させた厚生経済学の基本定理こそ，そのような近代社会を象徴する数理モデルであると筆者は考える[18]．さらに次節では，基本的には利己的合理性を踏襲するが，行為選択の外部性を考慮した別様の数理モデルとして，「ゲーム理論」を近代とポスト近代の境界に位置づけ，これを検討する．

3　行為の外部性と創発効果──ゲーム理論の本質的要素

厚生経済学の第1基本定理が成立するのは，企業の行為選択（価格決定や生産量決定）が他の企業の行為選択に影響を与えず，消費者の行為選択（商品選択や購買）が他の消費者に影響を与えない場合である．もしもそのような影響がある場合，すなわち行為選択に外部性が存在する場合には，市場の様相はまったく異なってくる．たとえば表2-1のような2社の価格競争では，価格を維持しても新たに利得はないが，価格を引き下げることによって自社は1億円を得て，他社は2億円の損失を被り，両者が価格を引き下げると，結局，たがいに損をして利得は−1億円ずつになってしまう．このような値下げ競争はしばしばみられるが，これはゲーム理論における「囚人のジレンマ」状況である．

表 2-1 値下げ競争（囚人のジレンマ）

	維持	引き下げ
維持	0, 0	−2, 1
引き下げ	1, −2	**−1, −1**

表 2-2 ルールをめぐるジレンマ（囚人のジレンマ）

	ルールを守らない	ルールを守る
ルールを守らない	**0, 0**	2, −1
ルールを守る	−1, 2	1, 1

　利得の組を太字にした（引き下げ，引き下げ）はナッシュ均衡[19]であり（優越戦略[20]の組でもある），この結果が実現するとゲーム理論は予測するが，この結果は（維持，維持）に比べてパレート劣位であり，社会的に望ましくない．この囚人のジレンマ状況は，市場に比して企業の規模が大きい場合にはよくあることだが，小さな企業が無数にあるという想定のもとでの厚生経済学の基本定理（一般均衡理論）はこのような状況が考慮されていない．

　経済だけでなく，社会的にも囚人のジレンマは，しばしばみられる状況である．前節で棚上げしてあったが，ルールを行為者が守る／守らない，という選択をめぐる政治的秩序問題は，表 2-2 のような囚人のジレンマとして理解できる[21]（利得の数字はここでは大小関係のみが意味をもつとし，また利得は自己の利害のみにかかわる）．互いにルールを守らない状態は，「万人の万人に対する闘争状態」である．

　ホッブスの提起した秩序問題は，上記のような政治的秩序問題として定式化できるが，強権を用いるホッブスの解決法の他にも，社会科学ではさまざまなものが考えられてきた[22]．政治的秩序問題は環境問題などを例とする「社会的ジレンマ論」として盛山和夫と海野道郎によるものなど膨大な蓄積があるのでそれらにゆずり[23]，以下ではより抽象的だが根源的な問題として，行為選択の外部性，および相互行為の相乗効果（シナジー）について考察する．

　じつは囚人のジレンマは，行為選択の負の外部性によって生ずる．囚人のジレンマを含む相互行為一般を筆者の論文に沿って定式化しよう[24]．行為者（個人）を最単純の 2 人とし，$i=1, 2$ とする．行為者 i の行為を A_i とし，この行

表 2-3 自己効果・他者効果・創発効果の関係

	O_2	A_2
O_1	0, 0	y_2, x_2
A_1	x_1, y_1	$x_1+y_2+a_1, y_1+x_2+a_2$

表 2-4 チキンゲーム

	維持	引き下げ
維持	0, 0	−2, 1
引き下げ	1, −2	−3, −3

為をしない選択を O_i とする.すなわち $i=1,2$ は A_i か O_i を選択する二者択一の状況にあり,相互行為状況として「2×2 ゲーム」が構成される.ここで行為 A_i が行為者 i 自身にもたらす効果すなわち「自己効果」を x_i,A_i が他者にもたらす効果すなわち「他者効果」を y_i とする(x_i, y_i は実数とする).この他者効果 y_i が行為選択の外部性である.このとき,両行為者による行為の組 (A_1, A_2) は行為者 1 に x_1+y_2 を,行為者 2 に x_2+y_1 をもたらす.

しかし,「待ち合わせ」の状況などを考えれば明らかなように,両者が行為するときにはなんらかの相乗効果(シナジー)を伴うことがあり,筆者はこれを「創発効果」とよんでいる[25].そこで i が得る創発効果を a_i とする(a_i も実数とする).よって行為の組 (A_1, A_2) における行為者の利得は(1 の利得, 2 の利得)=$(x_1+y_2+a_1, y_1+x_2+a_2)$ となる.また 1 が行為をし,2 が行為をしない (A_1, O_2) では (x_1, y_1) であり,これを含めた 4 つの結果の利得の組は表 2-3 のとおりである.

たとえば表 2-3 で $x_i=1$,$y_i=-2$,$a_i=0$ とすれば,上記の値下げ競争の利得表(表 2-1)が得られる.ここからわかるように,相互行為の創発効果がなく,正の自己効果より負の他者効果のほうが大きい状況は,囚人のジレンマになることがわかる.つまり囚人のジレンマは,行為選択の外部性が相対的に大きい状況として位置づけられる.

創発効果がある場合を考えよう.表 2-1 の状況に加え,両社が価格を引き下げることでブランドイメージが損なわれ,さらに両社に 2 億円ずつ損失が加算されるとする.このとき $a_i=-2$ となり,表 2-4 を得る.

表 2-5　保証ゲーム（調整ゲーム）

	ルールを守らない	ルールを守る
ルールを守らない	0, 0	2, −1
ルールを守る	−1, 2	3, 3

　表 2-4 の利得表では，さきの表 2-1 と異なり，（引き下げ，引き下げ）が均衡でなくなり，（維持，引き下げ）と（引き下げ，維持）がナッシュ均衡となる．この状況は「チキンゲーム」とよばれる．これは先に引き下げたほうのみが勝ち組になるという，結果として格差を生ずるゲームである．負の外部性は環境問題（囚人のジレンマ）のような社会的非効率を生じさせうる一方，負の相乗効果は格差問題（チキンゲーム）のような社会的不平等を生じさせうるのである．

　つぎに表 2-3 で $x_i = -1$，$y_i = 2$，$a_i = 0$ とすれば，表 2-2 のルールを守るか否かの政治的秩序問題の利得表（囚人のジレンマ）が得られる．ここで両行為者がルールを守って協力しあうことによって新たな正の価値が創発されたとする．この価値を $a_i = 2$ とすると，表 2-5 を得る．

　この新しいゲームでは正の創発効果(シナジー)のおかげで，ルールをたがいに守ることがパレート効率的なナッシュ均衡になっている．さらにこのことは表 2-3 の 2×2 ゲームに一般化でき，創発効果が十分大きければ，たがいにルールを守る (A_1, A_2) は明らかにパレート効率的な均衡になる．しかしこの表 2-5 のゲームでは他者がルールを守らなければ最悪の結果（−1）を招き得るリスクがある．したがって他者がルールを守るという保証がないと，パレート効率均衡は実現しにくい．そこでこのようなゲームは「保証ゲーム」とよばれる．また一般に，ナッシュ均衡が複数ある対称的な状況で，同じ手を取り合った状態が均衡になる場合を「調整ゲーム」というが[26]，保証ゲームは調整ゲームの一種である．

　一般に，相互行為の創発効果（相乗効果）は，複数均衡を成立させる．正の創発効果は調整ゲームを，負の創発効果はチキンゲームを成立させる[27]．このように，ゲーム理論は，行為選択の外部性だけでなく，相互行為の相乗効果(シナジー)をも扱っているのである．

　調整ゲームやチキンゲームのような複数均衡が存在する状況は，囚人のジレ

ンマのような優越戦略が存在する状況とは異なり，孤立した個人の利得最大化という単純な最適化問題ではない．それはポスト近代的な，二重の最適化問題であり，ゲーム理論の複雑性の本質がここにある．そしてこの複雑性は，相互行為の創発効果(シナジー)によってもたらされている．

　二重の最適化問題における行為選択は，他者の立場に立って，他者の行為選択を考慮するという意味での他者性を必要とする．ここでは他者の選択に合わせて，自己の選択を変えていかなければならない．この状況は一種のコミュニケーションを想起させる．複数均衡は，コミュニケーションの契機なのである[28]．さらにいえば，上述したように複数均衡は創発効果によってもたらされるので，創発効果(シナジー)はコミュニケーションを構成する一部といえるし，逆に良質なコミュニケーションによって創発効果(シナジー)は高まりうる．

4　人と人の間にあるフロンティア

4-1　コミュニケーション社会

　今日の経済や社会を支えているのは，近代的な工場によるモノの大量生産というよりも，どんなモノやサービスをどのように作るべきかという生産者と生産者，生産者と消費者，さらには消費者と消費者の間でのコミュニケーションである．周知のように学生の就職活動では「コミュニケーション能力」が強調されてやまない．また，学術的にみても，1970年代以降，社会学では，ニクラス・ルーマン（Niklas Luhmann）は社会システムをコミュニケーションのシステムとみなして社会理論を作り[29]，ユルゲン・ハーバマス（Jürgen Habermas）は議論のようなコミュニケーション的行為を強調している[30]．技術的には1995年にWindows 95が発売され，インターネットとケータイが普及し，今日ではメール，ウェブページ，ブログ，SNS，ケータイ等を用いた電子的コミュニケーションが当たり前のことになった．

　この事態は技術が社会を変えたというよりも，必要は発明の母というように，今日の社会じたいがコミュニケーションを必要としているからこそ技術が普及したのだろうが，いずれにしても今日の社会は，コミュニケーションが中心的な価値となっている「コミュニケーション社会」といえよう．孤立した個人や

工業製品としてのモノが中心を占めた産業社会としての近代社会は過去のものとなり，ポスト近代社会がすでに到来しているのである．

このようなコミュニケーション社会の基盤となるのは，明らかに人と人の関係である．人と人の間にあるものこそが，社会を支えている．じつは前節でみたゲーム理論は，利害が絡み合う相互依存状況における相互行為を対象としており，その内容は人と人の間にある何かへの探究なのである．しかしゲーム理論は，基本的には「利己的合理性」と「自由な個人」を基底とする近代的な概念空間に収まるものだと一般には理解されている．だが，この点を次項では覆したい．また，以下では上記2つの近代的なキー概念に対応するポスト近代的なキー概念として「社会的価値志向」と「生成変化する二重のネットワーク」を提示したい．

4-2 利己的合理性を超えて──他者配慮と社会的価値志向

具体的なコミュニケーションの場面では，どんなに正しい意見であっても，それが品性を欠いた，すなわち他者への配慮に欠けたやり方で語られるとき，その意見は多くの場合，説得力をもたないだろう．なぜなら，意見の正しさだけでなく，その持ち主の品性（「いい人」か否か）を同時に評価する傾向が私たちにはあるからである．そしてこの評価傾向のすくなくとも一因には，友人，結婚相手，仕事のパートナーといった重要な付き合い相手を選択するさいに，私たちがしばしば相手の品性を考慮することがあげられるだろう．また，自分が付き合う相手，すなわちコミュニケーション相手には，すくなくとも自分と同じくらいには，自分を含めた他者を配慮できる人であってほしい，と思う人は多いだろう．というのは，私たちが最初から利己的合理性をもつ個人であるより，それが抑制される家族という共同体（コミュニティ）の中で育つからである．

このように他者配慮は，コミュニケーション社会においてもその重要性が増えはしても減ることはない．利己的合理性はむしろ忌避されるだろう．じっさい，1990年代から今日に至るまで，利己的合理性と自由な個人，またそれに伴う自己責任を強調する新自由主義的なグローバリズムが世界を席巻するなかでも，ボランティア活動（NPO活動）はこの時期に日本社会に普及している．昨今，強調されることが多くなった社会や地球の持続可能性（サステナビリティ）は，将来世代とい

う他者への配慮からなされている．

　他者配慮の数理モデルはつぎのような構成をとる．自己利得を x，他者利得を y とし，自己利得への重みとしての利己志向を p，他者利得への重みとしての利他志向を q とし，最大化の対象となる自他の利得の組に対する評価を $v(x,y)$ とすれば，

$$v(x,y) = px + qy$$

である．行為者はこの評価 $v(x,y)$ を最大化するように行為選択すると仮定されるが，この仮定は非利己的な，柔らかな合理性を表現する．論理的には必要はないがわかりやすくするため $p+q=1$ としておく．たとえば $p=1$, $q=0$ とすれば $v(x,y)=x$ は利己主義を表す．また $p=0$, $q=1$ とすれば $v(x,y)=y$ は（完全な）利他主義を表す．$p=q=1/2$ とすれば $v(x,y)=(x+y)/2$ は自他の利得和ないし平均利得を評価する．$p=2/3$, $q=1/3$ とすれば $v(x,y)=(2x+y)/3$ は自己と他者を $2:1$ の比で重みづける．このように程度をもって他者配慮を表現することで，利己主義と利他主義という両極の間にある無数の現実的な他者配慮の形式を表現することができる．

　このような他者配慮の形式すなわち「社会的価値志向」は，相互行為に何をもたらすだろうか．利己的な行為者同士のゲームは，囚人のジレンマのような状況においてパレート非効率に陥ってしまう一方，完全に利他主義的な行為者同士のゲームも同様にパレート非効率に陥ってしまう．そして $p=2/3$, $q=1/3$ のような他者配慮を両行為者がとる場合にも，あるゲームにおいてはパレート非効率に陥ってしまう．じつはこのようなことがないのは，$p=q=1/2$（利己志向＝利他志向）すなわち自己と他者を完全に対等に扱う場合のみであることがわかっている[31]．イマヌエル・カント（Immanuel Kant）は「君の意志の格律が，いつでも同時に普遍的立法の原理として妥当するように行為せよ」と述べたが[32]，そのような格律は必ずしも明らかでない．社会的価値志向を格律といいかえれば，普遍化可能な格律が自他を対等に扱うもののみであることが明らかになったのである．

　人と人の関係は，多様なゲームが営まれる複雑な場である．このような場において上記のような相互の利他志向がつねにパレート効率をもたらすというこ

2章 自由な個人と共同性　　　　　　　　　　　　　49

とは，関係そのものが一種の創発効果(シナジー)を有しているといえないだろうか．第3節では相互行為における正の創発効果が十分に大きいならば，それがパレート効率均衡をもたらすことを示したが，たとえ創発効果が大きくなくても，両行為者がたがいの利他志向を引き出しあい，協調することができる間柄ならば，どんな状況でもパレート効率をもたらすことができる．自他を対等に扱う相互の利他志向は，協調的な創発(シナジー)をもたらす，ともいえよう．

4-3　自由な個人から生成変化する二重のネットワークへ

　もっとも社会的価値志向は，直接的な相互行為に伴うものであるため，そこで閉じてしまい社会的な波及力に欠けるという面があるともいえる．しかし近年のネットワーク科学は，意外なほどに「世間」は狭く，任意の2人の他者は，平均的にはわずか6ステップの知人関係を介してつながっているという事実——「スモールワールド」を発見している[33]．この事実はミクロな直接的関係が，広範な社会的な影響をもたらす可能性を示唆する．

　フェイスブックやツイッター等のSNSの普及は，これを促進する．たとえば，ツイッターには他人のつぶやき（それは多くの場合，より詳しい記事へのリンクを含んでいる）をそのまま自分とつながっている人びとに伝える「リツイート」という機能があるが，自分が信頼している他者が他人の記事をリツイートするとき，それは自分にとって大きな説得力をもつと考えられる．私たちは直接的な関係がネットワークを介して間接的にすぐ影響を与えるような時代にすでに生きている．ここに近代の「自由な個人」を超える1つの契機がある．

　2-1項で述べたように，近代社会は自由な個人の集合が自分自身をいかに統治するか，という循環的な自律性を基軸としており，ここでは自由な個人がベースであった．一方，ポスト近代的なコミュニケーション社会では，循環の構図はそのままであるが，ベースが個人ではなくコミュニケーション（あるいは相互行為）それじたいになる．これはルーマンによって彫琢されたものの見方であるが[34]，数理モデル的にみれば，コミュニケーションがその上を走る「意味のネットワーク」（知識）がベースになるだろう．

　この点，今日のネットワーク科学は上述したダンカン・ワッツ（Duncan J. Watts）のスモールワールドやアルバート＝ラズロ・バラバシ（Albert-Laszlo

Barabasi) のスケールフリーなどそれなりに成果をあげているが[35]．これらは基本的に「人のネットワーク」に重点をおいている．一方，脳のニューラル・ネットワークにみるように，知識は「意味のネットワーク」によって成立しており，個人ではなく，この意味のネットワークじたいがいわば主人公になる[36]．なぜなら今日の社会において意味のネットワークは人のネットワークをも作り出すからだ．たとえば，アカデミックな研究会，趣味やスポーツのサークル，NPO，ベンチャービジネスにみるように，だれかが掲げたテーマやコンセプトや世界観のもとに人びとが集まり，そこで新たな人のネットワークと新たな意味が，DNA の二重螺旋のように，紡がれていく[37]．これは意味のネットワークと人のネットワークの共進化である．この共進化こそ，ポスト近代的な，人びとの共同性である．

この共進化において，人のネットワークは人的にも意味的にもダイナミックに生成変化するので，自由な個人を抑圧する共同体ではありえず，個人は共同的な意味生成にかかわることで，世界（選択肢や可能性）の拡大という自由を体験する．他者との共働によって失う可能性より，それによって得る可能性のほうが大きく，そうでなければネットワークは解消されてしまう．こうして意味と人の二重のネットワークの共進化において，自由と共同体は止揚される．

このような共進化を，ネットワークという用語に「意味」と「人」という語義を込めてこの形容を取り払ってひとことでいえば，「生成変化する二重のネットワーク」ということになるだろう．近代は「自由な個人」を基底とする産業社会であったが，ポスト近代は「生成変化する二重のネットワーク」を基底とするコミュニケーション社会なのである[38]．

生成変化する二重のネットワークは，近代以前はごく一部の創造的な学者や芸術家だけに限られていたかもしれないが，今日のポスト近代社会では，多くの人びとにとってごく一般的なことになっている[39]．このように意味のネットワークと人のネットワークの共進化こそが今日の社会秩序のアクチュアリティであり，そのメカニズムの解明には，数理やシミュレーションによるモデル化が欠かせないだろう．これは数理社会学における最も大きな課題かもしれない．

本章では主に，社会の最も基礎的な単位である二者関係をゲーム理論的モデルによって捉え，2つの仕方でシナジーを定式化した．1つは相互行為の水準

における創発効果としてであり，もう1つは，相互行為者の水準における自他を対等に扱う相互の社会的価値志向としてである．いずれにしても，ここでのシナジーはパレート改善（win-win）といういわば量的な社会的効率改善の側面をもつ．一方，最後に提示した生成変化する二重のネットワークも当然，シナジーを伴う概念である．ここでのシナジーとは，様々な来歴を背負った人びとのコミュニケーションによって質的に新しい共同的な意味が生成されることである．以上のように，本章では量と質の両面にかかわるシナジーを生起させる基盤としての相互行為とネットワークがいかなるものであるかを示した．

【注】
1) Liberty と Freedom を自由すなわち「自らに由る」と訳したように，自由は，根源的には，自然法則による必然的な因果関係とは別に，人間の精神自身が事柄の原因になりうる，ということである．この「自己原因性」（自律性）としての自由の理解は，カントによるところが大きい（石川，1995）．ただし，今日の社会理論の水準でこの精神的な自由を位置づけるならば，自然法則的な因果関係だけでなく，（孤立した個人の精神ではない）個人間の対話，文章読解，教育をも含めた，主に言語による社会的コミュニケーションを考慮すべきだろう．じつはコミュニケーションによってはじめて自由も成り立つ．たとえば知識や教養は精神的にも社会的にも人を自由にするが，知識はコミュニケーションによって得られる．コミュニケーションという観点は本文でも後に議論する．なお以上から明らかなように，自由は「好き放題」「勝手気まま」という通俗的な用法とは対極にある．勝手気ままな状態は，生物的な自然法則に従っているだけで，自己原因たりえておらず，むしろ不自由な状態である．
2) 近代以前では，「主人」と「しもべ」という垂直関係が許容されたが，近代社会では誰かのしもべることは許されない．誰にとっても，自分の「主人」は自分自身である．ここでの自由は，前注での自然と人間を分かつ意味よりも，誰にも支配されないという社会的な自己決定性に強調点がある．
3) ジョン・ロールズ『正義論』のよく知られた正義の2原理のうち，第1原理は政治的・市民的権利にかんする「平等な自由」であり，第2原理は社会的・経済的な資源の平等的分配を支持する「格差原理」である（Rawls, 1999）．第1原理は第2原理に優先するので，経済的不平等の是正のために，市民的権利が犠牲にされることはない．すくなくともロールズにおいて，平等な自由こそが近代社会において最も根源的な理念である．
4) 個人の自由を重視する近代の根本思想のルーツは，原始キリスト教にもある．ユダヤ教はユダヤ民族の救済という民族単位であるが，キリスト教は，個人単位で救済される．また，神と悪魔に引き裂かれた人間個人の自由意思という発想は，内面

の重視へとつながり，新教のプロテスタントを準備する．ルターにみられる内的な神との対話や万人祭司主義などがこれにあたる．
5) ハンナ・アーレント『人間の条件』によれば，古代ギリシャにおける自由とは，個人の経済的利害に拘束されることなく，ポリスの公共的な事柄について，自由に（純粋に）討論できることを意味した（Arendt, 1958）．つまり純粋な政治参加の自由である．したがって古代ギリシャにおいては，生活の経済的基盤がなければ自由もない．一方，近代社会では，平等な選挙権などによって経済的基盤がなくても政治参加できるが，それゆえに政治が個人の経済的利害を反映するものへとある意味で堕落することになる．
6) アリストテレス（2001）．
7) アリストテレスにとっては，個人と共同体の連続性ゆえに個人の卓越性は共同体の繁栄をも意味したし，共同体が個人の卓越性を伸ばそうとして，おせっかいに特定の価値観を押し付けるのは当然であった．彼は自由と密接な関係にある価値観（善）の多様性を理解しなかった．このことは知的に劣った者を軽視するエリート主義や奴隷制度の肯定といった反平等主義を導く（George, 1993: 38-39）．ここには自由も平等もない．
8) Hobbes (1651)．ホッブスは農村から都市への人口移動が生じた18世紀後半から19世紀の産業革命期を生きたわけではないが，ピューリタン革命と名誉革命にみるような動乱に満ちた17世紀のイギリスを生きており，ホッブスにとって新教と旧教をめぐる戦乱は，万人の万人に対する闘争の原風景であっただろう（左古, 1998）．
9) Smith (1776)．
10) もっとも，スミス以前の『蜂の寓話』のマンデヴィル（Mandevill, 1714）やヒュームといったスコットランド道徳経済学者たちにとってこの逆説は伝統的なものではある．
11) Locke (1689)．所有権の強調は絶対主義時代の恣意的な統治から個人の自由を守ることを1つの目的としていた．
12) 社会の市場化については，国家の政策の意図もあり，これについてはカール・ポランニー『大転換』を参照（Polanyi, 1944）．
13) イスラム社会のような宗教的社会では，生活に関する詳細な伝統的ルールがある．一般に，近代化はこのような詳細な伝統的ルールに疑義を呈し，それじたいを集合的な意思決定（社会的選択）の対象にする．伝統的ルールを民主的に改変・撤廃できるようになる．
14) 選挙が民主的な政治システムにおける循環的な自律性に相当するならば，市場における均衡価格（相場）・商品選択・企業淘汰などは，経済システムにおける循環的な自律性に相当する．政治においては市民の投票の集積が政治家や政党を選択し，経済においては消費者の購買行動の集積が生き残るべき企業を選択する．このように近代社会では，個々人の「選択の集積」によって統治者を選択することにより「個々人→統治者→個々人」という循環的な自律性が確立されている（財界の力は政治に大きく影響するので，大企業の経営者や大株主らもまた統治者の一部に分

類されてよいだろう）．この循環的な自律性は，個々人の自由をベースとする社会システムの必然的な帰結である．これが自由な個人と社会秩序をつなげる社会的な仕組みである．しかしこの近代的な社会システムにも，格差問題や環境問題のように多くの限界がみられる．したがってポスト近代的な社会システムは，すくなくとも上記の意味での循環的な自律性を超え出るものである．

15) ルールを守る／守らないという状況が後述するようにゲーム理論における「囚人のジレンマ」を構成する一方で，民主的なルールメイキングじたいにも社会的選択理論における「アローの不可能性定理」（Arrow, 1951）を通して問題を指摘することができる．
16) 奥野・鈴村（1988: 4章, 17章）．
17) 他の条件としては，起業・新規参入・撤退の自由があること，すべての財・サービスに所有権が確立されそれが自由に売買できること，行為者の効用関数がある条件（凸性）を満たすこと，などである（奥野・鈴村，1988: 4）．
18) 利己的合理性の近代性にかんして，今田（2001）は効率性と合理性の重視により近代を特徴づけている．
19) たがいに他者の戦略を所与としたとき自己利得を最大化している戦略の組を「ナッシュ均衡」という．なお，ゲーム理論において戦略は行為（行動）の計画であるが，本章においては戦略と行為は同義である．
20) 他者がどのような戦略をとった場合にも，自身がその戦略をとっていれば，他の戦略をとったときよりもよいか同じ（少なくとも1つはよい）利得をもたらす戦略を「優越戦略」という．
21) タルコット・パーソンズ（Parsons, 1937）が強調したように，デュルケム（Durkheim, 1893）は「契約の非契約的要素」として，契約が直接的に言及していない（できない）道義的な部分を含むと考えた．この道義的部分を守るか否かというように，ルールをめぐる囚人のジレンマを理解することもできる．
22) 最も有名なものは，囚人のジレンマが繰り返される状況における「しっぺがえし戦略」（TFT戦略）である（Axelrod, 1984）．
23) 盛山・海野編（1991）．
24) 武藤（2011）．
25) 武藤（2011）．
26) チキンゲームも含めて，複数均衡が存在するゲームを単に調整ゲームとよぶ場合もある．
27) 武藤（2011）．
28) 複数均衡による，行為選択の相互依存状況は，社会学ではパーソンズによって「ダブルコンティンジェンシー」（二重の条件依存性）として考えられてきた（Parsons, 1951）．これは相互に他者の行為を手がかりとしてしか行為できないゆえに相互に行為が決定できないという「社会学的な秩序問題」であり，それゆえ，両者にとっての共通の社会的仕組み（制度）を必要とする状況ともいえる．たとえば，チキンゲームが繰り返される状況では，勝者と敗者を制度的に一回一回交替できればよい．なお，コミュニケーションのシステムとして社会システムを位置づけたニク

ラス・ルーマンはこのようなことをふまえ，ダブルコンティンジェンシーに，より洗練された社会秩序（社会システム）形成の契機を見出している（Luhmann, 1984）．
29) Luhmann (1984).
30) Habermas (1981).
31) 武藤（2005）では，利他志向だけでなく，平等志向をも導入しており，より一般的な社会的価値志向の下で議論している．なお，現実には行為者間で利他志向が異なるケースはあるが，この場合の分析の一例としては武藤（2002）がある．
32) Kant (1788).
33) Watts (2003).
34) Luhmann (1984).
35) Barabasi (2002).
36) 筆者が構想しているポスト近代的な個人のモデルは，多層的な意味を生きる存在であり，意味の各層の濃淡によって，ある意味に共鳴したりしなかったりする個性的存在であり，共鳴できる意味を媒介として他者とつながっていく．
37) この二重螺旋モデルは，今田（1986）からインスピレーションを得た．
38) 近代社会では政治家，官僚，大企業といった「中心」に選挙や購買行動といった数量的影響を与えることによって，間接的に個人たちの自律性が循環的に保たれている．しかしポスト近代社会では数量というよりも，インターネットによるコミュニケーション等による直接的な意味メッセージによって，中心に働きかけることが可能である．選挙や購買による循環的な自律性という近代社会の骨格はたしかに残る．また，大企業は多国籍企業化し，国家を超える力をもつという点でますます社会は市場化していくという意味でも近代的な仕組みは残る．しかしそこで産出される価値が，差異や経験といった意味そのものに移行し，その産出においては，意味のネットワークと人のネットワークという二重のネットワークがかかわる．多国籍企業や政府といった巨大な官僚組織の弊害を取り除くものとして，この二重のネットワークは，たとえばマトリクス組織や，プロジェクトチームのような形としてすでに現実化している．また，しばしば社内の人のネットワークだけでなく，社外のネットワークが会社員の価値をきめるともいわれるように，専門家を含めた個人のインフォーマルなネットワークが重要な時代がすでに到来している．このインフォーマルなネットワークは，フォーマルな近代的ピラミッド組織の官僚制を機能的に補完し，その相対的な重要性を低下させている．たとえばトップへの直接的なアクセスはフォーマルには難しくても，メールやSNSを介せば，インフォーマルには可能である．近代社会では人と人の出会いが，会社や役所や学校といったフォーマルな組織で閉じられていたが，今日の社会ではNPO，ボランティア団体，各種のサークルの情報がインターネットやSNSによって可視化されてアクセスしやすくなり，フォーマルに所属する組織外での人と人の出会いが容易になっている．
39) 今日のポスト近代社会では，自由な個人という人間の意識や意識的な選択はもはや価値として強調されず，動植物，生態系，地球といった生命や身体性が重視されている．生命は個体であるだけでなく，食物をとることにより，生態系とつなが

るネットワーク的な存在であり，人間にとって生命は，食事，健康，スポーツ，ま
たダンスや歌や楽器演奏のようなある種の身体芸術とも関連している．つまり，こ
の生命的なネットワークの結節点としての身体は，音楽や美術といった非言語的な
アートにも深くかかわっている．これは近代的な自由な個人という理念じたいを揺
さぶる．近代社会の基本構図であった「循環的な自律性」は，人間社会だけで閉じ
ていて，その負の外部性により環境問題が引き起こされてきた．ポスト近代的な社
会システムは，生態系や地球というエコシステムとも共生あるいは包摂するような
社会システムでなければならない．

【参考文献】
石川文康（1995）『カント入門』筑摩書房．
今田高俊（1986）『自己組織性』創文社．
今田高俊（2001）『意味の文明学序説』東京大学出版会．
奥野正寛・鈴村興太郎（1988）『ミクロ経済学 II』岩波書店．
左古輝人（1998）『秩序問題の解明——恐慌における人間の立場』法政大学出版局．
盛山和夫・海野道郎編（1991）『秩序問題と社会的ジレンマ』ハーベスト社．
武藤正義（2002）「僅かな利他性が導く協力の実現」『理論と方法』17（1）: 89-104．
武藤正義（2005）「相互行為状況における倫理規範の性能分析」『社会学評論』56（1）: 182-99．
武藤正義（2011）「相互行為システムと創発効果」今田高俊・鈴木正仁・黒石晋編『シリーズ社会システム学別巻　社会システム学を目指して』ミネルヴァ書房，pp. 231-59．
Arendt, H. (1958) *The Human Condition*, University Of Chicago（志水速雄訳（1973／1994）『人間の条件』中央公論社／ちくま学芸文庫）．
アリストテレス（2001）牛田徳子訳『政治学』京都大学学術出版会．
Arrow, K. J. (1951) *Social Choice and Individual Values*, Wiley, New York（長名寛明訳（1977）『社会的選択と個人的評価』日本経済新聞社）．
Axelrod, Robert (1984) *The Evolution of Cooperation*, Basic Books（松田裕之訳（1987／1998）『つきあい方の科学——バクテリアから国際関係まで』CBS 出版／ミネルヴァ書房）．
Barabasi, Albert-Laszlo (2002) *Linked: How Everything Is Connected to Everything Else and What It Means for Business, Science, and Everyday Life*（青木薫訳（2002）『新ネットワーク思考』NHK 出版）．
Durkheim, Émile (1893) *De la division du travail social*, PUF, 1960（田原音和訳（1971）『社会分業論』青木書店）．
George, Robert P. (1993) *Making men moral: Civil liberties and public morality*, Oxford University Press.
Habermas, Jürgen (1981) *Theorie des kommunikativen Handelns*, Suhrkamp Verlag; Auflage: Erstausgabe（河上倫逸訳（1985-1987）『コミュニケイション的行為の理論』（上・中・下）未來社）．

Hobbes, T. (1651) *Leviathan, or the Matter, Forme, and Power of a Common-Wealth, Ecclesiasticall and Civil* → 1965, Clarendon(永井道雄ほか訳(1971)『リヴァイアサン 世界の名著23』中央公論社).

Kant, I. (1788) *Kritik der praktischen Vernunft*(波多野精一ほか訳(1979)『実践理性批判』岩波書店).

Locke, John (1689) *Two Treatises of Government,* ed. by Peter Laslett, 1963, Cambridge University Press(加藤節訳(2010)『完訳 統治二論』岩波書店).

Luhmann, Niklas (1984) *Soziale Systeme: Gurundriss einer allgemeinen Theorie,* Suhrkamp(佐藤勉監訳(1993-1995)『社会システム理論』(上・下)恒星社厚生閣).

Mandevill, Bernard (1714) *The Fable of the Bees*(泉谷治訳(1985)『蜂の寓話──私悪すなわち公益』法政大学出版局).

Parsons, Talcott (1937) *Structure of Social Action,* Free Press(稲上毅・厚東洋輔・溝部明男訳(1974-1989)『社会的行為の構造』(1-5)木鐸社).

Parsons, Talcott (1951) *The Social System,* Free Press(佐藤勉訳(1974)『社会体系論』青木書店).

Polanyi, C. (1944) *The Great Transformation*(野口建彦・栖原学訳(2009)『大転換──市場社会の形成と崩壊』東洋経済新報社).

Rawls, J. (1999) *A Theory of Justice: revised edition,* Harvard University Press(川本隆史・福間聡・神島裕子訳(2010)『正義論』[改訂版]紀伊國屋書店).

Smith, Adam (1776) *An Inquiry into the Nature and Causes of the Wealth of Nations*(大河内一男訳(1978)『国富論』(Ⅰ・Ⅱ・Ⅲ)中央公論新社).

Watts, Duncan J. (2003) *Six Degrees: The Science Of A Connected Age,* W. W. Norton & Company(辻竜平・友知政樹訳(2004)『スモールワールド・ネットワーク』阪急コミュニケーションズ).

3章
コモンズの悲劇からの脱出
地域と社会的企業家のシナジー

中 井　豊

> フリーライダーさえ逃げてしまう，
> そのようなコモンズは再び蘇るのだろうか——．
> 支援者が欲を控え，本分の事業が収益を担保すれば，
> コモンズは生き生きと再生する．

　近代は主体的に生きることを善とし，新たなフロンティアを探し続け，経済の量的拡大をひたすら希求してきた．しかしながら，多くの先進国で充分な経済成長を謳歌できなくなり，また，複雑で巨大なリスクに直面するに至ったいま，人々はつながりを模索し始め，そこに新たなフロンティアを創造しつつある．この新たなフロンティアは，生活の量的な豊さをもたらすものというよりは，人生の質的な善さにつながるという点で今までと異なっている．異質な行為主体間の共鳴によるシナジー社会が，近代の個人主義と効率至上主義を乗り越え始めたとも解釈できよう．例えば，社会的企業家は，シナジー社会到来の兆しを示す典型例であろう．社会的企業家は，社会的な問題の解決を志し経営との両立に腐心しているのであるが，その特徴はネットワークを最大の経営資源とみなし，異業種間の連携をフルに活かした事業運営にある．つまり，社会的企業家という存在は，シナジーが社会的に埋め込まれ始めた証だと言える．
　ところがいくら志があっても食べていけるかどうかは分からない．多くの社会的企業家は現実の壁にぶつかりもがいている．そこにシナジーだつながりだといっても，経営の改善に資するかはっきりしない．そこで本章では具体的に，森林，漁場，河川，湖沼等のコモンズとともに生きる地域コミュニティと，そこに人生の質のフロンティアを見出す社会的企業家の共存に注目し，両者の連携に立ちはだかる壁が何であって，また，それを乗り越える手立てや条件が何かを理論的に検討してゆきたい．

1　自助・公助・共助

　言うまでもなく，コモンズの維持・管理は重大な社会問題である．市場による自助や官僚主導の公助に限界がみえるなか，市民が協力し合う共助に注目が集まっている．エレノア・オストローム（Elinor Ostrom）は，共有資源の有効な保全管理の方法が，国家による統制や自由競争だけではなく，第3の方法として，共有資源に利害関係をもつ当事者が自主的にルールを取り決めて保全管理をするセルフガバナンス（自主統治）であることを示した[1]．しかしながら共助には，コモンズの悲劇[2]（ギャレット・ハーディン（Garrett Hardin）），つまり社会的ジレンマの問題[3,4]（マンキュール・オルソン（Mancur Olson），ロビン・ドーズ（Robyn Dawes））がつきまとう．共助にタダ乗りして維持管理に協力しない者（フリーライダー：Free Rider（FR））が増えてゆき，共助が望ましいのは分かっていながら誰も共助に参加しない状況が現れる．つまり，私ががんばってコモンズを守ろうとしても，フリーライダーはなくならないし，それならそもそも面倒だから止めてしまえとなって，ついには誰もコモンズを守らなくなってしまう．カキの養殖場を例にとると，河川から供給される養分に限りがあることから，養殖筏を競って増やしてゆくとカキが充分に生育できず，共倒れに至る．皆が養殖場を守るため節度を保って利用したとしても，この保全努力にタダ乗りして養殖筏を増やそうとする者が現れる．森林の管理の例では，管理を放棄する地権者がフリーライダーに当たる．自分の森が荒れても他者には迷惑がかからないように思われ，当人および周囲にもタダ乗りという認識が薄い．間伐が行われている森は日光が森林の内部にまで入り込むので生物多様性が高く，豊かな土壌が生まれ樹木がしっかりと根付く．そして保水力を増した森林では土砂崩れのおそれがなくなる．したがって，地権者全員が協力して管理（間伐）に当たると里山全体を永く保全・利用することができるわけだが，間伐の負担を嫌い管理を放棄する地権者が現れると土砂崩れのリスクが高まるのである．場合によっては，他者の森を巻き込み消滅させてしまう．言い換えれば，管理を放棄した一部の地権者はコストをかけず自らの資産（森林）を保全していることになる．

ところで近年のグローバリゼーションの流れの中で、フリーライダーどころかコモンズの悲劇が発生している舞台そのもの（以下、コミュニティという）が消滅する事態が進行している。ここに残ってコモンズを守って食べていくのは大変だからこのコミュニティから出てゆき、割の良い仕事につくよりほかはないというわけだ。

さて、それでもコモンズを維持したいのなら、コミュニティの外部の人々と連携するしかない。コミュニティのメンバーにはできないことをする外部の人々（以下、社会的企業家、略して企業家と呼ぼう）と協力し、コミュニティから出ていくよりも高い利得を実現させるしかない。これは言うはやすく行うはかたい。まず、優れた共同事業プランを持つ企業家が現れなければならない。そしてまた、新たなフリーライダー問題にも直面する。この種の共同事業においては、コミュニティは企業家にコモンズの利用権を与え、企業家側は借りたコモンズを利用して事業を行い対価を支払うことが多い。ところが、事業運営コストは企業家側だけが支払うことが多く、コミュニティ側が一方的に得をする構造になる。つまり、コミュニティのメンバーはこの種の事業において一種のフリーライダーになる可能性がある。本章では、具体的な事業内容とは何かや企業家をどう見つけるかには立ち入らないが、コモンズの悲劇と悲劇の舞台が消滅する悲劇が、原理的にはコミュニティと企業家の連携によって同時に解決可能であることを示したい。言い換えれば、それぞれが独自のジレンマに曝されている異質な人々が自律的につながり役割分業を営むことで、それぞれのジレンマ（とひいては社会問題）が解決し得ることを、進化シミュレーションを用いて確認する。

2 悲劇の舞台そのものが消える悲劇

まず、コモンズの維持管理の舞台となるコミュニティをモデル化しよう。コミュニティには3種類の人間がいる。コミュニティのメンバーは、コモンズの維持管理者（以下、管理者と言おう。Cooperator (C)）になるか、フリーライダーになるか、コモンズから離れるか（以下、退出者と言おう。Leaver (L)）、それぞれの判断に任されている。そして、このコミュニティはコモンズの維持

管理において社会的ジレンマの状況に曝されているとしよう．

さて社会的ジレンマには，さまざまなモデルがあるので（マイケル・テーラー（Michael Taylor）とヒュージ・ワード（Hugh Ward）[5]，アムノン・ラポポート（Amnon Rapoport）[6]，アンドレアス・ディークマン（Andreas Diekmann）[7]，ウェルナー・ラウプ（Werner Raub）[8]）[9]，本章では，社会的ジレンマの代表的なモデルである N 人囚人のジレンマ型のモデル（ラッセル・ハーディン（Russell Hardin）[10]）を使って，コモンズの直面する状況を表現することとする．

(1) 管理者は，各自が管理コスト（c）を支払い，全員の管理コストの総和（$\sum c$）を使ってコモンズを維持する．協力の相乗効果により総和以上の利得が生み出される．相乗効果を乗数 B で表す．
(2) 利得は非排除性を持ち，管理者もフリーライダーも等しく恩恵を被るとする．
(3) 全員が管理に参加した場合の１人当たりの利得（$B\sum c / N = B \times c$）から，管理コスト（c）を差し引いた剰余（$= (B-1)c$）を正と仮定する（つまり，乗数 B は１以上とみなされる．これを以降，最大剰余と呼ぼう）．
(4) フリーライダーは，管理コストを支払わないが，総利得が管理者と平等に配分される．
(5) 退出者は，コミュニティとは無関係な外部の人間であって，管理コストも支払わないし利得も得ない．
(6) 退出者はコミュニティとは無関係に利得 σ を得るとし，これが，最大剰余より大きいと仮定する．つまり，コモンズの管理は世間相場からみて割が合わなくなって，コミュニティに残るより，退出者になった方が得をすると仮定する．

以上を，各プレイヤーの利得関数で表すと以下の通りとなる．

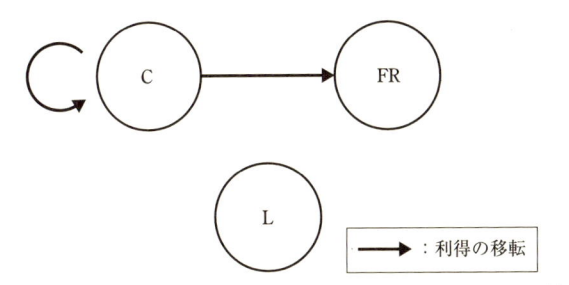

図3-1 管理者(C),フリーライダー(FR),退出者(L)の関係

$$\Phi_C = -c + \frac{BcN_C}{(N_C + N_{FR})} \quad (1)$$

$$\Phi_{FR} = \frac{BcN_C}{(N_C + N_{FR})} \quad (2)$$

$$\Phi_L = \sigma \quad (3)$$

ここで,Nは総人数,N_Cは管理者の数,N_{FR}はフリーライダーの数である.

第(1)式と第(2)式をみれば,フリーライダーは管理者よりいつでも有利なので($\Phi_{FR} > \Phi_C$),退出者になるという選択肢を考えなければ全員がフリーライダーになってしまい,コモンズの維持に失敗する.そしてここに,コミュニティの外に出て高い利得を稼ぐという選択肢が加わることで(第(3)式),事態が悪化する.

このことを以下の進化シミュレーションによって確認しておこう.進化シミュレーションでは,戦略(役割)に関する複数の選択肢が与えられ,コンピュータの中の人々(エージェントという)が各自何らかの戦略を選択する.すると当然,得をした人や逆に損を被る人が出てくるが,得をした人はともかく損をした人は,今の戦略を破棄して得をした人の戦略を真似るとする.そうすると,コンピュータ上でどの戦略が繁栄しどの戦略が衰退するかを思考実験することができる.

(1) 1ラウンドは,退出フェーズ,コモンズ管理フェーズ,淘汰フェーズ,変異フェーズの4つで構成され,このラウンドが多数回繰り返される.
(2) ラウンドの開始前に,全員が,管理者,フリーライダー,退出者のいず

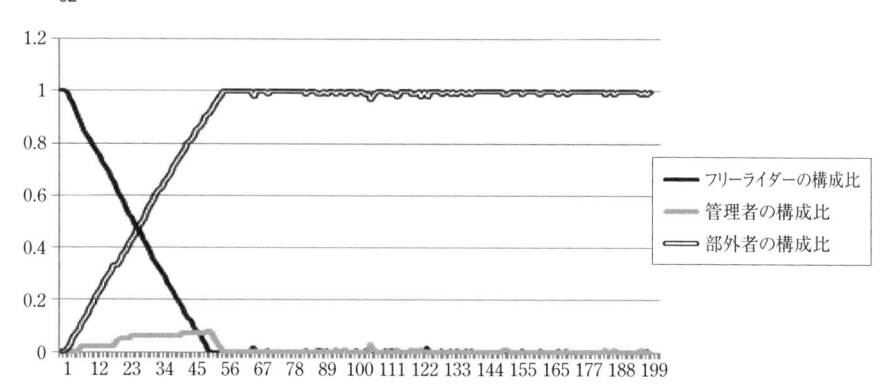

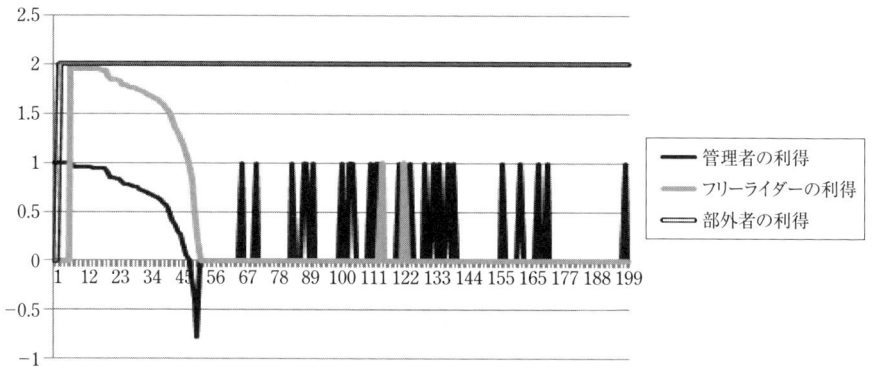

図 3-2 管理者，フリーライダー，退出者の構成比（上）と
利得（下）のラウンド時系列（スナップショット）

れかを戦略として持つ．
(3) 退出フェーズでは，人々がコモンズを出て退出者となる．
(4) コモンズ管理フェーズでは，退出者以外が，管理に参加するか・参加しないかを選択する．管理者は参加しフリーライダーは参加しない．
(5) 淘汰フェーズでは，以上のプロセスの後で低い利得に終わった下位2%のエージェントが現在の戦略を破棄し，最も高い利得を得たエージェントの戦略を模倣する．
(6) 変異フェーズでは，変異率0.5%の確率で選ばれたエージェントが現在の戦略を破棄し，3つの戦略のうちいずれか1つを選択する．

さて，図3-2はその代表的な結果である．ここでは，総人数（N）を20人，管理者1人当たりのコモンズ管理コスト（c）を1.0（一般性を失わないので基準値1.0とした），共同管理による管理効率（$B>1$）を200％，コミュニティの外部に出た場合の利得（σ）を2.0，1試行を200ラウンドとし，第0ラウンドは全員が管理者であると仮定した．コミュニティから出る方が残るより有利という仮定だから，$\sigma=2.0>(B-1)c=1$であることに注意しよう．

この図をみれば，全員が管理者である状態から始めても，退出者とフリーライダーが管理者に取って替わり，その後，フリーライダーも退出者となって，ついには，全員がコモンズから出ていってしまうことがわかる．この結果は，退出者の利得σがコミュニティに残って得られる最大剰余よりも大きい時に現れる[11]．このことから，第1節の冒頭で指摘した「フリーライダーどころかコモンズの悲劇が発生する舞台そのものが消滅する悲劇」を表現していることが確認できる．

3　管理者への選択的なインセンティブ

このままではいけない．何らかの工夫が必要である．コミュニティが消滅したのは，仮にコモンズの維持に成功しても退出後の利得を上回らないからである．したがって，コモンズの維持に従事する者の利得を上げなければならない．この時，コミュニティ内部の力だけではこれ以上利得を上げようがないから，外部と連携して事業を行い，利得を獲得するしかない．

ここで重要なのは，共同事業を行うにしても，フリーライダーに利得が配分されてはならない点である．フリーライダーを排除できなければ，相変わらず維持管理に従事するよりもタダ乗りした方が割が良いので，コモンズが維持できなくなる．社会的ジレンマに対する解決方法としては，フリーライダーを制裁すべきことがよく知られているが（オルソン），本戦略はこれとは逆に（フリーライダーを相手にせず）協力者だけに選択的なインセンティブを与えることでジレンマを解決しようとするものである．するとつぎに，協力的な人だけにインセンティブを与えることができるかが気になるが，この問題はこの共同事業を営利事業とすることで解決される．コモンズの維持に資するような共同

事業には一見公共性の強い事業がふさわしいように思えるが，公共性の強い事業は概して排除性がないので，協力的な人だけにインセンティブを与えることができなくなる．つまり逆説的ではあるが，コモンズの維持に資するような共同事業には営利事業こそがふさわしい．そしてここに，社会的企業の存在意義を見出すことができる．

さて，本章では，管理者と連携して事業を営みその利得をコミュニティに配分する人（以下，企業家と呼ぼう．Social Enterprise（SE））を導入する．そして，企業家と管理者の共同事業に関して，以下を仮定しよう．

(1) 管理者はコモンズの維持管理に手一杯でありまた管理以外のノウハウがない．したがって，維持したコモンズの利用権を企業家に与えるしかない．
(2) 一方，企業家はこれを一種の資本財として利用し，自らは労働（事業運営コスト）を提供し，収益事業を行う．
(3) 企業家は，収益の一部を利用権の対価として管理者だけに配分する（フリーライダーには配分しない）．
(4) また，収益は企業家と管理者の間で適切に配分される．
(5) 産出される財・サービスは，資本（コモンズの使用権）と労働（事業運営コスト）により生み出されるので，コブ・ダグラス型の生産関数を仮定する．
(6) 便宜上，産出は事業規模に対して収穫不変であって，利用される資本が2倍，投下される労働が2倍になると産出量も2倍になると仮定する（一次同次関数の仮定）．
(7) 一次同次の仮定から，労働（事業運営）の産出弾力性を ε とすると，資本（コモンズ使用権）の産出弾力性は $1-\varepsilon$ となる．
(8) 資本は管理者の数が増えるほど増加すると仮定する．つまり，フリーライダーが増え管理者がいなくなると資本もなくなる．
(9) s は企業家1人が提供する単位労働（事業運営コスト）である．K は管理者1人が提供する資本（コモンズ使用権）である．企業家1人と管理者1人が協力することで $s \times K$ の産出が生まれる．また，いずれか一方がないと他方がどれだけ投入されても何も産出されない．

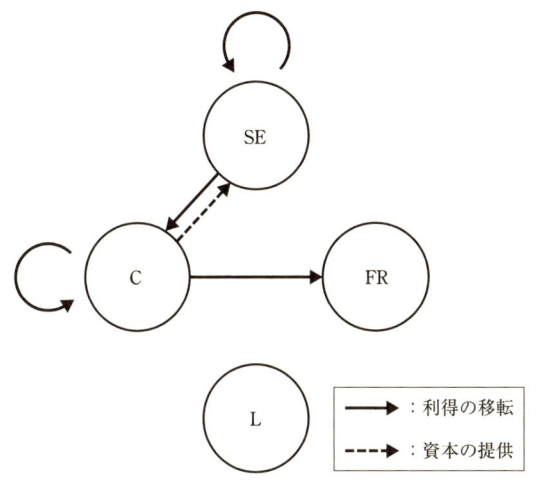

図 3-3　管理者(C),　フリーライダー(FR),　退出者(L),　企業家(SE)の関係

矢印　→：利得の移転
破線矢印　-->：資本の提供

このような企業家を加えた場合の各プレイヤーの利得関数は以下の通りとなる．ここで，a は企業家側の共同事業の取り分である．

$$\Phi_C = -c + \frac{BcN_C}{(N_C+N_{FR})} + (1-a)\frac{s(N_{SE})^\varepsilon K(N_C)^{1-\varepsilon}}{N_C}$$

$$\Phi_{FR} = \frac{BcN_C}{(N_C+N_{FR})}$$

$$\Phi_L = \sigma$$

$$\Phi_{SE} = -s + a\frac{s(N_{SE})^\varepsilon K(N_C)^{1-\varepsilon}}{N_{SE}}$$

モデル上は，企業家のみが事業運営コストを負担し，管理者はコモンズの利用権を提供しており，この意味で，両者は異質な存在として表現されていることに注意しよう．また，企業家が私的な利益を効率的に追求するだけの実業家であるなら，割の悪い事業に手を出すはずがないことにも注意しよう[12]．つまり本章では，企業家が私的な利益を確保したいと考えるとともに社会問題も解決したいと思っていると想定している．

4　二重の悲劇の同時解決

さて，共同事業を上記のように設定すると，投入される資本や労働を増やしさえすれば産出が増加し，退出者となって得る利得を容易に上回ってしまい，検討することなど何もないようにみえるかもしれない．もちろん現実はこううまくはいかない．産出が増えてもこれが実際に市場で売れるかわからない．また，管理者の足を引っ張るフリーライダーはいつでも現れるし，管理者自身も事業運営コストを支払わないで済むという意味で共同事業におけるフリーライダーとなって，企業家が耐えられなくなるかもしれない．以降，企業家と管理者の協力関係が自律的に成立しこの2種類のフリーライダー問題が解決するのか，進化シミュレーションを使って検討してみよう．

シミュレーションでは，総人数 (N)，管理者1人当たりのコモンズ管理コスト (c)，共同管理による管理効率 ($B>1$)，コミュニティの外部に出た場合の利得 (σ)，淘汰率を図3-2と同じとし（突然変異率は0.5%とした），企業家1人が提供する労働 (s) を200%×最大剰余（=1），管理者1人が提供する資本 (K) を2.0とした．事業運営コスト (s) と投入された資本 (K) はそれらが大きいほど連携が成立しやすいのが明らかであるが，事業運営の産出弾性率 (ε) と企業家の取り分 (a) の影響は自明でない．そこで，事業運営の産出弾性率 (ε) と企業家の取り分 (a) に対しては，両変数それぞれ0.1と10%の刻みで変化させ，つまり，両変数の対100ケース（10×10）に関してシミュレーションを行った．各試行の第0ラウンドで全員を管理者とし1試行中のラウンド数は100ラウンドである．シミュレーションは各ケースごとに100試行を行い，最終ラウンド終了時の各戦略の構成比を計測し100試行分を平均した．

結果を図3-4に示す．図3-4中の4つの図はそれぞれ，管理者，フリーライダー，退出者，企業家に対応し，Z軸は最終構成比を示している．また，図3-4を基にして，最も高い構成比を残した戦略が何であったかを示したものが図3-5である．

図3-4と図3-5をみると，事業運営の産出弾性率 (ε) と企業家の取り分

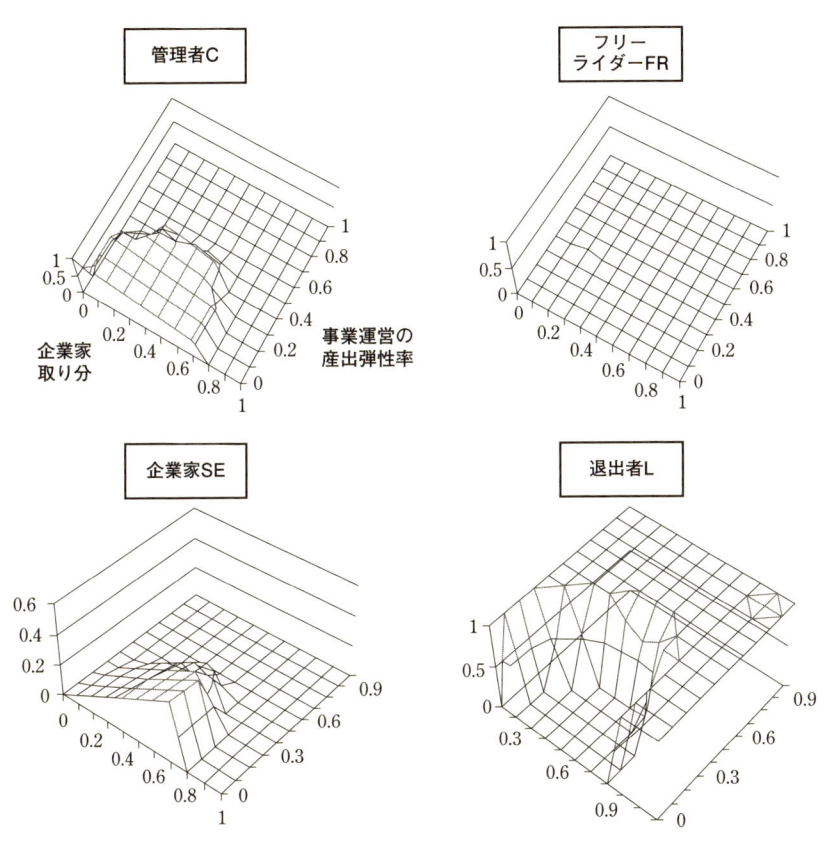

図 3-4 事業運営の産出弾性率と企業家の取り分に対する各戦略の構成比

　(a) の低い領域（図 3-5 中で C と示した領域）で，管理者と企業家だけが残りフリーライダーと退出者がいなくなっていて，コモンズの維持と共同事業の運営が成り立っていることがわかる．一方，これ以外の領域（図 3-5 中で L と示した領域）では，退出者だけになってしまいコミュニティが消滅している．
　図 3-6 は，上から図 3-5 中の点 P, Q, R に対応したもので，それぞれの左図が各戦略の構成比のラウンド時系列，右図が利得のラウンド時系列を示す．図 3-6 上の点 P の図は，事業運営の産出弾性率（ε）と企業家の取り分（a）がともに 20% の場合の結果である．この図によれば，フリーライダーがまずい

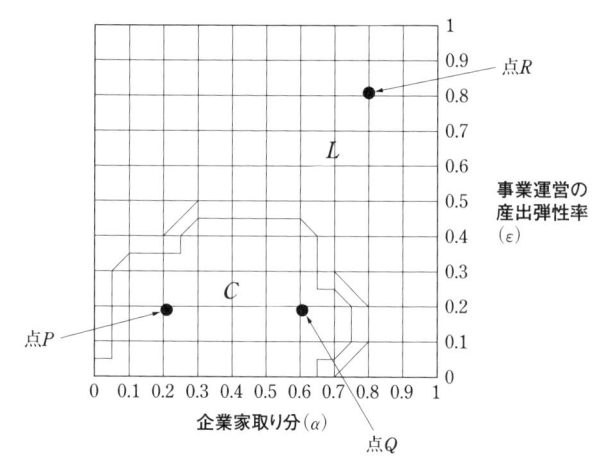

図 3-5　事業運営の産出弾性率と企業家の取り分に対する支配戦略
注：図中 L は退出者が支配する領域，C は多くの管理者と少数の企業家が共存する領域である．

なくなり次いで退出者が減ってゆき，最後は，多くの管理者と少数の企業家が共存する安定的な均衡状態に至ることがみてとれる．つまり，企業家は共同事業で得た利得の一部を管理者にのみ選択的に渡すことで，フリーライダーの出現を抑え，共存共栄の関係を築き，結果として，コミュニティの崩壊を防ぐことがわかった（対応する図 3-6 右図をみると，この時の管理者と企業家の平均利得は 3.0 であり，退出者の利得 2.0 より大きいことに注意しよう）．一方，図 3-6 下の点 R の図は，事業運営の産出弾性率（ε）と企業家の取り分（a）を 80% とした時の結果であって，退出者だけが残っており，図 3-2 を再現した結果となっている．

さて，図 3-5 で管理者と企業家の共存共栄の状態が，企業家の取り分が低く，かつ事業運営の産出弾性率が低い領域に現れていることに注意しよう．

まず，共存共栄状態が企業家の取り分の低い領域で現れるということは，共同事業が持続的であるためには，企業家の取り分が抑制的であるべきことを意味している．

つぎに，事業運営の産出弾性率が低い場合に連携が成立するということは，共同事業が労働規定的なものではなく資本規定的でなければならないことを示す．つまり，利用されるコモンズの質・量（＝資本）が，投下される事業運営

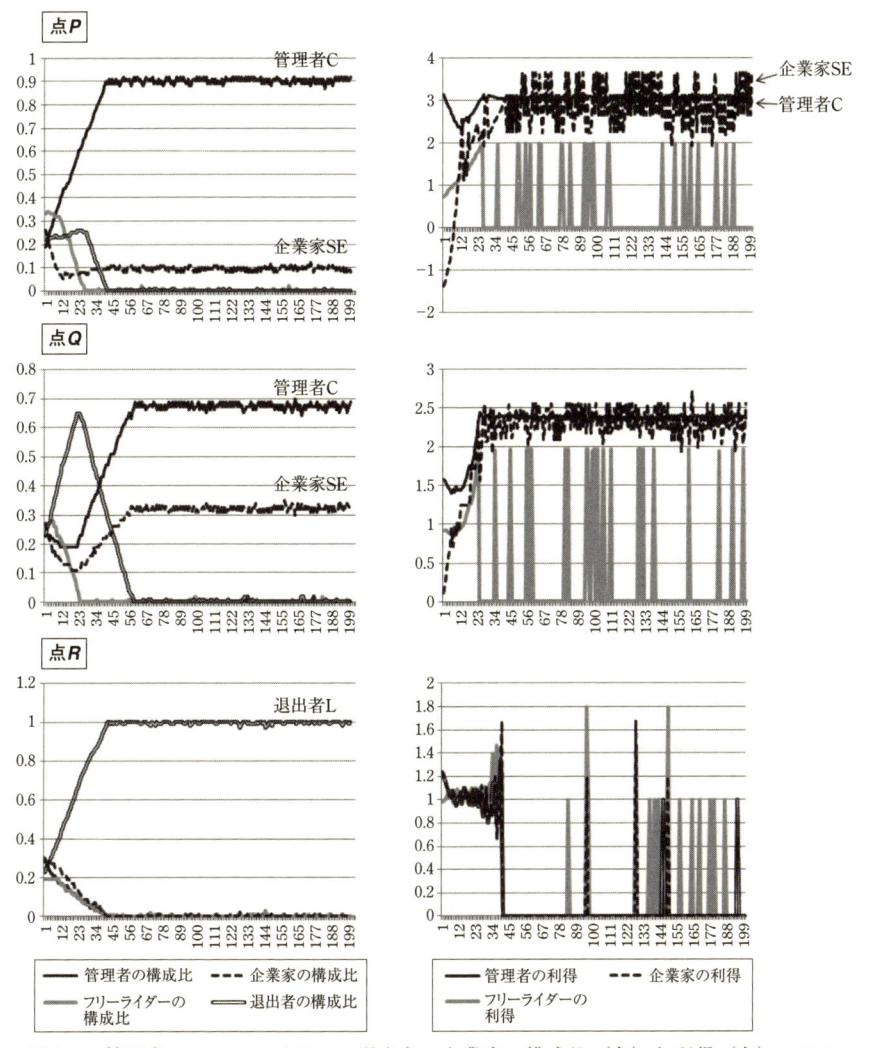

図 3-6 管理者，フリーライダー，退出者，企業家の構成比（左）と利得（右）のラウンド時系列のスナップショット（上：図3-5の点 P，中：点 Q，下：点 R に対応）

量(=労働)よりも,収益事業の成否に直結しなければならない.言い換えると,共同事業の生み出す財・サービスの付加価値が活用するコモンズの質・量によって大きく規定されることが事業成功の鍵となる(もちろんそれが市場から受け入れられるのが大前提であるが).漁場や森林といった環境の保全につながる多くのプロジェクトが当該環境に徹底的にこだわった事業展開をすることはよく知られているが,それはたんなる信条によるものというよりは,上述のような理論的背景を伴った合理的な事業展開と解釈することができよう.

ここで労働の産出弾性率(ε)は,労働市場が完全競争にさらされているという条件下では生産された価値の中の労働の寄与率となることに注意しよう[13].すると企業家の取り分が低く,同時に事業運営の産出弾性率が低い時に共同事業が存続するということは,企業家の取り分がその寄与分に見合ったものでなければ事業は失敗することを示しており,理にかなったものと考えられる(ボランティアではコモンズを維持できない).

以上,コミュニティから付与されたコモンズの利用権を使って事業を行う企業家を想定し,彼らがコモンズの維持管理に協力的な人々だけに選択的に利益を配分することで,コモンズの悲劇と悲劇の舞台が消滅する悲劇が同時に解決し得ることを示した.

おわりに

最後に本章の知見を成功する社会的企業家像として整理しておきたい.コモンズの維持には真っ先に公的支援が適正と思えるかもしれないがこれではフリーライダー問題を解決できない.そこでこの問題を解決するために,フリーライダーに対して選択的に利益を移転しない必要がでてくるのだが,これは共同事業に排除性がある場合に可能である.営利事業は概して排除性があるから,結局,営利事業はコモンズの維持と相性が良いと言える.それでは,民間資本による大規模な開発がより望ましいかと言えばそうではない.1990年代のリゾート開発ブームの結末から明らかなように巨大な資本はコモンズの価値を理解できずこれを食い荒らしてしまう.つまり,地域コミュニティと事業者の共同事業においては,主役はあくまでコモンズであって事業者が前面に出てはな

らない．コモンズの強みを活かしコモンズが前面に出た事業展開が必要である．そして利益配分にあっては，事業者は脇役的な貢献に見合った取り分で我慢する節度が必要とされる．したがって，事業者には，コモンズの価値を商品として結晶化するクリエイティビティ，フリーライダーを許さない冷静な事業手腕，多くの利益を求めない節度ある経営態度が必要とされる．そして，これらの全ての奥底に志があることは言うまでもない．このような企業家の活躍によって，シナジー社会が次第に姿を現し，近代の個人主義と効率至上主義が乗り越えられ，新たなフロンティアが拓かれてゆく可能性が見出せると考える．

【注】
1) Ostrom (1990).
2) Hardin (1968).
3) Olson (1965).
4) Dawes (1975).
5) Taylor and Ward (1982).
6) Rapoport (1987).
7) Diekmann (1985).
8) Raub (1988).
9) 受益者1人当たりの利益が，協力者の数によるか・否か，受益者の数によるか・否か（競合性），協力者の負担が一定か・否かによってさまざまなタイプがあり（木村，1991），N人チキン型（Taylor and Ward, 1982）やN人囚人のジレンマ型（Hardin, 1971）のゲームとして表現される．本章では，受益者1人当たりの利益が，協力者の数に比例し，受益者の数に反比例し（競合性有り），協力者の負担は一定とした．
10) Hardin (1971).
11) ちなみに，退出者の利得が最大剰余を下回る時は，管理→フリーライダー→脱退→管理というサイクルが発生することが知られている（Sigmund et al., 2011）．
12) 本章はたんなる民活肯定の議論ではない．この共同事業の基盤はコモンズの管理であるのでそもそも利回りの悪い案件である．利益だけを追求する事業家（ハゲタカファンドなど）は興味を示さないであろう．
13) 厳密に言えば，労働の産出弾性率は，生産関数が一次同次であれば$1-\varepsilon$に一致する．また，$1-\varepsilon$は，労働市場が完全競争市場の場合に，産出された価値の中の労働の寄与率（労働の配分率）に一致する．

【参考文献】
木村邦博 (1991)「オルソン問題」盛山和夫・海野道郎編『秩序問題と社会的ジレン

マ』ハーベスト社.
Dawes, Robyn M. (1975) "Formal Models of Dilemmas in Social Decision-making," Martin Kaplan and S. Schwartz, eds., *Human Judgment and Decision Processes*, New York: Academic Press, pp. 87-107.
Diekmann, Andreas (1985) "Volunteer's Dilemma," *Journal of Conflict Resolution*, 29 (4): 605-10.
Hardin, Garrett (1968) "The Tragedy of the Commons," *Science*, 162: 1243-48.
Hardin, Russell (1971) "Collective Action as an Agreeable n-Prisoners' Dilemma," *Behavioral Science*, 16: 472-81.
Olson, Mancur (1965) *The Logic of Collective Action: Public Goods and the Theory of Groups*, Cambridge: Harvard University Press.
Ostrom, Elinor (1990) *Governing the Commons: The Evolution of Institutions for Collective Action*, Cambridge: Cambridge University Press.
Rapoport, Amnon (1987) "Research paradigms and expected utility models for the provision of step-public goods," *Psychological Review*, 94 (1): 74-83.
Raub, Werner (1988) "Problematic Social Situations and the Large Number Dilemma: Game-theoretical Analysis," *Journal of Mathematical Sociology*, 13 (4): 311-57.
Sigmund, Karl, Christoph Hauert, Arne Traulsen and De Silva Hannelore (2011) "Social Control and the Social Contract: The Emergence of Sanctioning Systems for Collective Action," *Dynamics Games and Applications*, Vol. 1 (1): 149-71.
Taylor, Michael and Hugh Ward (1982) "Chickens, Whales, and Lumpy Goods: Alternative Models of Public-Goods Provision," *Political Studies*, 30 (3): 350-70.

4章
政策決定のための幸福指標は実現するか
社会的選択理論の情報学的展開

岩 井 　 淳

> 政策決定のために社会の幸福水準を測るアプローチは
> どこまで可能だろうか——．
> 社会的選択理論に情報理論を組み合わせてその可能性を検討する．

　人には様々な願いがあり，同じ願い事でもある人にとっては1番目の希望，ある人にとっては5番目の希望というように優先順位が異なりうる．社会全体として1つの政策を選ぶとすれば，それによりある人は満足し，ある人は落胆するかもしれない．そうした社会的な選択，すなわち集団的な意思決定は，その社会を構成する人々の幸福に影響するであろうから，もっとも「適切」な選択が行われることが望ましい．仮に社会全体の幸福水準を正確に測定できる幸福指標が得られれば，その指標を用いることで人々の幸福水準により資する社会的な選択ができるようになるという期待も生まれる．しかし，そうした客観的な尺度に基づく社会的選択は，シナジー社会の幸福実現のパラダイムとは少し異なるものである．そして，その実現性については慎重に考えた方がよいかもしれない．

　本章では，社会的選択理論の枠組みに新たに情報学的展開という視点を取り入れることを考える．これにより，幸福指標に基づく社会的選択の実現性に関わる基本的な問題を抽出することを試みたい．ここで「情報学」は，議論の出発点としてあえて狭い意味で用いており，C. シャノン（Claude E. Shannon）の情報理論[1]を第一義とする．検討の目標とするのは，参考資料等ではなく，政策の決定の際に実際に尺度として使用できる真の幸福指標の実現性である．計時システムが高速で走れる走者を見出す際に役立つように，選択肢間の優劣の測定能力を求める．

1 社会的選択理論と幸福指標

社会的選択理論は，集団的意思決定という広範な領域の中でも人々の選好リストの数理的処理を含むフォーマルな理論体系をもち，K. アロー（Kenneth J. Arrow）の「一般可能性定理」[2]に代表される．同定理は，個人の選好群から社会的選択を導くある理論的な枠組みにおいて，当然満たされるべきと思われる4条件が同時成立しないことを示したものであった．アローの定理は「民主制の不可能性定理」として知られ（本章でも以下「不可能性定理」として参照する），今日まで厚生経済学，政治学，社会学等，多くの領域に影響を与え続けている．これに対して A. セン（Amartya K. Sen）が展開したのが，問題の4条件を満たす枠組みを示す可能性定理（Possibility Theorems［複数形］）の議論であった[3]．この可能性の検討は広く知られるセンのケイパビリティ概念の背景にあるものである．その意味で，同概念を念頭においた国連の人間開発指数（HDI）の作成や，近年の種々の「幸福」の指標化の議論にも結びついている．

本章では，特にセンの理論に焦点を当て，その有効性の検討を念頭に社会的選択過程の情報処理量の計算法について議論したい．社会的選択理論の研究では，可能と不可能をめぐる定性研究が主であり，情報処理の視点からの定量分析の研究等はあまり行われてこなかった．例えば，投票を社会的な情報処理過程ととらえれば，少人数の投票より多人数の投票の方が，あるいは無記名投票より記名投票の方が情報処理量が多いと見込まれるが，その差を計量するような議論はあまり行われてきていない．本章における社会的選択理論の情報学的展開は，社会的選択を社会の情報処理過程の1つととらえ，特にその情報処理の定量分析の可能性を拓くものである．そのうえで，セン理論の初歩的分析を試みていく．

本章の以下の構成は次の通りである．第2節では，第3節以降の議論の準備として，社会的選択理論における問題設定の仕方を確認する．第3節では，社会的選択理論の情報学的展開の手法を提案する．このうえで，第4節において，幸福指標の利用等による，観察と評価に基づく社会的選択の困難につい

図 4-1　投票のパラドクス

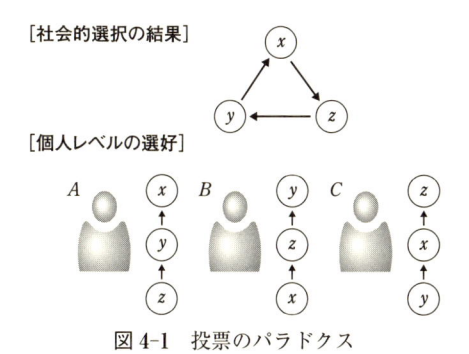

て議論する．

2　社会的選択理論の問題設定

　本節では，社会的選択理論における問題設定の仕方を確認する．まず古典的問題としていわゆる投票のパラドクス（コンドルセのパラドクス）の問題を確認し，そのうえで，アローの不可能性定理とセンの可能性定理の議論を整理する．

　図 4-1 は，3 人投票における投票のパラドクスの説明図である．A, B, C の 3 名が x, y, z の 3 選択肢から社会的選択を行う場面である．3 名の近くの矢印は選択肢に対するそれぞれの選好（好み）の順番を表す．例えば，A の x ← y ← z は，A が x, y, z の順に実現を望むことを表す．さて x と y との間で投票を行えば，x を y より好む個人が多いため（A と C の 2 人いる），社会的にも x ← y が結論される．しかし，y と z，z と x の間で同様の計算をすると，図の上部のように社会的選択では選好の順番が循環してしまう．これが投票のパラドクスであった．

　この例は特定の選択方法の問題指摘であるが，アローの定理では任意の選択方法に問題が指摘された．同定理では，まず各個人の選好と社会的選択の結果に順序性（反射性・推移性・完備性）を前提する理論的な枠組みを設けた．このうえで，個人の選好群から社会的選択を行う方法に関して，満たされるべき条件として条件 U（定義域の非限定性），条件 P（パレート原理），条件 I（無関

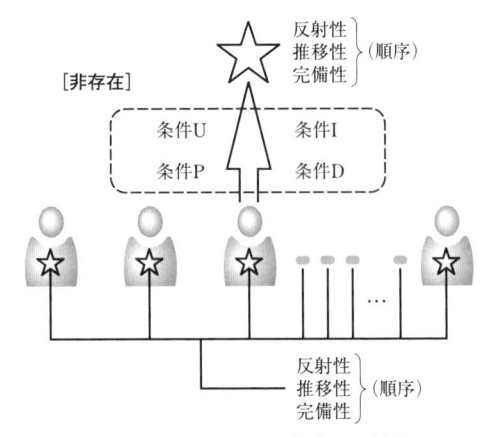

図4-2　アローの不可能性定理の枠組み

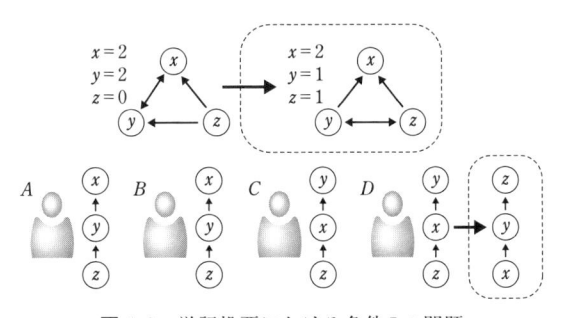

図4-3　単記投票における条件Iの問題

係選択肢からの独立性)，条件D（非独裁制）の4条件を課し，これらが同時に成立しないことを示した（図4-2．☆は個人と社会の選択肢の選好を表す）．

図4-1では全選択肢ペアで二者択一を行った場合の矛盾が問題であり，通常の単記投票方式を使えば問題にならないという反論も可能である（x, y, zがそれぞれ1票を得て同点）．しかし，図4-2の枠組みでは単記投票も排除されてしまう．単記投票は，例えば条件Iを満足しない．この点を図4-3に示す．

図4-3はA, B, C, Dの4人からなる単記投票の図示であり，ここでA, Bはその選好に従いxを，C, Dはyを投ずるのでxとyが2票ずつを得て同点である．さて，Dの選好が点線枠のように変わると，投票結果も上部の点線枠のように変わる．ここで注意しなくてはならないのは，Dはxとyの間で

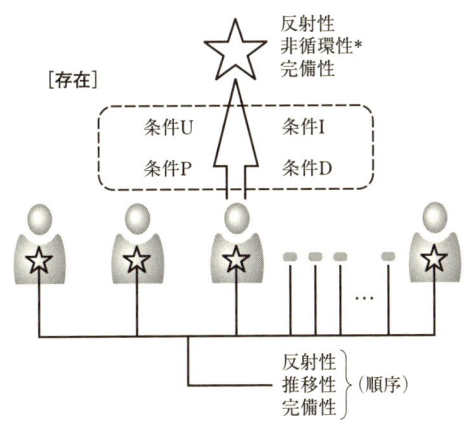

図4-4 センの可能性定理の議論（一例）

は選好の順番が変わっていないが，社会的選択の結果では x と y の同点状況が変わり，x が優位となることである．これが条件Ⅰの不満足となる．

不可能性定理は，望ましい社会的選択の実現を目指すうえで大きな理論的難点となった．これに対し，4条件の同時成立を示す社会的選択理論の研究も展開される．センはこの問題で複数の可能性定理を議論しており，図4-4はその一例の図示である．

図4-4では，社会水準で推移性の条件を非循環性に置き換えている以外に図4-2と違いがないことに注意されたい．センはこの僅かな修正で4条件の満足が保証されることを指摘した．アローの不可能性を受け入れ理想的な社会的選択の存在を否定する道も可能であるが，センの議論を受け入れれば理想的な社会的選択の可能性が残り，その実現が問題として残ることになる．

ただし，セン理論の展開で興味深いのは，センが必ずしも投票に基づいた社会的選択を目指したのでなく，その枠組みにおいて，社会的観点からの観察と評価に基づく選択を考慮に入れていたことである[4]．センは，効用の個人間比較の可能性や，本人自身も要求しない選択肢を社会的に取り上げることの重要性（ケイパビリティの「虐げられた者が容易に満足する」論点）についても主張を重ねた．セン自身の当初の意図とは別に，このことが今日の「幸福」の指標化の問題にまで関連している．

観察と評価に基づいた望ましい社会的選択は，しかしながら，どの程度可能であろうか．たとえ効用の個人間比較や要求されない選択肢等の高度な問題を除き，また単純な投票集計にのみ焦点を当てても，その社会的選択の情報処理量は公的視点[5]での代行が困難なほど大きいかもしれない．

社会的選択理論の研究では，この種の情報処理の難度を問う定量分析の研究等はあまり行われてこなかったように思われる．次節では，特にこの問題への1つの接近として，社会的選択理論の情報学的展開を検討する．

3 情報学的展開の試み

簡単な例として単純多数決の投票に焦点を当て，社会的選択過程の情報処理量を測定する手法を検討する．3-1では，準備として投票の匿名性水準[6]を測定する既存研究を要約する．3-2では，その応用として投票の情報処理量の測定法を提案する．

3-1 投票の匿名性水準の測定

社会的選択過程をシャノンの情報理論と関連づけた研究は少ないが，筆者の匿名性概念の形式化の研究はその1つであり[7]，無記名投票の匿名性水準の計算式を提出した．以下，その論点を要約する（例と図は修正）．

まず，投票の匿名性は無記名投票か否かの二者択一と同一視されることが多いため，匿名性水準の測定という考え方自体への疑問が予想される．この点については，以下の例を用いて説明できる．

例1：A, B, Cの3人がxとyの2選択肢で無記名の単純多数決を行い，全員がxであったとする（図4-5）．投票結果が公表された段階で任意の外部者と3名の投票者には，誰がどの案に投票したのか明らかである（匿名性は結果として存在しない）．

例2：例1と同様の投票で，AとBがx，Cがyであったとする（図4-5の点線枠）．外部者には3名全員，AとBには自分以外の2名の投票が明らかで

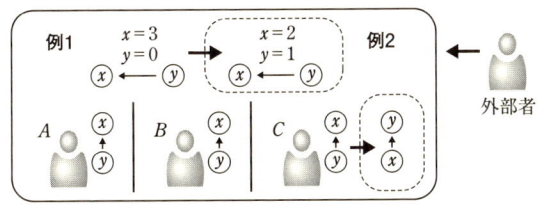

図 4-5　投票の匿名性に関する例題

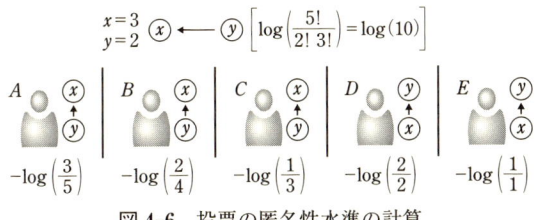

図 4-6　投票の匿名性水準の計算

ないが，C には他の 2 名が x に投票したことが判る（A と B は C に対する匿名性が保たれていない．また，$A(B)$ は $B(A)$ 1 名が投票内容を告白すればすべてを知るという点で外部者と異なる）．

　両例より，無記名投票は必ずしも匿名性を保証しないことが判る．また，匿名性は匿名か否かの二者択一ではなく，水準を計量可能な連続体的概念としても形式化しうると見込まれる．また，視点による匿名性水準の違いという問題も存在することが確認される（ただし，本章では，以下主に外部者の視点で説明する）．

　以上の点を踏まえ，筆者の研究では各投票がもつ情報的価値の総和を投票の匿名性水準とする手法を提案した．各投票の情報的価値はシャノンの情報理論の自己情報量に倣い，-log (生起確率)[8]と定めた（底 a は $a>1$ で任意）．図 4-6 は計算例である．図 4-5 と同様，A, B, C, D, E の 5 人が無記名投票を行い，x が 3 票，y が 2 票とする．A から E の順に投票内容を告白し，A, B, C が x であったとすれば，-log(3/5) -log(2/4) -log(1/3) -log(2/2) -log(1/1) より合計は log(10)．A, B, C が x を告白した段階で残り 2 名の告白は自明で不要であることを反映し，D, E に対応する 2 項は 0 となる．計算の合計値は

告白内容の順序に依存しない．一般に，N 人が無記名で単純多数決を行い，一方が M 票（他方が $N-M$ 票）のとき，外部者からみた同投票の匿名性は以下の式となる．この値は，全員一致の場合には最小の 0 となる．

$$\log \frac{N!}{M!(N-M)!} \tag{1}$$

同式に基づけば，例 1 の投票の匿名性は任意の外部者と 3 名の投票者から見て 0 である．例 2 では外部者からは $\log(3)$，A と B からは $\log(2)$，C からは 0 である．外部者が $A(B)$ より高いのは，後者に対しては $B(A)$ 1 名が告白すれば匿名性が完全に失われるが，前者ではまだ残ることに対応する．

3-2　社会的選択過程の情報処理量の測定

匿名性水準の形式化には複数の可能性が想定され，(1)式はその 1 つである．しかし，その特徴の比較と評価は別稿に譲る[9]．ここでは，その応用として投票の情報処理量の測定法を提案する．

(1)式の対数の真数は想定しうる投票パターンの組み合わせ数である．同式は投票後の匿名性水準の測定式であるが，その考え方を投票前に当てはめれば，（N 人の投票者がそれぞれ 2 通りで）全体で 2 の N 乗通りの投票可能性がある．よって，この段階の匿名性水準は $\log(2^N)$ であり，投票により匿名性水準が $\log(2^N)$ から(1)式まで下がることになる．この差分は，社会により獲得された情報量の反映であり，投票という社会的情報処理過程で抽出処理された情報量と考えてよいであろう．

ここでは，N 人が無記名で単純多数決を行い，一方が M 票（他方が $N-M$ 票）のとき，同投票の情報処理量を以下の式で測定することを考える．

$$N\log(2) - \log \frac{N!}{M!(N-M)!} \tag{2}$$

図 4-7 は，図 4-6 に対応付けた計算例である．ここでは $\log(3.2)$ の値が得られる（外部者の視点）．

(2)式は無記名投票の場合を前提に導出したものであるが，記名投票の場合は，第 2 項を 0 にしたケースとして $N\log(2)$ と表現できる．

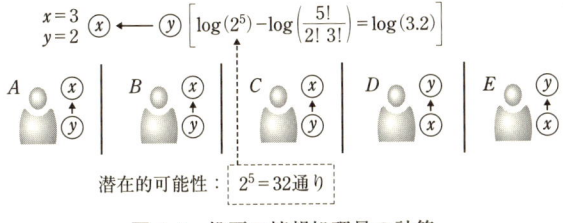

$$x=3, y=2 \quad (x) \leftarrow (y) \left[\log(2^5) - \log\left(\frac{5!}{2!\,3!}\right) = \log(3.2) \right]$$

A (x↑y)　B (x↑y)　C (x↑y)　D (y↑x)　E (y↑x)

潜在的可能性： $2^5 = 32$ 通り

図 4-7　投票の情報処理量の計算

4　観察と評価に基づく社会的選択に向けての困難

　さて，観察と評価に基づく社会的選択で懸念されるのは，公的視点から人々が望む内容をそれほど正確に把握できるだろうかという問題である．前節では，単純多数決のみを例として社会的選択過程の情報処理量の測定法を検討した．この意味で計算式は初歩段階であり，社会的選択一般の検討には今後の蓄積が必要である．しかし，その展開について見通しを立てることは可能かと思う．

　(2)式より，当然ながら，単純多数決の抽出情報量も人数等により変化しうる．単記投票方式の場合への拡張を考えれば，第1項は選択肢数が X の場合に $N \log(X)$ と置き換えられ，選択肢数の対数と人数の積となる．人数と選択肢数が増すと急速に値が大きくなる構造が認められる．図4-4の場合等，単記投票でなく個人の全選好を考慮する枠組みでは，値はさらに急速に増す．一方，「匿名性」に対応する第2項は，人が観察と評価を尽くす場合，結果として0に近づいていくように思われる．

　この観点からすれば，多数の市民に最適な政策を代替選択して提供するというのは，親が子供に最適なクリスマスプレゼントを選びうるのとは異なり，本来難度の高い問題であることが確認される．飢饉における食料確保など，為政者による代替可能性が期待される状況もあるが，それらは問題の単純さによるように思われる．それに対し，産業社会の発展は，むしろ個人の選択肢数の増加や選好の個性化として問題の複雑化を伴いがちである．

　幸福指標という尺度設計の問題では，さらに別の懸念もある．すなわち，上記は主として単一の最適選択肢の導出に関する困難の議論であるが，尺度設計

では個々の選択肢への一貫した評価を得る問題も含まれる．セン理論は，一般には社会的水準で選択肢間に一貫した順序を要請せず，この点でも指標設計上の難点がある．例えば，図 4-3 の推移性が図 4-4 では非循環性に弱まる．「最良」の選択肢が無でないことは保証されるが，社会的水準の選好の体系では整数や実数に類するような順序体系が保証されない仕組みである．

センのケイパビリティ概念に基づく集団意思決定は，その実践的活動のなかで，指標作成の困難がこれまでもしばしば議論されてきた[10]．今日の「幸福」の指標化をめぐる様々な試みにも，同様の問題が潜在するものと筆者は予想する．しかし，これまではその困難の理由を計量的に説明することも容易でなかった．社会的選択理論に遡り，情報量の観点から検討の枠組みを構築していく上記のアプローチには，この説明を実現する可能性があるように思われる．

以上，本章では，社会的選択を社会の情報処理過程の 1 つととらえ，その情報処理量を測定する手法を検討した．幸福指標に基づく社会的選択という議論に関しては，楽観的になれない事情があることがうかがわれる．センの通過点である可能性定理においてすでに集計上の困難が認められ，効用の個人間比較等を含む発展的理論の集計はさらに困難になるものと見込んだ．すなわち，セン理論は，議論の展開のなかでパレート的な不完備性をパレート的な無差別と評価せざるを得ない問題に至り，パレート原理の批判的検討へと続く．よって可能性定理の枠組みが継承されていくわけではないが，ここでは初期の比較的簡易な枠組みである可能性定理に対して難点を認め，その後の展開結果に関する予測的分析を行った．

本章の枠組みを超えた形での情報学的検討も可能であるものの，その実り多さと幸福指標の実現性は別問題と思われる．本章では，例えば，特にセン理論に着目し，他の同様の可能性定理を検討していない．無関係選択肢からの独立性（条件 I）の意味での「情報」や，戦略的操作可能性の文脈での「情報」という観点からの新たな分析も可能であろう．社会的選択理論を超え熟議民主主義の視点から決定過程に着目したり，シャノンの意味を超え意味論的にその具体的討議の「情報」に着目することも可能である．これらは，社会的選択理論，あるいはより広く民主主義，意思決定の研究として重要と思われる．しかし，その試みが幸福指標の実現に結びつくか否かという点では，筆者はやはり懐疑

的である．この種の視点の変更が，懸案の情報処理量の減少に必ずしも関連せず，むしろしばしば増加を導くことが予想されるためである．

現実には，国民総生産など従来的指標への対抗を念頭に，代替的な幸福指標を設計する試みに関心が高まっている社会状況がある．国連の人間開発指数（HIS）に対する注目などは具体例であり，その背景には，自由競争を基礎とした産業社会的価値観への批判意識の広がりが認められる．逆に，もし幸福指標が真の意味で実現され，観察と評価に基づく社会的選択の道が拓かれれば，その先には素朴な意味での計画経済型パラダイムの再来等も考えうるのかもしれない．しかしながら，幸福な社会の実現方法として，幸福指標の獲得とは違う道を探ることも検討に値するはずである．

おわりに

本書が着目するシナジー社会の諸現象は，完全に個人主義的な自由競争パラダイムでなく，幸福指標に基づく公的視点での社会的選択でもない，新たなタイプの幸福実現の営為である可能性がある．論点の1つである「他者の力を引き出すコミュニケーション業の発達」は，通常は局所的創発に関わり，その意味で，影響範囲も個人と全体社会の間の中範囲である．本来，そうした局所的創発の連続のなかには相互矛盾もあるであろうから，なぜそれが全体社会の幸福に結びつくのかは興味深い．しかし，巨視的には肯定的に評価され続けており，今後もこうした創発や肯定的評価が観察され続けるならば，おそらく幸福指標設計よりも実際の幸福実現に貢献していく可能性が高いと判断してよいであろう．

最後に，政策決定のための幸福指標でなく，通常の参考資料としての幸福指標設計の価値について補足したい．自殺率や貧困率が当該社会をとらえる1つの指標として有用であるように，社会の幸福水準を様々に指標として定義する試みは有用でありうる．各幸福指標は相互矛盾を含みうるし，最終的な政策決定や個々人の投票行動では参考資料の域に留まるであろうが，その質を改善する中範囲の効果を持つかもしれない．幸福指標の実現性に対する本章の批判的検討は，こうした新たな指標設計の試みを否定しない．新たな指標設計は，そ

れ自体新たな視点を社会に提供する営為である．幸福指標の設計活動を含め，こうした中範囲の試みの総体がシナジー社会の実態であるとも考えられる[11]．

【注】
1) Shannon (1948).
2) Arrow (1951).
3) Sen (1970) の第4*章ほか参照．
4) 図4-4の枠組みにおいては，センは，これを満たす選択の例として，社会的水準での選好関係 xRy を"「任意の個人が yRx」かつ「yPx の個人が存在」"の否定として設定する方法を示した（Sen, 1970: 訳65-66参照，R は弱選好［実数の≧に相当］，P は強選好［同じく＞に相当］）．この手法は投票の枠内である．しかし，議論は，さらに（選好順序でなく）個人の効用測度を変数として含むように，選択の規則の枠組みを再定義する問題へと展開した．すなわち可能性定理は通過点であり，その成果への批判的再検討が続く．倫理学に接続し，パレート原理（条件 P に対応）への懐疑を基軸とした発展的議論が展開された．
5) 以下，観察と評価の視点を必要に応じ公的視点と略する．セン理論はこの基準の源を公共的な討議に置くように展開し，この意味で熟議民主主義の問題にも接続する．「正義」の基準的視点を前提し続けるセン理論の分析として，若松（2003）の第5章を参照．
6) ここで「匿名性」は，情報処理で通常議論される個人情報隠蔽の概念に基づく匿名性である．社会的選択理論にも May (1952) に基づく「匿名性」概念がすでにあるが，これは通常の氏名隠蔽等とは別の個人間の平等性に関わる概念である．基本的に非独裁制の強化概念と位置づけられ，本章の匿名性と異なる点に注意されたい．
7) 岩井（2003）．
8) 自己情報量は，-log（生起確率）と定義される．例えば，裏にしたトランプ1枚を考える．これが「スペード」であるという情報の情報量は-log(1/4) である．「エース」の場合は-log(1/13) である．加算すると log(52) である．一方，最初から「スペードのエース」という情報が与えられたとすれば，その情報量は-log(1/52) なのでこれに等しい．このように，自己情報量の定義は，加法演算を実現する長所がある．
9) 岩井（2003）の尺度設計の主な特徴は，乱雑性水準の測定で使用されがちな平均情報量としての「エントロピー」の計算を回避した点にある．詳しくは Iwai (2012) を参照．また，岩井（2003）と同様の尺度設計の議論として Edman *et al.* (2007), Gierlichs *et al.* (2008), Bagai *et al.* (2011) を参照．
10) 関連して，ケイパビリティ概念に基づく意思決定をベーシック・ニーズの領域に限定するアプローチについて，吉原（2010）を参照．
11) 本章の内容は岩井（2012）に依拠しており，これに加筆したものである．一部は科研費研究（課題番号：25282088）の成果である．

【参考文献】

岩井淳 (2003)「投票行為における匿名性概念の形式化」『第 35 回 数理社会学会大会予稿集』pp. 92-93.

岩井淳 (2012)「社会的選択理論の情報学的展開」『社会情報学』Vol. 1, No. 1: 73-79.

吉原直毅 (2010)「政策基礎理論としての厚生経済学の限界と今後の可能性」宇佐美誠編著『法学と経済学のあいだ』勁草書房, pp. 85-107.

若松良樹 (2003)『センの正義論』勁草書房.

Arrow, K. J. (1951) *Social Choice and Individual Values,* Wiley, New York (長名寛明訳 (1977)『社会的選択と個人的評価』日本経済新聞社).

Bagai, R., H. Lu, R. Li and B. Tang (2011) "An Accurate System-Wide Anonymity Metric for Probabilistic Attacks," *Proceedings of the 11th Privacy Enhancing Technologies Symposium* (PETS-2011), pp. 117-33.

Edman, M., F. Sivrikaya and B. Yener (2007) "A Combinatorial Approach to Measuring Anonymity," *Intelligence and Security Informatics,* IEEE, pp. 356-63.

Gierlichs, B., C. Troncoso, C. Díaz and B. Preneel (2008) "Revisiting a Combinatorial Approach Toward Measuring Anonymity," *Proceedings of WPES,* pp. 111-16.

Iwai, A. (2012) "Evaluation of an Anonymity Measure as an Index of Voting Anonymity," *Journal of Socio-Informatics,* Vol. 5, No. 1: 11-25.

May, K. O. (1952) "A Set of Independent, Necessary and Sufficient Conditions for Simple Majority Decision," *Econometrica,* Vol. 20, No. 4: 680-84.

Sen, A. K. (1970) *Collective Choice and Social Welfare,* Holden-Day (志田基与師監訳 (2000)『集合的選択と社会的厚生』勁草書房).

Shannon, C. E. (1948) "A Mathematical Theory of Communication," *The Bell System Technical Journal,* Vol. 27: 379-423, 623-56.

II ——— シナジーの躍動

5章
シナジー消費の時代
つながりがもたらす幸せを求めて

佐野　美智子

> 機能を手に入れるための消費,
> 利己的欲求を満たす消費がこれからも続いていくのだろうか――.
> 他者と消費経験を共有し,共感すること,
> 人とつながる幸せを感じることができる消費が主流になっていく.

　本章は,〈シナジー消費〉の動きをとりあげる．私たちのお金の使い方は,モノを通じて他者とつながり,経験や時間を共有することを目的とするように変化している．つながりがもたらす幸福,新しい豊かさが,私たちの支出行動を動機付けている．それを可能にしているのが,ソーシャルメディアの急速な発展である.

　私たちはソーシャルネットワークでつながる皆に,自分が買った洋服の着こなし写真を見てもらい,お店で食べた料理を写真で紹介する．ネットワークでつながった誰かが提供する情報にフェイスブックで「いいね！」と共感し,ツイッターでリツイートして,ほかの人たちにも情報を広げる．もはや,私たちの支出行動は,モノを手に入れて,その機能や象徴的意味を獲得して自己充足するだけでなく,自分の消費経験を他者と共有することで,ともに,新たな価値を創発する喜びに向かっている．物質的な豊かさより,つながる豊かさを志向する時代といえよう.

　本章では,モノやコトの消費を通して,他者とつながり,互いを活かしあうことで,自分だけではできないような新たな価値を創発し,関係する人たち皆が自己実現,自己成長の喜びを感じることができる,そんな消費のカタチとして〈シナジー消費〉を紹介する.

1 手に入れたい生活の変化——消費がもたらす豊かさの変遷

1-1 経済成長と消費生活の変化

私たちが求める豊かさは，経済成長に伴い，時代によって変化してきた．戦後の窮乏生活から立ち上がり，高度経済成長期を迎え，幸せな生活のために，私たちはモノの豊かさを求めた．物質的豊かさを享受するようになると，ゆとりやココロの豊かさを求めるようになった．そして今，私たちはココロ豊かな幸せな生活を送るために，他者とのつながりを求めている．モノやコトの消費を通じて，他者と時間を共有し，経験を共有することで得られる幸せな気持ちや喜び，つまり，〈つながりがもたらす豊かさ〉を求めている．

まず，1950年代から60年代の高度経済成長期の消費生活について考えてみよう．経済成長は所得水準の上昇をもたらした．私たちは，食べ物やシェルター確保などの基本的欲求充足以外の自由裁量的消費支出に，お金を振り向けられるようになった．購買力を高めた家計は，暮らしを便利にする家電製品を求めた．三種の神器（電気冷蔵庫，電気洗濯機，白黒テレビ）や3C（カー，クーラー，カラーテレビ）といった耐久財が，消費のスタンダードパッケージとなった．大衆消費社会となり，〈人並み・世間並み〉を目指す人々の旺盛なモノ消費により，生活水準は向上した．物質的な豊かさを求めた時代といえよう．人々の豊かさが，GNPという経済指標で測られた時代である．

1960年代末になると，物質的な豊かさが進展する一方で，公害問題が深刻化するなど，高度経済成長の負の側面が顕在し始めた．そして70年代に入り，73年と79年の2度のオイルショックを経て，日本の経済成長が大きくシフトダウンするとともに，私たちの消費生活も大きく変化した．環境意識が高まり，使い捨て消費への反省が拡がり，豊かさの問い直しがおきた．家族がより良い暮らしをするためにモーレツに働いてお金を稼ぎ，物質的豊かさを手に入れようとする消費から，ゆとりやココロの豊かさを求める消費態度へと変化していった（図5-1）．

1980年代は，ココロの豊かさを求める人の割合が増加するなか，消費者の欲求が多様化していった．大衆が求める消費のスタンダードパッケージを想定

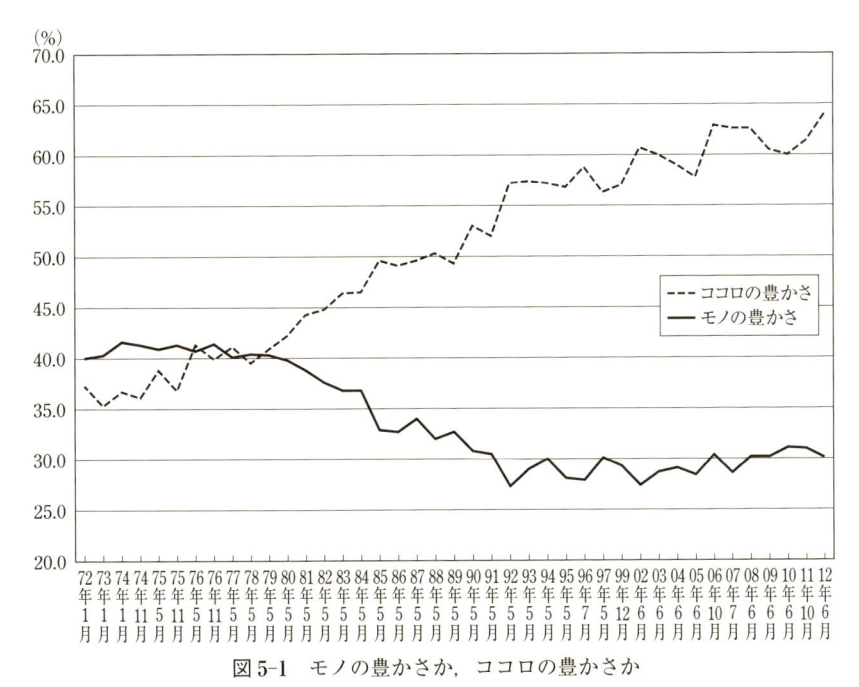

図5-1 モノの豊かさか,ココロの豊かさか

注:「今後の生活において,物の豊かさか心の豊かさに関して,次のような2つの考え方のうち,あなたの考え方に近いのはどちらでしょうか.
(ア)物質的にある程度豊かになったので,これからは心の豊かさやゆとりのある生活をすることに重きをおきたい,(イ)まだまだ物質的な面で生活を豊かにすることに重きをおきたい」との問いに対する回答者の割合.「物質的にある程度豊かになったので,これからは心の豊かさやゆとりのある生活をすることに重きをおきたい」は「ココロの豊かさ」とし,「まだまだ物質的な面で生活を豊かにすることに重きをおきたい」は「モノの豊かさ」とする.また,「どちらともいえない」は「一概にいえない」とし,図中の掲載を省略.
出所:内閣府「国民生活に関する世論調査」.

することが難しくなり,〈分衆〉〈小衆〉として細分化した消費市場への対応が求められるようになった.また,消費対象は,家族が必要とする商品から,個人の欲求に対応する商品に変化し,消費主体も家族から個人に変わっていった.〈家電〉から〈個電〉へ,〈家計〉から〈個計〉へ,豊かさの主役が家から個人に変化していったのである.

1990年代から2000年代は,情報通信技術の急速な進展が,私たちの消費生活に大きな影響を与えた.パソコンの世帯普及率(内閣府「消費動向調査」による)は90年に10.6%だったのが,95年にマイクロソフトのウィンドウズ

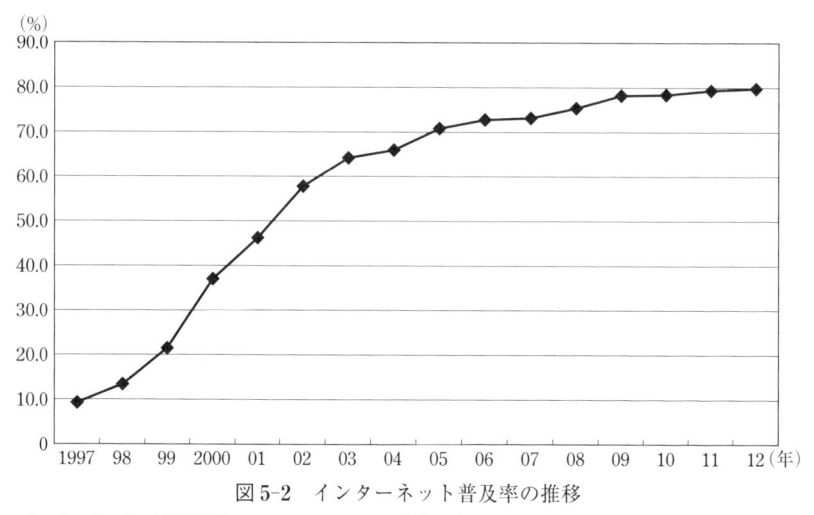

図5-2 インターネット普及率の推移

注：インターネット接続機器については，パソコン，携帯電話・PHS，携帯情報端末，ゲーム機等あらゆるものを含み（当該機器を所有しているか否かは問わない），利用目的についても，個人的な利用，仕事上の利用，学校での利用等あらゆるものを含む．
出所：総務省「通信利用動向調査」．

95が発売されて以降，急速に伸び，2013年には78.0%となった．携帯電話は87年に現在のようなコンパクトタイプが発売されてから急速に普及し，いまや普及率9割を超え，私たちの日常生活になくてはならぬ必需品となった．

インターネット利用も急速に普及した（図5-2）．パソコンだけでなく，携帯電話，スマートフォンなど，コンパクトに携帯可能でインターネットを利用できる情報端末が普及していることが，急速な利用者の増加に貢献している[1]．

インターネットはその利用が一般化するとともに，他者とつながるツールとして重要度が増している．特に，フェイスブックやミクシィなどのソーシャルネットワーキングサービス（SNS）の利用者が大きく増加している（図5-3）．ホームページ（ウェブ）・ブログの開設・更新，ツイッターなどのマイクロブログの閲覧・投稿，電子掲示板（BBS）やチャットの閲覧・書き込み，SNSへの参加，ユーチューブやニコニコ動画などの動画投稿・共有サイトの閲覧・投稿などを含めたソーシャルメディアを利用する目的は，情報探索だけではない．従来からの知人とのコミュニケーションや，同好の士を探したり交流関係を広げるという目的を挙げる人が増えており，社会的関係性を重視する態度の

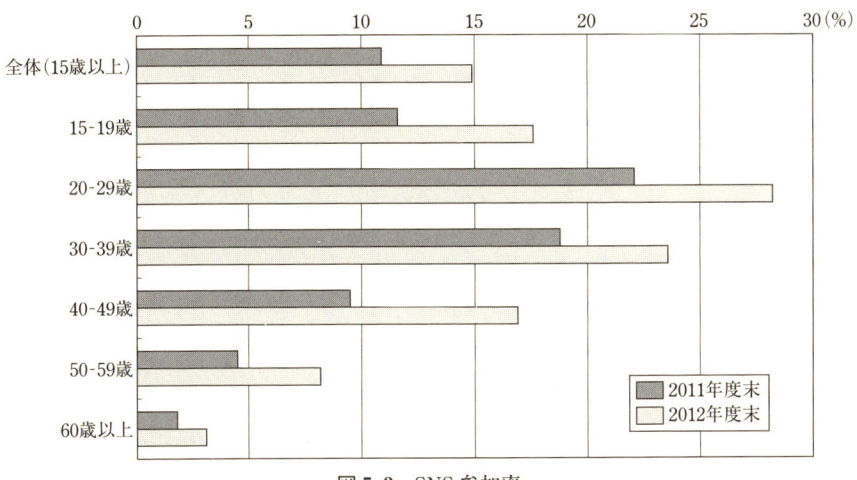

図 5-3 SNS 参加率

注：過去1年間のソーシャルネットワーキングサービス（SNS）への参加について，調査対象世帯の構成員すべてに尋ねた結果．15歳以上の回答者の結果のみを掲載．
出所：総務省「通信利用動向調査」．

広がりがうかがえる[2]．

　私たちは，これまでになく，時間や空間の制約を受けない，自在な社会関係を構築できるようになった．私たちの消費行動は，これまで以上に他者と情報を共有し，相互に影響を与え合うだけでなく，共鳴することで，自分だけではできない新たな発想や行動を生みだすようになっている．消費を通して他者とつながり，つながることのシナジー効果が，ひとりひとりのココロの豊かさをもたらしているのだといえよう．

1-2　豊かさの指標

　豊かさを測る指標としてよく利用されるのは，「1人当たり GDP」などの経済指標である．経済成長によって人々の所得が上昇し，物質的豊かさが増していった時期は，豊かさの指標として経済指標を用いることの妥当性は高かった．しかし，人々が求める豊かさがモノの豊かさからココロの豊かさにシフトしていくにつれ，貨幣的指標への過度の依存から転換する必要が出てきた．非貨幣的指標，主観的指標を用いた豊かさ指標の模索が始まったのである．

豊かさを測定する指標は，多様な指標により構成されるものとなった．最初に作成されたのは，1971 年に国民生活審議会調査部会が発表した「社会指標——よりよい暮らしへのものさし」である．74 年から「社会指標（SI＝Social Indicators）」として作成された．公害や人口集中など，高度経済成長がもたらす負の側面が明らかになり，「くたばれ GNP」等の議論が活発となった時期である．SI は，価値規範指標を含み，非貨幣的指標が中心となった．SI は 79 年に更新され，新版 SI として 84 年まで作成された．

次いで開発されたのが「国民生活指標（NSI＝New Social Indicators）」である．86 年から 90 年まで作成された．NSI は，経済の高度成長が終わり安定成長が定着するなか，高い生活水準と多様化する生活様式を把握する必要から作成された．個人の厚生を測ることが主眼となり，規範的指標に加えて，満足度や幸福度など意識調査の結果を利用した主観的指標が採用された．

NSI の次に作成されたのが「新国民生活指標＝豊かさ指標（PLI＝People's Life Indicators）」で，92 年から 99 年まで作成された．豊かさの実感を捉え，地域ごとの多様な豊かさを捉えることができる生活指標への必要性が高まったことによる．活動分野指標と，生活評価軸指標が作成された．

現在検討されているのは，幸福度指標の作成である．日本語の「豊かさ」は量と質の両面を意味する．モノが豊富で，ココロが満ち足りている様子を指す言葉である．経済発展の段階によって，モノの側面が重視される時代から，ココロの側面が重視される時代に移行するのは，上記に見てきたとおりである．ココロ豊かな生活を送ることができれば，私たちはそれを幸せだと思い，喜びを感じるだろう．

1-3 幸福度指標

1 人当たり GDP といった経済指標で測る豊かさと，国民全体の幸福度の関連を分析した研究を見ると，経済的な発展を遂げた国ほど，両者の関連が小さいことが指摘されている[3]．現在，GDP に替わる幸福度指標の測定が，先進各国で政策上の重要な課題となっている．経済学，心理学，社会学などの研究蓄積を踏まえ，幸福度指標の試案が示されるようになった．

ここではまず，OECD が 2011 年にまとめた『OECD 幸福度白書——より良

い暮らし指標:生活向上と社会進歩の国際比較』[4]から,幸福度を測定するための枠組みを紹介する.

同書は,人々の幸福を理解し評価するための三本の柱として,"物質的な生活状態" "生活の質" "持続可能性" を取り上げる."物質的な生活状態" は,所得と資産,仕事と報酬,住居に関連する."生活の質" は,健康状態,ワーク・ライフ・バランス,教育と技能,社会とのつながり,市民参加とガバナンス,環境の質,生活の安全,主観的幸福に関連する.そして,"持続可能性" は,幸福の継時的な持続可能性に必要となる,自然資本,経済資本,人的資本,社会関係資本の維持に関連する.

"生活の質" にかかわる主観的幸福指標の作成には,自分の生活全般をどのように評価しているかという生活満足度[5]と,否定的感情より肯定的感情を多く経験している人の割合という2つの指標を用いている.先行研究[6]により明らかになった主観的幸福の3つの主要因子(認知的側面の生活満足度,感情的側面の肯定的感情および否定的感情)に基づく指標である.

主観的幸福の認知的側面と感情的側面の2つに大きく関連するのが,2つの異質なタイプの豊かさ,つまり,経済的豊かさと社会心理的豊かさである.E.ディーナー(Ed Diener)らは,2005年から2006年にかけて世界132ヵ国で実施されたギャラップ世論調査(Gallup World Poll)のデータを用いて,ぜいたくで便利なモノの所有や生活水準の高さは,生活満足度と関連が強いことを明らかにした[7].一方,喜びや微笑,笑顔などの肯定的感情や怒りや悲しみ,心配,憂うつなどの否定的感情は,心理的欲求(学習欲求,自律欲求,自尊欲求,承認欲求など)の充足に強く関連することがわかった.モノの豊かさは主観的幸福感の認知的側面にかかわり,ココロの豊かさは主観的幸福感の感情的側面にかかわるとみられる.

次に,日本の試みとして,内閣府経済社会総合研究所が主催した「幸福度に関する研究会」がまとめた幸福度指標試案を見ておこう(「幸福度に関する研究会報告——幸福度指標試案」2011年12月5日).試案として示された幸福度指標は "主観的幸福感" を上位概念として,"経済社会状況" "心身の健康" "関係性" を三本柱にすえる."持続可能性" は三本柱とは別に立てている.

報告書では,日本的な幸福度を多角的に捉えるための3つの次元を指摘する.

①理想と現実の乖離（理想としている状況よりも高い水準にいるのか），②方向感（今後，幸福感は高まると期待できるのか），③他者との比較（人並み感）である．3つ目の次元については，「一般的に自尊心を促す形で幸福感を高める欧米に対して，アジアでは他者への思いやりや感謝の念，自然との調和など『関係性』を通じて主観的幸福感が高まる」という研究結果[8]に依拠する．3つの次元に即して，上位概念の"主観的幸福感"は，主観的幸福感[9]，理想の幸福感，将来の幸福感，人並み感，感情経験，世帯内幸福度格差を構成要素とする指標になっている．

2 幸福をもたらす消費とは？

2-1 〈所有〉より〈経験〉にお金を使う

2000年代に入ってから，幸福に資するお金の使い方に関する実証的研究が複数行われているので，紹介しよう．私たちは，身を守るシェルターがあり，食べ物や着る物といった基本的欲求を満たす以上の可処分所得がある時，幸福になるためのリソースの配分はどうすればいいのだろうか．サーベイや実験の結果は，個人所有自体を目的とするモノへの支出や，機能を求める実利目的で行うモノへの支出に比べ，他人と経験を共有することを目的とするお金の使い方の方が，幸せ感につながることを示している[10]．モノへの支出であったとしても，モノによって楽しみや喜びを得ることが目的だったり，自己実現や成長を目的として利用するモノであれば，モノを媒介とする経験にお金を使っていることになる．幸せをもたらす消費のキーワードは，エクスペリエンス，ソーシャル，シェアといえるだろう．

幸せになるためのお金の使い方に関する一連の研究の嚆矢となったのが，L. V. ボーヴェン（Leaf Van Boven）と T. ギロヴィッチ（Thomas Gilovich）の研究であろう[11]．彼らは，大学生を対象にした3種類の調査と，全国の成人を対象にしたより大規模な調査を行い，所有を目的にお金を使うことと，経験にお金を使うことでは，どちらがより幸福感につながるかを調べた．彼らは，〈モノへの支出〉と〈経験への支出〉を明確に区別することは難しいことを指摘したうえで，お金を使う目的や意図を基にした区別を行っている．彼らによ

れば,〈モノへの支出〉は,モノを手に入れて所有物とすることを第1の目的とするお金の使い方,モノを手に入れて実利的な目的を達成することを第1の目的とするお金の使い方だという.楽しみや喜びを促進することが第1の目的であったり,自己実現や成長するために必要とするモノへの支出は,〈経験への支出〉と捉えている.

彼らは,経験を獲得することにお金を使うことが,私たちをより幸せにする理由を3つ指摘している.第1の理由は,経験は時間が経っても幸せな気持ちが続くこと.モノの場合は,新しいモノの登場によって評価基準が変わり,満足レベルを維持することが難しい.第2の理由は,経験は個人の成長に関連する内面の目標を満足するので,アイデンティティの中心に位置づけられること.第3の理由は,経験は社会的関係の効果的な促進に役立つこと.経験はモノ所有より本質的に社会的である.

R. T. ハウウェル (Ryan T. Howell) と G. ヒル (Graham Hill) は,ボーヴェンとギロヴィッチの問題提起を受けて,経験にお金を使うことが幸せをもたらすという関連を仲介する要因について研究した[12].彼らは,大学生を対象とする実験調査の結果,2つの媒介項に注目する.1つは,他者とのつながり,関係性を求める心理的欲求の充足である.経験への支出がつながり欲求を満たし,それが,幸福感につながる.もう1つは,社会的比較が少ないことである.モノ所有を目的とする支出は,人からどう見られるかを気にする社会的比較の程度が高まる.しかし,経験自体を目的とする支出の場合は,社会的比較が起きにくいため,幸福感にはプラスとなる.彼らが提示した,経験への支出が幸せをもたらす因果関係のパスモデルを図5-4に示す.

ハウウェルは,P. プチェリン (Paulina Pchelin) と R. イヤー (Ravi Iyer) との共同研究では,経験への支出傾向の尺度を開発している[13].彼らは,経験への支出傾向は,外向的で開放的な性格,共感やリワードを求める傾向と関連することを明らかにした.さらに,非物質主義的価値観が,経験への支出傾向に対して予測力があること,経験への支出傾向は心理的欲求を満足させ,最終的には主観的幸福感につながることを示した.

彼らは,物質主義的な価値の追求と幸福感との間にはロバストでネガティブな関係があると指摘する.物質主義の考えは,心配や不安に対して2次的バッ

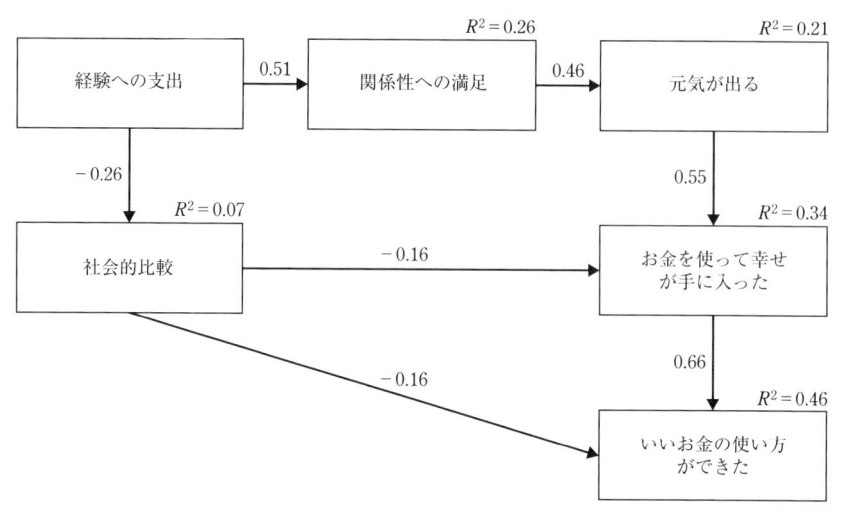

図5-4 経験への支出がもたらす幸福感のパスモデル
出所：Howell and Hill (2009: Figure2).

ファとなるお金に頼ることで対処しようとするものであり，1次的バッファであるソーシャルサポートが失敗したあとのネガティブな生活経験に対する防衛メカニズムだと，彼らは考える．だから，物質主義的価値観は低い生活満足度と結びつくのだし，物質主義者は社会的つながりを少ししか持たないのだと説明する．

P. A. カプラリエロ（Peter A. Caprariello）と H. T. レイス（Harry T. Reis）は，モノの所有より経験にお金を使う方が幸せにつながるのは，そこに他者とのかかわり合いがあるかどうかの違いによるということを示した[14]．経験は他者と共有されるが，所有物は単独使用になりがちだ．こうした違いが幸福感に対する異なる効果を説明すると指摘した．彼らは，「社交―単独（ソーシャル―ソリタリー）」と「経験―モノ（エクスペリエンシャル―マテリアル）」の2つの次元を用いる．そして，実証研究の結果，「社交―単独」の次元の方が，「経験―モノ」の次元より，幸せを説明できることを示した．他者とのかかわり合いのなかで行われる社交型支出は，他者と無関係に行う自分だけの単独型支出よりも幸せにつながる．なかでも最も幸せにつながるのは，社交型の経験への支出である．単独の経験への支出は，所有目的のモノへの支出に比べても，

幸せとのつながりが小さくなる．つまり，経験の社会的文脈が，幸せにつながるかどうかを考えるうえで重要だということだ．お金を使うことで幸せを手に入れられるかどうかは，他者とのかかわり合いによる部分がきわめて大きいことが示された．

2-2　幸福につながる「向社会的」支出

向社会的（プロソーシャル）支出と幸福感の関係を研究したのが，L. B. アクニン（Lara B. Aknin）らである[15]．2006年から2008年にかけて世界136カ国で実施されたギャラップ世論調査（Gallup World Poll）のデータを用いて分析した結果に加えて，多様な文化や経済の背景を持つ国での実験調査を実施した．彼らは，たとえ相手が知らない人であったとしても，他者を助けたからといって絆ができたり，絆が強まることがなくても，他者のためにお金を使うことが肯定的感情レベルを高めることを明らかにした．

向社会的支出は，他者に利益をもたらす自発的行動としての支出であり，最近は，「社会貢献型消費」「エシカル消費」「ソーシャル消費」と呼ばれ，注目される消費動向となっている．寄付金のほかに，チャリティ商品やフェアトレード商品の購入，あるいはナショナルトラスト運動や様々なボランティア活動にかかる費用も向社会的支出である．

向社会性の高まりを示す世論調査結果を2つ紹介しておこう．まず，内閣府「社会意識に関する世論調査」から，社会貢献意識の高まりを示す（図5-5）．「あなたは，日頃，社会の一員として，何か社会のために役立ちたいと思っていますか．それとも，あまりそのようなことは考えていませんか」という問いに対して，「思っている」と回答した人の割合は，2013年2月調査で67％となった．1980年代半ばまでは5割前後だったが，90年代には6割を超え，2008年以降は，3人に2人が社会貢献志向を持つという結果となっている．

次に，統計数理研究所「日本人の国民性調査」から，利他的な社会への変化の兆しを示そう（図5-6）．「たいていの人は，他人の役に立とうとしていると思いますか，それとも，自分のことだけに気をくばっていると思いますか」という問いに対して，「他人の役にたとうとしている」と答えた人の割合が，増加を続け，2008年調査では36％となった．「自分のことだけに気をくばって

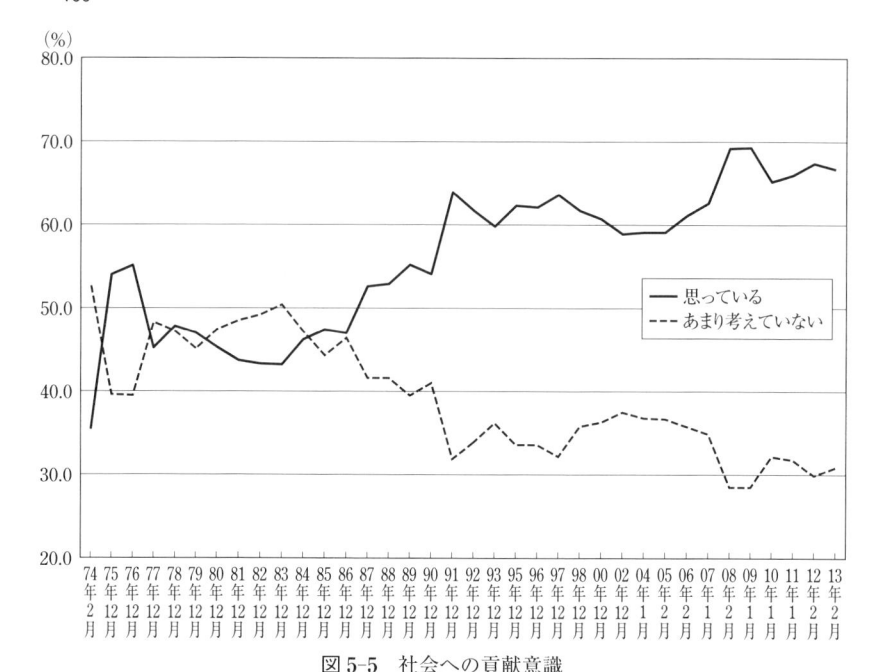

図 5-5 社会への貢献意識
出所：内閣府「社会意識に関する世論調査」．

いる」と答えた人が 51% で，依然として多数派を占めるが，その割合は低下を続けている．1978 年調査では，たいていの人は利己的だと考える人が 74% を占め，利他的だと考える人は 19% にとどまっていた．

2-3 社会とのつながり

私たちの生活は，家族，親しい友人，隣人，同僚，さほど親しくない知人など，背景や親密度の異なる無数の社会的ネットワークに編み込まれている．他者との関係性は，量・質ともに私たちの幸福を左右する重要な要因である．社会的ネットワークと，ネットワークが生み出す共通の価値観や規範（他者への信頼，多様性に対する寛容，公共心，助け合いなど）は，社会関係資本（ソーシャルキャピタル）として，幸福に大きな影響を及ぼす．

前項で示したように，私たちの間で向社会的行動につながる態度変容が進んでいる．一方，ソーシャルメディアの登場と利用者の増加は，社会的ネットワ

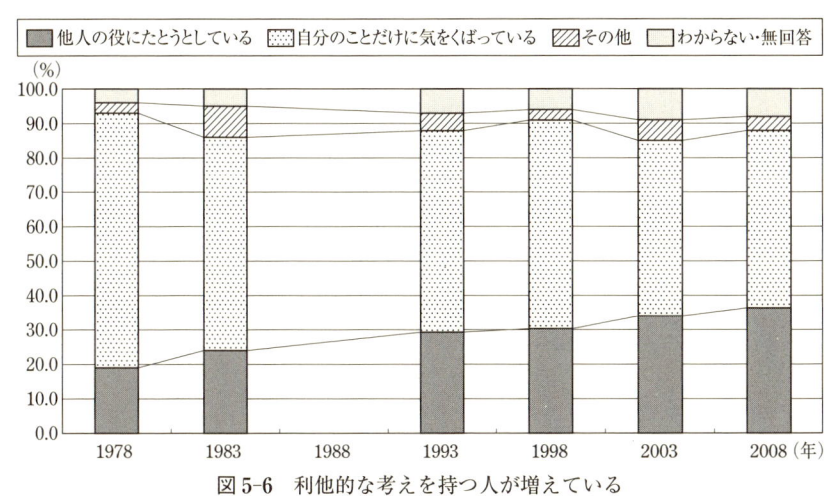

図 5-6 利他的な考えを持つ人が増えている
出所：統計数理研究所「日本人の国民性調査」．

ークの増強に貢献している．特に，SNS の増加と利用者の増加が寄与していると考えられる．「ミクシィ」「グリー」が SNS を開始したのが 2004 年である．そして，2008 年にはアメリカのフェイスブックが日本語版を開始した．2011 年の東日本大震災では，SNS に加えて，ツイッターなどのマイクロブログや動画投稿・共有サイトなどを含めたソーシャルメディアが，情報を共有し，人がたがいにつながるうえで大きな威力を発揮したのである．

3　経験の共有と共感——シナジー消費と幸せ

3-1　社会とつながる向社会的支出——社会貢献にお金を使う

　モノやコトを通して人と時間を共有し，経験を共有する．そうした社会的つながりをもつことが，喜びや幸せをもたらす．私たちのお金の使い方は，機能に対する必要性を満足させたり，自分にとっての意味を求める欲求を満足させたりするだけでなく，他者と消費経験を共有し，共感することで，人とつながる幸せを感じることに重点がおかれるようになりつつあるようだ．社会とつながる向社会的支出の例として，チャリティ商品にお金を使うことを紹介してみよう．

ミネラルウォーターのボルヴィックの,「1L for 10L」プログラムを取りあげてみたい. このプログラムは, ボルヴィックブランドの全商品が対象となり, ボルヴィック1リットルを買うと10リットルの清潔で安全な水がアフリカのマリ共和国に寄付されるというしくみだ. 各年のプログラム期間中の売上の一部がユニセフ協会を通じて寄付され, 井戸作りなどの支援活動に役立てられる. 2007年に始まり, 2012年までの6年間のプログラムにより届けられた水の総量は36億リットルを超えたと報告されている[16]. 自分の喉の渇きを潤すことだけを目的にするのではなく, チャリティプログラムに参加して, 他の多くの参加者と一緒に, 誰かのために役立っているという経験を共有することに, お金を使っているのである.

3-2　ソーシャルメディアによって誘発される消費

ソーシャルメディアを通じて, 個人の消費経験が他者と共有される. 購入した商品に対する評価や感想, こんなふうに使っていますという紹介が, ソーシャルメディア上で大量に発信されている. モノについての内容もあれば, 外食店や旅行情報などサービス支出に関連する内容もある. 文字情報だけでなく, 写真や動画・音声付きの情報発信も多い. 情報を見た人は, 反応を返す. フェイスブックの「いいね！(Like)」, ミクシィの「イイネ！」, ツイッターでつぶやき返す「リツイート」をクリックして共感を示し,「あなたの経験」を情報として共有したことを示す. 共感は, 実際に自分もその商品を手に入れ, 追体験する引き金になる.

野村総合研究所は2012年に実施した独自調査をもとに, ソーシャルメディアにより誘発される消費の規模が1兆7100億円に上ると推計している[17]. 同研究所が2011年に実施した調査結果と比較すると, 消費規模は12.5％増加しているという. 特に,「コミュニケーションや自己アピールのため」の「ネタ消費」が35％増と, 大幅な増加になっている.「容易な写真投稿で, ネタを共有する行動が定着した」ことが原因だと指摘されている.

3-3　共感の輪──シナジー消費がもたらす幸福

SNSが登場して10年目を迎えた2013年には, フェイスブックやミクシィ

のサービスを利用する人は国内で月間1000万人を超えるまでになっている．マイクロブログの代表格であるツイッターの月間利用者も1000万人を超える[18]．ソーシャルメディア利用者が急増するなか，特定の専門分野を扱うSNSが増えているという新聞記事[19]の内容を紹介してみよう．

例えば，ファッション専門のSNSでは，洋服や服飾品の画像を利用して自分のコーディネートを投稿しあう．参加者はたがいの着こなしを披露することで，経験を共有している．SNS内の画像は通販サイトに直結し，気に入ればそのまま注文できる仕組みを取り入れているとのこと．また，インテリアに特化したSNSでは，自分の部屋の写真を投稿しあう．

専門SNSはその分野に関心のある人の投稿が集まるので，役に立つ情報を見つけやすいのが利点だ．ただ，それだけではない．同好の士がたがいにつながり，共感をもとに，暮らしのヒントを共有する．より楽しくてワクワク，ハッピーな暮らしをおくるための共働が新たなヒント，知恵を生みだす源となっている．

私たちは，他者とのつながりの中に，豊かさや幸せを見出そうとしている．私たちのお金の使い方も，それに沿ったものになっている．それが〈シナジー消費〉であり，ソーシャルメディアの発達は，〈シナジー消費〉を促すネットワーク構築を，自在に広げられるツールとなっている．

〈シナジー消費〉は，共感の輪が消費を活性化する．シナジー消費がもたらす幸せは，他者との共働とそこから生まれる新たな価値に対する"喜び"や，"楽しい"とか"幸せ"というポジティブな感情である．商品の機能や象徴的意味の獲得を求める消費が，生活満足といった主観的幸福の認知的側面に資することに比べると，より感情的側面に資するのが，シナジー消費がもたらす幸福だといえよう．

シナジー消費の台頭は，ココロの豊かさを求める人たちが6割を超える現在の社会状況がもたらした変化である．こうした消費の変質のなかに，来るべき近代の方向性をうかがうことができよう．

【注】
1) 総務省「通信利用動向調査」によると，2012年度末のスマートフォンの世帯保

有率が49.5%，携帯電話またはPHSの保有率が94.5%となっている．
2) 総務省「通信利用動向調査」では，過去1年間にソーシャルメディアを利用した調査対象世帯の6歳以上の構成員個々に対して，利用目的を尋ねている．過去1年間に「ホームページ（ウェブ）・ブログの開設・更新」「マイクロブログの閲覧・投稿」「ソーシャルネットワーキングサービス（SNS）への参加」「電子掲示板（BBS）・チャットの閲覧・書き込み」「動画投稿・共有サイトの利用」を利用した人をソーシャルメディア利用者としている．2012年度末調査の結果は，「従来からの知人とのコミュニケーションのため」（45.0%），「知りたいことについて情報を探す」（45.5%）の2つが最も多く，次いで「同じ趣味・嗜好を持つ人を探したり交流関係を広げるため」（22.0%）が多かった（複数回答）．2011年度末調査結果に比べると，情報収集目的よりコミュニケーション目的の方が，増加が顕著だった．
3) 例えば，Easterlin（1974, 1995, 2001），Frey and Stutzer（2002）．
4) 英語の原題は "How's Life? MEASURING WELL-BEING".
5) 生活満足度は，キャントリル・ラダーと呼ばれる尺度を用いて測定される．この方法は，考えうる最良の生活を10，最悪の生活を0として，現在の生活を0-10の11段階の尺度で評価することを回答者に求め，回答カテゴリーの加重合計として算出する．
6) 例えば，Diener and Suh（1997），Frey and Stutzer（2002）など．
7) Diener et al.（2010）．
8) Uchida and Kitayama（2009）は日米の幸福感を比較することで，アメリカ人は個人的な達成感と結びつく一方で，日本人は社会的調和と結びつくことを明らかにしている．
9) 「国民生活選好度調査」（内閣府）で1978年から計測してきた幸福感を指標として利用している．「現在，あなたはどの程度幸せですか」と尋ね，「『とても幸せ』を10点，『とても不幸』を0点とすると，何点くらいになると思うか」を答えてもらうものである．幸福度に関する研究会報告書によれば，内閣府の世論調査を分析した結果，人生満足度が「個人」や「所得」を想起して回答されるのに対し，幸福感は「家族」や「健康」などを想起して回答する傾向があることが指摘されている．
10) Boven and Gilovich（2003），Howell and Hill（2009），Howell, Pchelin and Iyer（2012），Caprariello and Reis（2013）．
11) Boven and Gilovich（2003）．
12) Howell and Hill（2009）．
13) Howell, Pchelin and Iyer（2012）．
14) Caprariello and Reis（2013）．
15) Aknin et al.（2013）．
16) キリンビバレッジ公式サイト「ボルヴィック 1L for 10L 支援の歩み」より．
17) 2012年12月3日付『日経流通新聞』6面記事より．
18) 2013年5月18日付『日本経済新聞』朝刊11面記事より．
19) 2013年6月18日付『日本経済新聞』朝刊31面記事より．

【参考文献】

総務省（2013）「平成24年通信利用動向調査の結果」（2013年6月30日取得 http://www.soumu.go.jp/johotsusintokei/statistics/statistics05.html）.

統計数理研究所（2012）「日本人の国民性調査」（2013年6月30日取得 http://www.ism.ac.jp/kokuminsei/table/index.htm）.

内閣府（2011）「幸福度に関する研究会報告──幸福度指標試案」（2013年6月30日取得 http://www5.cao.go.jp/keizai2/koufukudo/pdf/koufukudosian_sono1.pdf）.

内閣府（2012）「国民生活選好度調査（平成23年度III 調査票及び集計表）」（2013年6月30日取得 http://www5.cao.go.jp/seikatsu/senkoudo/h23/23senkou_04.pdf）.

内閣府（2013）「国民生活に関する世論調査（平成24年6月調査）」（2013年6月30日取得 http://www8.cao.go.jp/survey/h24/h24-life/index.html）.

内閣府（2013）「社会意識に関する世論調査（平成25年2月調査）」（2013年6月30日取得 http://www8.cao.go.jp/survey/h24/h24-shakai/index.html）.

内閣府（2013）「消費動向調査結果　主要耐久消費財等の長期時系列表　主要耐久消費財等の普及率（一般世帯）（平成25年3月現在）」（平成25年6月30日取得 http://www.esri.cao.go.jp/jp/stat/shouhi/shouhi.html#taikyuu）.

ボルヴィック（2013）「1L for 10L 支援の歩み」キリンビバレッジ（2013年6月30日取得 http://www.beverage.co.jp/volvic/1lfor10l/action/12result.html）.

Aknin, Lara B., Christopher P. Barrington-Leigh, Elizabeth W. Dunn, John F. Helliwell, Justine Burns, Robert Biswas-Diener, Imelda Kemeza, Paul Nyende and Claire E. Ashton-James (2013) "Prosocial Spending and Well-Being: Cross-Cultural Evidence for a Psychological Universal," *Journal of Personality and Social Psychology,* 104 (4): 635-52.

Boven, Leaf Van and Thomas Gilovich (2003) "To Do or to Have? That Is the Question," *Journal of Personality and Social Psychology,* 85 (6): 1193-202.

Caprariello, Peter A. and Harry T. Reis (2013) "To Do, to Have, or to Share? Valuing Experiences Over Material Possessions Depends on the Involvement of Others," *Journal of Personality and Social Psychology,* 104 (2): 199-215.

Diener, Ed and Eunkook Suh (1997) "Measuring Quality of Life: Economic, Social, and Subjective Indicators?" *Social Indicators Research,* 40: 189-216.

Diener, Ed, Weiting Ng, James Harter and Raksha Arora (2010) "Wealth and Happiness Across the World: Material Prosperity Predicts Life Evaluation, Whereas Psychosocial Prosperity Predicts Positive Feeling," *Journal of Personality and Social Psychology,* 99 (1): 52-61.

Easterlin, Richard A. (1974) "Does Economic Growth Improve the Human Lot? Some Empirical Evidence," Paul A. David and Melvin W. Reder, eds., *Nations and Households in Economic Growth: Essays in Honor of Moses Abramowitz,* New York: Academic Press, pp. 89-125.

Easterlin, Richard A. (1995) "Will Raising the Incomes of All Increase the Happiness of All?" *Journal of Economic Behavior and Organization,* 27 (1): 35-48.

Easterlin, Richard A. (2001) "Income and Happiness: Towards a Unified Theory," *The Economic Journal*, 111 (473): 465-84.

Frey, Bruno S. and Alois Stutzer (2002) *Happiness and Economics: How the economy and institutions affect human well-being*, Princeton: Princeton University Press (佐和隆光監訳, 沢崎冬日訳 (2005)『幸福の政治経済学——人々の幸せを促進するものは何か』ダイヤモンド社).

Howell, Ryan T. and Graham Hill (2009) "The mediators of experiential purchases: Determining the impact of psychological needs satisfaction and social comparison," *The Journal of Positive Psychology*, 4 (6): 511-22.

Howell, Ryan T., Paulina Pchelin and Ravi Iyer (2012) "The preference for experiences over possessions: Measurement and construct validation of the Experiential Buying Tendency Scale," *The Journal of Positive Psychology*, 7 (1): 57-71.

OECD (2011) *How's Life? MEASURING WELL-BEING* (徳永優子・来田誠一郎・西村美由起・矢倉美登里訳 (2012)『OECD 幸福度白書——より良い暮らし指標：生活向上と社会進歩の国際比較』明石書店).

Uchida, Yukiko and Shinobu Kitayama (2009) "Happiness and Unhappiness in East and West: Themes and Variations," *Emotion*, 9 (4): 441-56.

6章
グローバル化のなかの豊かさとリスク
金融危機を事例として

西 山　昇

> 豊かさを単一の尺度により求めることで失ったのは,
> リスクリテラシー（リスク対応力）かもしれない.
> リスクの証拠がないことは,リスクがない証拠と同じではない.
> ("No evidence of risk does not equal to evidence of no risk")

　金融とはインフラストラクチャーである．資金を今すぐ必要としない（資金余剰）部門と資金をすぐに必要とする（資金不足）部門との間を仲介するための仕組みである．金融機関は仲介することにより手数料を受け取る．金融は「もの作り（製造業）」を支援する役割を担うものである．そこには産業発展のためのシナジーを生み出すリエゾンとしての機能をもつ．

　金融技術の役割には，仲介者（銀行，証券会社等の金融機関）がリスクをとり，タイミング，場所が異なる資金を同じ経済価値として適切にヘッジ（リスク回避）し，価格付けすることだった．金融のグローバル化が進展するなかで，金融技術が金融機関の自己の利益を最大化するための道具として利用されることは想定していなかったはずである．

　本章では，グローバル市場主義の過中にある金融機関が自己の利益最大化に走ることで変質し，金融危機を招いたことを前提として議論する．仲介する金融機能が産業発展のシナジーを起こさせるどころか，危機を拡大したともいえる．その原因のひとつは，利益（貨幣価値で評価された）というひとつの尺度を最大化することをイコール豊かさの最大化としてしまったことがあげられる.

1　グローバル市場主義のジレンマ

　グローバル市場主義とは，ひとつの共通尺度（市場価格）により価値を評価

する枠組みの中で各主体が競争する仕組みである．価値の評価基準が明確であることがひとつの大きな特徴である．

各主体が成果を評価する基準は，どれくらい他の主体より多くの利益を生み出すことができたか，である．ここでの利益とは（収益－費用）あるいは（収益／費用）である．利益を最大化するためには，収益を最大化，かつ，費用を最小化することが合理的である．

市場では，価値の大きさを市場価格から評価する．グローバル競争と呼ばれる活動では，市場における交換価値としての価格が評価尺度となる．

経済理論では，価格は需要と供給の均衡点に決まるとされる．交換（売買）によって生ずる価格は長期的に真の価値に収斂していくとされるものの，一方で価格は，しばしば本質的な価値から乖離することが知られている．

市場においては，投資（投機）家により交換価値と真の価値との乖離を利用した裁定取引（Arbitrage Trading）が行なわれる．真の価値より割安なものを買い，真の価値より割高なものを売る，つまり安く買って，高く売る（高く売って，安く買う）ことにより両側の間にある「利ザヤ」を稼ぐ投資行動である．にもかかわらず，金融理論の前提となっているのは「裁定機会が存在しない（無裁定）状態」である．

市場における投資（投機）家の取引には，この原理が貫かれている．またグローバルベースで活動する投資（投機）家の裁定取引が世界の市場で現実の経済に影響を与えており，今ではその存在が大きく知られる水準になっている．

たとえば，米国の中央銀行総裁（FRB議長）の記者会見での金融緩和の出口（緩和縮小）の時期に関する発言が世界の金融市場に大きな影響を与え，中国の短期金融市場での金利急騰がアジアをはじめとする世界の金融市場に波及する．これらは主に金融市場内での波及となっているが，グローバルに活動する企業の裁定（取引）行動は世界経済に大きな影響を与える力を持っている．

労働市場においても労働のコモディティ（商品）化が進む形で企業の裁定（取引）行動が影響を与えているとみることができる．仮に賃金を労働の価値を評価（プライシング）した尺度とすると，財市場と同じく価値と価格の乖離が発生する．個人が労働をサービスとして提供した価値を評価して賃金が支払われると，価格（賃金）は高低を軸とした1次元の尺度で決まる．価格（賃

金）が高ければ労働の価値が高いことになり，逆に低くなれば労働の価値が低いとの解釈になる．

雇用する側の企業は利益を最大化するためにコストとしての賃金を低下させようとする．労働作業をロボットに代替できる水準まで標準化することにより，労働をコモディティ化させることは企業行動としては自然であろう．

例えば低賃金の地域で製品の生産を行なうことや，部品の製造は低賃金の地域に分散しながら，完成品の生産を1カ所に集中して行なうことで生産コストを低く抑制する．台湾のFoxconn（フォックスコン）[1]に象徴されるビジネスモデルが知られている．

職業別カテゴリーによる賃金の高低は，ある程度の傾向性はあるものの，その差異は基本的に個別（人）要因となるはずである．個人が受け取る賃金が，交換価値で評価されるとすると，自分にとって価値がある労働サービスが評価されるはずである．しかし，その通りに評価されることはなく，価値（労働サービス）と価格（賃金）の乖離を通じて労働者に疎外感が発生する．

市場主義の視点からみると，価格が価値に優先される状態であり，価値があっても価格がつかなければ，それは価値がないことと同じ扱いとなる．

しかるに価格がつくだけで（他の尺度がどうであっても）価値があることとして評価される．そのため，しばしば価格が高くなると価値が高いと評価され，将来の価格上昇を見越した需要増により価格がさらに上昇する場合がある．いわゆる価格が一人歩きする状況である．

労働の価値が別の人との交換可能なものであれば，労働のコモディティ化が進展して価格は更に低下していく．労働サービスのコモディティ化は，労働の標準化によって進み，限りなく低下圧力がかかることになる．

逆に交換により決まる賃金は，限りなく上昇する可能性があることにも触れたい．プライシング（価格付け）が上方に乖離するケースである．その乖離は，自分の実力が過大評価される幸運をもたらすと同時に，本当の自分とは異なる人間として受けた評価への報酬と，本当の自分が受けるはずの評価との間にギャップが生まれる．それがかえって内面での疎外感を深めることにつながる．

ギャップを埋めるために多くの場合，消費にお金を使い，お金をより多く使えることに癒しを求め，さらにより大きな富を求める，という循環が生まれる．

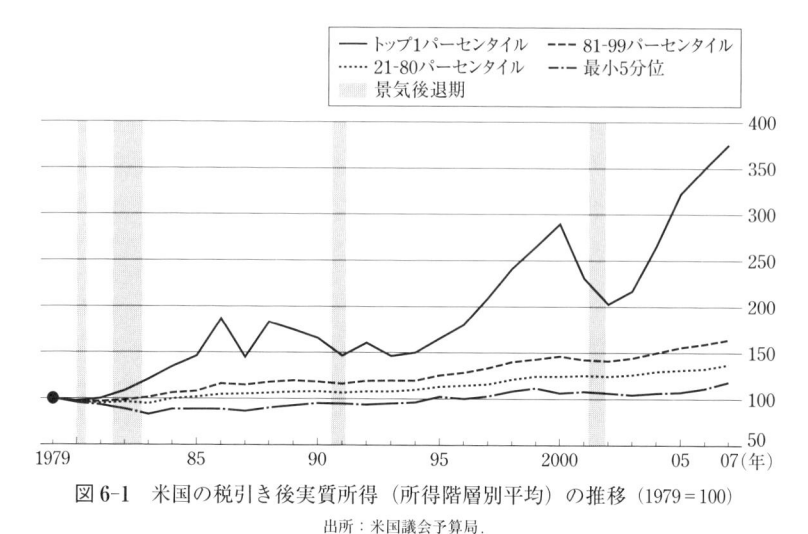

図 6-1 米国の税引き後実質所得（所得階層別平均）の推移（1979＝100）

出所：米国議会予算局．

富の拡大，金銭的な豊かさを求め続けるインセンティブが生じるメカニズムである．

2 豊かさ指標と所得格差

米国の格差社会の象徴としてのデモ（"Occupy Wall Street"）が 2011 年に話題になった．そのときの格差を象徴する指標が米国の所得分布のグラフだった．税引き後の実質賃金（1979 年＝100）を所得階層カテゴリーごとに平均をとった指数の時系列グラフである[2]．

一番変化しているグラフはトップ 1% タイルの所得の平均である．1979 年を基準とすると 4 倍近くまで拡大している．それを除く他のカテゴリー（99%）では，一番高い 81 から 99 パーセンタイルの平均所得でも過去 30 年で 1.6 倍程度の伸びにとどまる．このグラフを掲載した記事のタイトルは，「（米国の）1% タイルの所得分布が掲載された報告書がウォールストリートの占拠（が発生している原因）を支持する」である．これが GDP 世界第 1 位の米国の所得格差の一面を示すこととなった．

国の経済的な豊かさを計測するための尺度としては，GDP（国内総生産）が

ある．GDPとは国内における生産の水準を金額ベースで評価した指標である．ある期間内に価値をどれくらい生み出せたかを測る尺度としてグローバルに統一した計算基準で計測されている．

GDP（国内総生産）は，生産面，分配面（所得），支出面（需要）が三面等価であることから所得面を示す個別統計から推計している．

$$\text{所得}(Y) = \text{消費}(C) + \text{投資}(I) + \text{政府}(G) + (\text{輸出}(EX) - \text{輸入}(IM)) \quad (1)$$

と定義される．計測された値は，実質と名目，季節調整など使途に合わせて加工される．

この統計値を基準として経済の現状を評価して，将来の予測に役立てている．所得（Y）(1)式から，国の豊かさ（所得）を増加させるには，マクロ経済的には消費，投資などのプラスの各項目を増加させる方法がとられる．GDPのパイが大きくなれば，ひとり当たりの分け前が大きくなることから，GDPの高低を基準とすることで，ひとりひとりが豊かになるだろうことは予想できる．

ここで疑問になるのは，国の豊かさの基準としてのGDPを増やすことが，ほんとうにすべての個人の豊かさを増加させることにつながるのか，である．配分の問題となるのであろうが，金額尺度で評価された価値は，すべての個別指標を合計した結果となっている．個別の差異は集計され相殺されている．集計することで打ち消される効果があることに注意が必要である（合成の誤謬）．金融危機が顕在化するまで裏側で蓄積されているリスクに目を向けてこなかった原因のひとつとしてGDPを豊かさの代表的指標としていることが大きいとみている．

GDPの尺度は経済的な豊かさを基準としている．日本は加工貿易を中心とした輸出立国として高いGDP成長率を維持してきた．かつては開国か，鎖国か，を議論した時代があったが，GDP成長率で世界と競争する国になるとは目標としつつも想定していなかったであろう．グローバル競争に加わるには，統一された価値尺度（貨幣）による評価が必要だったのである．

しかし，ここにはグローバル市場ならではの悩ましさがある．価値と価格の乖離である．GDPが大きく成長することは，ひとつの軸による評価尺度としてわかりやすいものの，他にもつべき固有の価値を消失（相殺）させてしまう．

経済的豊かさを求めることにより失う何かである．代表的なものは，価格が付かない（プライシングできない）価値の取り扱いである．それらには，人間として持っておくべき大切な価値が含まれる場合がある．

　価格は商品の安全安心のシグナルのひとつともなっている．言い換えると価格は品質を測るひとつの尺度ともなる．ところが豊かさの尺度が価格基準で計測されると，価格が高いことに価値があり，価格自身が選択する基準となる，との循環になる．何を基準に選択するのかと問われれば，価格（真の価値ではない）を基準に選択することになる．価値があるから価格がついているのではなく，価格がつくから価値があると価値判断の順番が逆転する．本来の価格の役割は価値を測定するひとつの尺度でしかなかったはずなのにである．

　個々人の商品選択の集積による循環的な自律性が成り立つ場合，価格を価値の基準として選択すると循環的な自律性が一方向に暴走することになりがちである．価格が上昇すると価値が上昇したと判断する人が登場，そして購入し，その価格が上昇したあとに売却する．次にまた値上がりを期待して価値と無関係のより価格の高い商品を購入する．

　価値には複数の尺度があることを無視して投資行動すると価格が高くなるものに価値があるとなり，より高いものを買い求める，という循環が繰り返される．ここでの暴走とは，米国の金融機関が自己の利益を最大化するために破たんしたケース，米国の所得分布に象徴される格差拡大のケースがあたる．

　経済的豊かさを求めることにより失うものはなにか．労働の例をとると価格のつかない（賃金として評価されない）行動は存在しなくなることである．実際には，価格がつかなくても価値のある行動は無数に存在するはずである．豊かさを価格指標により測るには，行動をサービスに対する（価格評価された）交換価値として評価しなくてはならない．交換価値に乗らない行動は価値がゼロ（無価値）となる．

　そのため労働に対する対価として支払われる交換価値は，より大きな交換価値を生み出す人間（事物）に高い価格（賃金）を付けることになる．そのことから逆に，市場で消え去る多様な価値に目を向けることができれば，人間が生きていくうえで重要な価値を尊重することにつながると考えられる．

3　リスク社会の到来と金融危機

　3・11 の大震災をきっかけに発生した福島原子力発電所事故を契機に，産業社会からリスク社会への移行が進んでいるようにみえる．経済的な富を軸とする産業社会からリスクを軸とするリスク社会への転換が進みつつある[3]．

　これまで発生した金融危機を通じてリスク管理のあり方が揺らいでいる．理論的には十分に対応できると考えられてきたリスク管理手法が機能せず，大きな損失につながったためである．要因としてはバタフライ効果として理解されている，小さな要因が時間の経過とともに複雑に重なり合うことで危機が発生する現象があげられる．

　一般的にリスクを定義すると，損害（damage）を被る確率と損害の程度の積とする考えがある．「リスクとは，人が何かをおこなった場合，その行為にともなって（あるいは行為しないことによって）将来被る損害（damage）の大きさとその確率を掛け合わせたもの」となる[4]．

　リスク管理には，実務的にはコストに対する考慮が重要となる．"ブラック・スワンのたとえ（タイプⅡエラー）" として，「起こらないとしていたことが起こる場合」と "おおかみ少年のたとえ（タイプⅠエラー）" として，「起こるとしていたことが起こらない場合」が比較される．

　常に起こることを警戒していると，起こらない場合も多々あり，コストは発生し続ける．一方，起こらないとしてコストをかけないでいると，起こったときに非常に大きな損害が発生する．私企業の場合には経営上のバランスをどうとるのかが課題になる．危機の証拠がないことは，危機がない証拠と同じではない（"No evidence of crisis does not equal evidence of no crisis"）[5]．これは危機に対する態度として過去に経験したことがないからといって将来も発生しないとする態度の落とし穴として理解できる．

　これまでグローバルに発生した金融危機の原因と考えられることは，各主体の裁定行為（利益を極大化する）によるものだった．具体的には，次の3点に集約できる．(1)金融リスク管理の技術的発展の副次的効果――金融テクノロジー（ヘッジ（リスク管理）技術）の進歩により，金融機関がより大きなリスク

を取ることが可能となった．収益をあげるために潜在的なリスクが存在してもリスクをとること（Bet（賭け））を止めず破綻するまで継続した．⑵分散投資の効果が効かなくなる状況を想定していなかった——ポートフォリオ理論，金融工学等の理論では，リスク分散することで個別リスクが小さくなるとしていた．しかし現実には，全体のリスク量は結果的に減少しておらず，金融テクノロジーによりリスクを単に移転・拡散させたに過ぎなかった．むしろ想定していない部分にリスクが集中していたこともあった．⑶低相関管理の困難さ——リーマンショックの時にリーマン破綻の一番の原因となった金融商品に仕組み債がある．デフォルトリスクが高い個別のローンをプールした参照（ローン）ポートフォリオをクレジットデリバティブと呼ばれる金融技術を使ってデフォルト（債務不履行）リスクの高い順番に低相関のトランシェと呼ばれる複数の個別債権に分解した．

　商品設計上，実際のローンがデフォルトした場合，低格付けのトランシェからデフォルトしていく優先劣後構造となっている．各個別トランシェは独立であることから低格付けトランシェのデフォルトの影響が高格付けトランシェには直接波及しない安全性の高い商品として開発されていた．しかし実際にサブプライムローンがデフォルトし始めると，高位にある格付けのトランシェから値下がりして，つられて低相関とされていた格付けの近い位置にある他のトランシェにも影響を及ぼし証券価格が急落した．原因は個別トランシェを保有する投資家が保有する不安に駆られ売却したことによる流動性の枯渇だった．

　つまり商品設計するときに想定したトランシェごとの低相関の前提が崩れていたことになる．商品の開発者，販売者はリスクの大きさを十分に予想（想定）できていなかったといえる．

　日本では金融危機の影響は限定されていたが，それは同時にリスクに対する意識を高めるチャンスを失ったともいえる．いたずらに元本保証だけを求めていると裏側で実際に仲介している金融機関がとっているリスクを意識しないことになる．

　日本ではゼロリスク要求（強い安全指向）が存在する[6]．しかもリスクに対するコスト意識が高いとはいえない．そのことが金融商品の組成に影響を与えている．金融商品を販売する側からすると単純で安全な金融商品より複雑な仕

組みの金融商品を販売した方が，手間がかかっても複雑な分だけ手数料収入が大きくなる．販売する金融機関の手数料収入を得る（最大化する）との目的合理的行動のために，大きな問題が起こるまで複雑な金融商品の販売が継続することになる．

　これからは金融のリスクに対するリスクリテラシーの醸成が必要であると同時に，金融危機が発生した要因を理解して，インフラとしての市場に対する信頼を取り戻す必要がある．市場での交換価格がすべての価値尺度とみる限り市場は暴走することを繰り返すだろう．

　価格で測ることができない価値があることを念頭に市場メカニズムを生かすべきである．それは市場が効率的な交換をうながす力を持つからでもある．市場の限界を理解したうえで価格形成メカニズムを活用すべきであろう．そのためにもインフラストラクチャーとして信頼に足る公正公平な金融市場の構築が求められる．

4　競争と共同にゆらぐ境界

　金融危機を通じて学習したことは，個別の投資家がリスクを取っていた結果が，どのような経路で危機につながったのかが容易に辿れないことである．ボーダーレス化した市場では海外で発生した事象が日本へすぐ波及する．海外の事象に常に目を向け続けなければならなくなった．また波及するスピードが格段にあがったことは，IT技術により情報が世界を駆け巡るスピードが上昇した効果によるものである．

　境界線があいまいになり，国家の枠を超えた商取引が展開されるなか，国家の役割が問われている．そのなかで，かつての日本が，開国か，鎖国か，の二者択一の議論をしていた流れは今も引きつがれているかにみえる．国際会計基準，TPP等のグローバルな枠組みに積極的に関与することについての賛否両論がある．

　交渉とは自国にとって有利になるような枠組み作りに積極的に関与するのが最善ではないだろうか．競争する相手であっても，交渉を続け，時としてアライアンスを組む相手になることもあるのがグローバル市場である．

期待リターンを得るためのリスクはゼロでない（There is no free lunch）．これが金融市場の世界に貫かれたルールである．また裁定取引（安く買い，高く売る．高く売り，安く買う．）の行動原理も存在する．その規範により市場が動いていくことを各市場参加者は理解すべきだろう．

　このような状況においてリスクは適切に配分されているかに目を向ける．各主体は求めるリターンに見合ったリスクをとっているはずであるが，予想した水準を超えるリスクが発生することがある．それは情報の公開に問題がある場合，公開されているリスクを十分に理解していない場合などによる．リスクを低減させるためにも各主体のリスクリテラシーをあげていくことが求められる．

　さらに特定の主体により市場が占有，コントロールされることがないようにガバナンスすることも，全体のリスクを低減させることにつながるひとつの道である．

　これまで金融理論を海外（主に米国）から導入してきた日本では，その裏側にある文化的背景と無関係な考え方を受け入れてきた．文化的背景にはリスクに対する個人の姿勢が含まれる．日本で求められる金融商品は，100％安全であるとするものが多い．理論，制度を受け入れるとき，それを活用する個人が持つべきリスクリテラシーの醸成が十分でないと，利用者にとって満足できるようにその制度を十分に活用することは難しい．

　金融と製造業は車の両輪であり，バランス良く発展することで安定した基盤となる．繰り返しになるが，市場とはインフラのひとつであり公平中立が求められる．

　市場原理の世界は，基準が明確であるという点では，平等である．経済的に効率化することによって有効な部分があり，活用できる部分があれば生かすことも必要だろう．経済的に合理的な行動（利益を最大化する）をとる限り，それは正しい．ただし，その行動は，収益を最大化，費用を最小化するとの行動規範に基づいているわけだから，暴走する循環の種があることを理解すべきだろう．

　グローバル企業は，世界を見渡して制度に対して裁定行動をとる．一番シンプルな例は，自分の国の税金を逃れ，税金の低い地域を選択して納税義務のある本店を移転させる規制裁定（Regulatory Arbitrage）行為である．一方の国

家は，税金を自国で納めさせるための対応行動をとる．ボーダーレスに活動するグローバル企業と国家とのせめぎ合いが発生している．

　経済が成長している限りプラスサムの成長がある一方，金融市場は基本的にはゼロサムゲームである．自分が得た利益の金額分，別の誰かが同じ金額分の損失を負担している．そこを理解して市場に参加しないと，市場原理による格差が急激に拡大するメカニズムをつかむことはむつかしい．ゲームに参加しているカウンターパート（相手方）が悪いと日和見を決め込むことや，抗議するだけでは永遠に解決にはつながらないだろう．

　だからこそ，市場原理を理解したうえで，その枠組みに乗らない日本独自の別の価値を世界にもっとアピールするべきではないだろうか．経済規模の大きさだけで世界に存在感を示してきた日本が，その立ち位置を変え，日本的な伝統として保有する価値に目を向け，その価値を逆に世界に示すことは，競争と共同の境界線がゆらぐ世界における日本のひとつのありようにみえる．

　またそれは，大震災を経験して多くの人が感じた，経済成長による豊かさを求めて政府等を信頼して知らないうちにとっていた（とらされていた）リスクがもたらした結果の大きさ，また消極的に考えていたリスクについて十分に理解していたのかとの疑問，さらにその後の対応が十分だったのかとの不満，に対応する方向であろう．

　安心とは安全と信頼がセットになって得られるものである．経済的豊かさを得る替わりに失った「安心」「信頼」に対して一般市民の目が向いていることを重く受け止めるべき時にきている．

　2011年3月11日の東日本大震災をきっかけに発生した福島第一原子力発電所事故（以下「福島原発事故」）以来，クローズアップされた放射性物質という目に見えないリスクは，一般市民（日本人）の「リスク意識」を目覚めさせ，政府，企業，専門家（以下，原発管理者）に対する「信頼」を著しく低下させた．

　福島原発事故以前は，原発管理者に対する絶対に近い信頼があった．それは，われわれ一般市民が専門的な内容を完全に理解することはなくとも，事故が起きないことに対して（仮に何か発生したとしても）原発管理者が責任を持って適切に対応できることを信じていたからである．

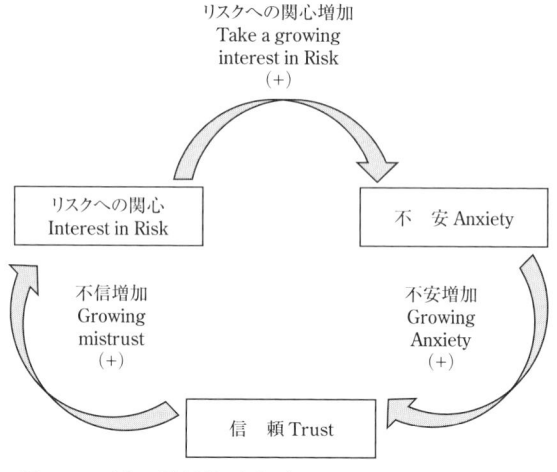

```
          リスクへの関心増加
          Take a growing
          interest in Risk
              (+)

  リスクへの関心                  不 安 Anxiety
  Interest in Risk

    不信増加                      不安増加
    Growing                      Growing
    mistrust                     Anxiety
     (+)                          (+)

             信 頼 Trust
```

図 6-2 不安の増幅的（正の）フィードバック（Anxiety Amplifying Feedback Loops）

　言い換えると信頼をベースに安全・安心が維持されてきた．ところが一般市民の原発管理者への信頼が低下するにともない，公表された情報に対して懐疑的になり，自分でリスク情報を判断することが多くなる．そこで得られた内容（デマを含む）によっては，不安をより一層増加させることになる．そのループ（信頼の低下（＝不信の増加）→リスクへの関心の増加→不安の増加）が順次繰り返されることで不安の増幅的フィードバックが生成する（図 6-2）．

　不安の増幅的フィードバックを抑制するには，原発管理者（政府，企業，専門家）が一般市民からの信頼を回復させつつ，一般市民のリスク意識の高まりに合わせた新たなリスク・コミュニケーション（リスク情報伝達）に対応することが必要である．

　シナジー社会におけるひとつの考えとしては，すべての利害関係者（政府，企業，専門家，一般市民）が関与する「熟議」があげられるだろう．

　シナジー社会に求められるのは，信頼を得るリスク情報を提供する方法である．専門的知識のない市民に関心を持たせないことによって不安を抑制することは，かえって不安を増幅させ，不安の増幅的フィードバックループにはいることになる．お互いの信頼が高い間から情報伝達される側のリスクリテラシー

（対応力）を高める努力もまた必要であろう．たとえば原子力を含めた将来のエネルギー問題をさまざまな機会に環境問題とともに幅広く議論する仕組みを構築すべきであろう[7]．

新しい豊かさとは，貨幣尺度で測ることができない多様な価値を尊重しつつ，それをグローバルに通用する共通価値として説得できる行動原理のことである．それはリスク社会における「安心」「信頼」を求める高いリスクリテラシーを持つ市民により，新しい経済価値の枠組みとしても活用されるはずである．

経済的豊かさを求める裏側にあるリスクを洞察できる市民が増加することにより，交換価値による評価にのみに偏って暴走しがちな市場原理を抑制し，真に豊かなリスク社会へ移行する可能性があると信じたい．

【注】
1) Foxconn（フォックスコン）は，複数のメーカーの製品を受託生産する企業．台湾・鴻海（ホンハイ）精密工業グループの子会社．中国では9つの都市に13工場を構えており，アップルのiPhone（携帯電話）およびiPad（タブレット型端末）を生産している．主な取引先（製造を委託されている先）とされているのは，アップル，デル，インテル，ヒューレット・パッカード，マイクロソフト，モトローラ，任天堂，ノキア，ソニー等がある．広東省深圳市が中国の最大拠点（2012年3月）．
2) ""Occupy Wall Street" gets a boost from a new report on income distribution," The Economist online-Daily Chart（2011. 10. 26 http://www.economist.com/blogs/dailychart/2011/10/income-inequality-america）.
3) 西山・今田（2012）．
4) 今田（2011）．
5) Taleb（2007）．
6) 西山・今田（2012）．
7) 西山（2013）．

【参考文献】
今田高俊（2011）「リスク社会の到来と課題――ソリューション研究の視点から」東京工業大学大学院社会理工学研究科『リスクソリューションに関する体系的研究』2010年度報告書，pp. 2-12．
西山昇（2013）「リスク・コミュニケーションと不安の増幅メカニズムについて」国際環境経済研究所オピニオンコーナー（2013/02/18 http://ieei.or.jp/2013/02/opinion130218/2）．
西山昇・今田高俊（2012）「ゼロリスク幻想を超えて――東日本大震災と福島原子力発電所事故のソリューション研究」東京工業大学大学院社会理工学研究科『災害リ

スク・ソリューションに関する体系的研究 2011』2011 年度報告書, pp. 152-64.
Taleb, Nassim Nicholas（2007）*The Black Swan: The Impact of the Highly Improbable*, New York: Random House.

7章
不確実さのなかの生活設計

栗林　敦子

> 現今の社会システムは,
> 個人の「健康」や「家族」,「お金」をもはや保障しない.
> 不確実性がもたらすリスクに対応するには,
> 「情報・能力・技術」「人脈と時間」を上手にデザインできなくてはならない.

　人が生きていくうえで活用しうる健康,家族,お金といった「生活資源」が変化している.さらに,生活資源を支えていた社会制度への信頼もゆらぎ,人々は生きるうえでのリスクを実感し,自分で生活を守る意識が芽生え始めている.
　このようななかで,例えば,ウェットな「人脈」より冷静に判断するための「情報」や,「お金」よりもゆるやかな「人間の結びつき」といったものが新たに生活資源として重視されるようになった.これは,シナジー社会が一般化することに伴い,個人が,生き方の選択を拘束してきた旧来の人の結びつきや価値観から解き放たれ,多様な人との結びつきやそこからもたらされる情報などから「シナジー的自由」を獲得し,不確実性に対処するための「力」を高めている現れともいえる.
　ここでは,生活資源とライフコースの概念を結びつけ,「ライフコースを柔軟にとらえると生活リスクへの対応が容易になり,そのためには,『生活リスク・リテラシー』が最重要である」といったシナジー社会ならではの生活設計を提示する.

1　生活資源の変化

　人々が「生活目標を達成するために利用するもの」が「生活資源」である.

生きていくための基本的な「生活資源」としては，本人の健康や家族，生活を維持するためのお金があげられる．さらに，自己実現などの高度な欲求を満たすために利用する生活資源としては，知識・情報，人脈，時間などがあげられる．

　これらの生活資源には，最近，全体として大きな変化が見られる．

　基本的な資源については，健康面では生活習慣病などの疾病に加え，うつなどのメンタル面で健康を損なう例が増加している．家族は両親と子ども2人という標準世帯が減少し，家族を持たない単身世帯や高齢夫婦の2人世帯が増加している．お金の面では，非正規雇用者の増加にみられるように，一生安定した収入を得るのが難しい人々が増えつつある．また，公的年金の水準低下や期待どおりの資産形成が難しくなったことにより老後生活費についての不安も高まっている．

　さらに，知識・情報の面では，情報技術の進展によりメディアの種類や得られる情報の種類が拡大している．その中で情報を知識として活用する能力の差が目立ち始めている．利用できる人脈は，地縁・血縁がやや薄らぎ学校や勤務先での縁といったものへとシフトする傾向にあったが，最近はさらにSNSなどのインターネットを介した浅く広く，そして自らが選択できるものへと拡大が見られる．時間については，ワーク・ライフ・バランスへの取り組みや定年退職で就業以外の時間が増加する人々がいる一方で，ワーキングプアのように低賃金長時間労働を余儀なくされるケースも目立っている．

　このような生活資源の全体的な変化は，人々を取り巻く社会環境の変化そのものといえる．1人ひとりが必要とする生活資源に目を転じると，誰もが同じように「経済的な豊かさ」や「物質的な豊かさ」を追求していた時代から，人それぞれの価値観に沿った生き方を求め生活目標が多様化する時代となり，生活ニーズを満たすための生活資源の個別性がますます高まってきている．

　社会全体で見れば，生活資源は環境として外部からもたらされると考えられるが，個人に目を転じると，人が生活のなかで自ら獲得・形成していくものである．次節では，個人がたどるライフコースとの関連で考えてみたい．

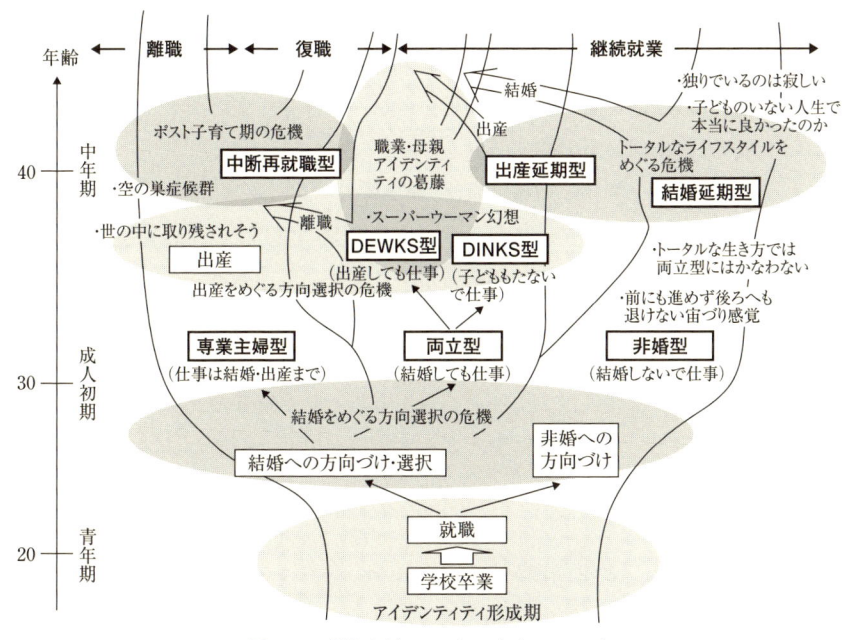

図 7-1 現代女性のライフサイクルの木

出所：岡本・松下編 (2002) をもとに筆者作成．

2 生活資源とライフコースの不確実性

2-1 ライフコースの多様性

人には一生のうちに，就学，大学進学，就職，転勤，転職，結婚，出産（子どもを持つ）などの様々な「節目」となるライフイベントがある．ライフコースは，過去にどのようなライフイベントを経験したか，そのライフイベントの際にどのような選択をしたかという，経験や選択の組み合わせであり，個人が生まれてから死ぬまでの間にたどる人生の道筋のことを指す．

女性を例にとると，そのライフコースは図 7-1 のようになり，節目での選択のしかたによる多様化が見られる．そして，どのような選択をしても何らかの困難を伴う可能性があることが次のように指摘されている[1]．

「専業主婦型」の場合は，「育児や家事は大変な割に評価が低く，『主婦である』ことでアイデンティティを確認することは難しい．このままでは世の中から取り残されるという焦りは家庭の外へ目を向けさせ，また，ポスト子育て期には『空の巣症候群』を発病する例も多い」．

「両立型」（就業を継続）の場合は，「職場における『ガラスの天井』（男女格差）の存在，前にも進めず，後ろへも引けないという『宙づり感覚』は女性を転職，資格取得，大学院進学，海外留学へと駆り立て，家事も育児も仕事も完璧にという『スーパーウーマン幻想』は女を疲弊させる」．

「非婚就業型」の場合は，「出産年齢の限界を迎える40代，結婚もせず，子どもも生まなかった女性は，トータルな生き方として自分の人生を再評価し，もし1人の人間としてのアイデンティティを確認できない場合には一層孤独感を深めることになる」．

2-2 ライフコースと生活資源

　生活資源とライフコースの関係を考えてみよう．人生の節目（ライフイベント）はその後の生き方の岐路になる．そこで何が選択できるかは，その時に利用できる生活資源に左右される．更にその選択の積み重ねであるライフコースは，その後の生活資源に影響を与える．学費と能力があれば高等教育を受けられ，高等教育を受ければ条件の良い職に就ける可能性が高まるといったようにである．

　ところが，近年，生活資源の変化を反映し，ライフコースの不確実性が高まっている．不確実性とは「リスク」と同じ意味で用いられることが多いが，何らかの行動に対して特定の結果が生じる確率が事前に想定できない場合をいう．ライフコースの不確実性の高まりは，生活目標の達成のために生活資源を使っても，思ったような生き方につながらない可能性が高まっていることを意味する．生活資源の投入という投資をしても思うようなリターンが望めないケースが出てきているのである．

　従来はライフイベント，つまり人生の節目の順序がほぼ決まっていたため，生活資源を投入した後のライフコースが予測できた．しかし，ライフコースの不確実性は，例えば，

・大学を卒業しても安定した職業に就けない
・結婚を望んでも相手に恵まれない
・結婚をしても子どもに恵まれない
・働き盛りの時期に子育て，老後の準備，親の介護が集中する
・定年になっても安定した年金生活が望めない

などの現象に現れている．何らかのライフコースを思い描き生活資源を投入しても想定外のライフコースとなってしまう，つまり，期待していたライフイベントの順序を保つことが困難な場合が出始めている．

2-3 生活資源のゆらぎに起因するライフコースの不確実性

これらは，前述のように，生活資源自体が変化していることに加え，生活基盤である社会制度のゆらぎにより個人にとっての生活資源が不確実になっていることにも起因すると考えられる．

お金という生活資源を例に考えると，社会保障制度や金融制度，雇用制度などの変更で，社会的なリスクが個人レベルに分散され，個人として対処しなければならなくなった．

社会保障に関しては，2001年に「確定拠出型年金制度」が導入された．これは，支給額が固定された「確定給付型年金制度」とは異なり，拠出された掛金が個人ごとに明確に区分され，掛金とその運用収益との合計額をもとに年金給付額が決定される年金制度である．加入者は自分で年金の運用方法を決められ，運用が好調であれば年金額が増えるというメリットがあるものの，老後に受け取る年金額が事前に確定しない，運用が不調であれば年金額が減るなどのデメリットがある．

また，金融制度では，「ペイオフの本格実施」があげられる．ペイオフとは，金融機関が破綻した際に，1金融機関1預金者当たり，定期預金や利息付き普通預金等の元本1000万円までとその利息額を「保険金」として預金保険機構が支払う制度のことである．1996年までは，金融機関が破綻しても預金は全額保護されていたが，段階的に保護の範囲が限定され，2005年4月から普通預金等も全額保護の対象外となった．1000万円以上の利息付き預貯金を持つ

場合には，金融機関破綻のリスクを想定して，複数の金融機関に預金を分散する，当座預金など利息の付かない預金を利用する，預金以外の金融商品を利用するなどの対策が個人に求められるようになった．金融機関の破綻による預金者のリスクをカバーしていた公的なサービスが縮小し，そのリスク対応を個人が行わなければならなくなった．

雇用制度でも人々に対するリスクの移転が見られる．企業は1990年以降，リストラや新卒採用の抑制を通じて人員のスリム化を図り，必要に応じて人員調整が可能な派遣社員，パート・アルバイトなどの非正規雇用を増加させた．それを可能にしたのが，労働者派遣に関する規制緩和である．1999年以前は専門性の高い業務に限定されていた労働者派遣が原則として自由化され，2004年以降は製造業の製造業務でも可能になった．この規制緩和を通じ，企業の雇用リスク回避の影響を個人が受けるようになった．

このお金の例で明らかなように，社会制度が変更になることで，これまで特に意識しなくても安心して利用できた生活資源の不確実性が高まっている．

3 個人のリスク・マネジメントと日本人の特徴

3-1 個人のリスク・マネジメント

1986年に刊行されたウルリッヒ・ベック（Ulrich Beck）の『リスク社会』（邦題は「危険社会」，1998年出版）では，近代産業社会におけるリスクを環境的リスク・技術的リスクと社会的リスクに区別し，産業社会は富を生産・分配するだけでなく，リスクも生産・分配していることが示されている[2]．様々なリスクが社会から個人に移転された結果，個人は「自助努力」「自己責任」を求められるようになり，「個人のリスク・マネジメントがより問われる社会」になったという[3]．

また，ルーマンのリスク論では，近代化が進むとともに職業，結婚，居住地などの選択の自由度が高まり，選択が期待通りの結果をもたらさない場合にリスクであると感じるようになったという[4]．

このような「リスク社会」では，個人は様々なリスクに対して関心を高めたり危機感を募らせたりしている．人々がリスクに敏感にならざるを得なくなっ

た理由は，

① 生活水準を高める営みそのものが生活を脅かすリスクを生産している——科学技術の発展により人々の寿命が延びるとともに，物質的な繁栄を享受できるようになったが，同時に，以前はなかったようなリスクが生活と命を危険にさらすようになった．
② 人々が生活の質の維持に神経質になった——生活の質を高めかつ維持する傾向が強まったためにリスクを念頭に置いて行動するようになった．

という2点があげられる[5]．
　また，個人が様々なリスクに対応すること，つまり「リスク・マネジメント」については，「個人生活の中での様々なリスクに対してどの程度の対応資源を有し，いかに多くの選択肢を持っているかが生活の質を左右するが，恵まれた人はより多くのリスク対応資源を持ち安定した生活を享受出来るが，限定されたリスク対応手段しかないと生活が不安定となり様々なリスクにさらされる」[6]といえる．個人にとってのリスク・マネジメントは，生活資源を質・量の両面で充実させ生活の選択肢を広げることに他ならない．
　キャリア形成に真剣に取り組んだり，結婚や子どもを持つことを避けたりすることは，それらを通じて自分自身の生活資源を殖やす，あるいはライフコースの選択肢を広げるといった個人のリスク・マネジメント行動といえよう．

3-2　日本人のリスク・マネジメントの特徴

　ところで，われわれ日本人には，特有のリスク観やリスク対応の特徴があるといわれている．個人のリスク・マネジメントが問われるなかで，この特徴がそのまま継続するのだろうか．
　まず，日本人のリスク観には，「ゼロリスクを求める」[7]，「安全よりも安心を求める」「リスクに対して諦めてしまう」[8]という3つの特徴がある．
　「ゼロリスクを求める」とは，不確実性を回避する，つまり曖昧な状態を嫌う傾向が強いことを意味している．これは，不確実な状況や未知の状況に対して脅威を感じることを意味し，危険を回避しようとすることとは異なる．曖昧

さや，わからなさを減らそうとする結果，危険に遭遇する確率をなるべく減らそうと考えるのではなく，絶対に安全な状況，つまりゼロリスクを求めることにつながっている．

「リスクに対して諦めてしまう」については，日本人には与えられた現実を受けとめるという伝統的な思考や態度があるといわれている．日本人は，欧米人のように自然をコントロールする対象として見るのではなく，自然に合わせて農耕生活を営んできたという歴史がある．時に台風や干ばつなどで生活上のリスクが生じても，自然がもたらしたものであれば諦めるという姿勢である．

次に，リスクへの対応という面では，第1に「日本人は論理的・合理的なリスク対処が苦手」という特徴がある．このことは，「ロンドンは大火を経て再度大火が起こらないよう建物の設計や構造に規制を加え，火災保険も誕生したが，江戸ではほぼ同時期に生じた大火後でも木と紙の町並みが続き，大火を教訓にしなかった」こと[9]や，「生命保険への加入が，確率的発想からというより，勧誘を受けたり，人が入っているからといった理由で行われている」こと[10]から明らかである．

第2に，リスク認知に「正常性バイアス」「同調性バイアス」があることがあげられる[11]．正常性バイアスとは，何か異常な状態を示す情報を得ても，なるべく正常であると解釈しようとすることで，同調性バイアスは，他者が行動するまで自分も動かないということである．これらは，例えば，「非常ベルがなっても押し間違いではないかと思い避難しない」「他者が逃げるまでは逃げないで居座る」といったものである．

第3に，社会が同化構造で同質性が高いため，論理的な思考に基づくリスク対応の議論を好まないことである．対応を急がなくてはならない場面でも，合意形成に時間をかけ，迅速な対応ができないことがある．

第4に，伝統的に公助，共助が発達しており，家族，親族，地域，政府などにより安心な生活が確保されていたことがあげられる．このため，自助意識が未発達で，主体的にリスク管理をしないということがあげられる．

以上のリスク観，リスク対応意識は，日本人の伝統的なリスク文化の特徴である．しかし，東日本大震災やそれに伴う福島の原子力発電所の事故といった未曾有の体験を経て，リスクに論理的，合理的に対処すべきであるという意識

が多くの人に定着し始めたと考えられる．また，生活基盤である社会制度のゆらぎを実感し，様々な生活リスクへの対応をお上任せ，他人任せにしてきたわれわれ日本人も，個人レベルでリスクに対処しなければならないという意識が少しずつ高まってきたといえよう．

4 長期的な生活目標を達成するための新しい生活設計

生活資源やライフコースの不確実性が高まり，人々のリスク意識も自助の方向へと少しずつ変化しているなかで，長期的な生活目標を達成するために必要なことを考えてみたい．

4-1 柔軟なライフコースの必要性

長期的な生活目標を達成する可能性を高めるためできることとしてまずあげられるのは，ライフコースを柔軟に捉えてみることである．それにより，生活資源が確保できないリスクやライフコースの選択に伴う不確実性を操作できるのではないだろうか．

① 「新卒で就職する」ことに束縛されない　大学を卒業しても，新卒で安定した職業につける人の数には限度がある．多くの人が志望する大企業の採用数が頭打ちであるのに対して大学卒業者数が増加していることが最大の理由である．この結果，正社員になるのを諦め，パートタイマーや派遣労働など非正規社員として職業生活を始める人が増加している．一度非正規社員として就労を始めると，その後正規で採用される可能性は，現在のところ高くはないという調査結果もある．

しかし，大学生は，本来なら勉強に充てるべき時間をあまりに多く就活にとられている．大学時代は教養や専門知識を得ることに加え，それらから派生した様々な知的好奇心を満たすことができる，人生の中でも貴重な時間である．在学中は様々な勉強に打ち込むことで，長期的な目標実現のための選択肢を広げる機会となるのではないだろうか．

また，在学中に仕事をするという選択肢もあるだろう．最近はインターンシ

ップによる職業体験も盛んであるが，将来の起業も視野に入れ，ネット上での ジョブ・マッチングサービス（クラウドソーシング）などを活用してノマド経験をするという方法もある．クラウドソーシングの老舗「ランサーズ」などで実力が評価され，企業との縦のつながりやワーカー同士の横のつながりができることにより，卒業後の選択肢も増えるのではないだろうか．

　長期的な生活目標が設定されていることが前提であるが，新卒で就職することのゲインとロスを冷静に考えることが必要である．

　② **仕事と勉強をシームレス化する**　最近は「社会人大学院」がポピュラーな存在になってきた．文部科学省の学校本調査によると，大学院修士課程学生の10.0%，博士課程では37.2%，専門職大学院では42.1%を社会人が占めている．一度就職してから更に能力を高めキャリアアップを図りたいと思う人々には便利な存在である．

　企業が終身雇用制度の下で本当に一生の雇用を保障しているかというと，解雇を行っている企業は全体の2割に及ぶ．これからの社会人は，どのような時でも仕事を失わないように自己投資をして自分の価値を高めていく必要がある．

　社会に出て数年たつと，大学で学んだ知識は陳腐化してしまう．企業の中で社会の最先端に位置する仕事をする一部の層を除き，個人が積極的に新しい知識を吸収しようとしない限り，時代に取り残される可能性は大きい．今後，科学技術やビジネスモデルの変化が著しいと予想され，多くの人は学び続けないと，第一線で活躍し続けることは難しくなる．「仕事をしていても勉強する」という生活を貫き，知識・技術を修得し続けることが求められる．

　③　**時間と生殖能力がある若いうちに家族形成**　結婚したくてもできない，子どもを持ちたくても持てない人々，つまり家族を形成する願望があっても実現できない人々が増加している．結婚については，女性就業率の高まり，独身生活の利点，結婚・出産の機会費用の増大，結婚資金不足などが，結婚できない＝先送りをする理由としてあげられることが多い．また，子どもを持てないことについては，晩婚化により夫婦の出産力が低下していることがあげられる．現在は30歳代での出産が最も多いが，35歳を過ぎると自然妊娠の割合は低下し，不妊治療を行ったとしても37歳を境に妊娠率が急激に低下するといわれている．同時に，妊娠に伴う母体のリスクや流産や先天異常の確率も高まると

いう．

　もし，長い人生の計画のなかで，家族という生活資源をどうしても確保したければ，例えば，大学や大学院に在学中に結婚し子育てを開始し，子育てが一段落した後で就職するといったことも考えられよう．若いうちであれば，結婚しても親からの経済的支援が期待できるかもしれない．

　以上，3点ほど，既存の社会的規範や制度の枠組みのなかでは一般的とはいえない例をあえて示した．他にも，出産と結婚を分けて考える「事実婚」や男性が女性に代わって家庭に入る「専業主夫」なども，ライフコース選択に伴う不確実性に対応する方法であるといえるが，比較的一般的になってきているので説明は省いた．
　ライフコースを柔軟に考えるのであれば，雇用制度，社会保障制度等の社会システムが人々の柔軟な選択の実態に即するようになることが望まれるが，不確実性の根源がその社会システムであるため，依存していては解決につながらない．自らの人生上の不確実性への対応であれば，その内容をよく知り，自らの生活設計をすることの方が重要であるといえよう．

4-2　新しい生活設計——次代の生活資源の組み合わせ

　生活設計とは，「生活目標の実現に向け，不確実性を考慮しながら何をすべきか考えること」である．例えば，金融広報中央委員会の資料では，「将来に向かって，望ましい，こうありたいという生活像を描き，そのような生活はどのような条件・状況のもとで実現可能かを考え，目的達成のため，具体的計画を立てること」となっている．その際の目標とは，「消費生活の安定・向上，健康づくり，子供の教育・自立，家族員の自己実現，余暇活動，老後生活への準備」など多方面にわたる．通常は，経済面での生活を計画の中軸に置き，それとの関係で他の計画が決められる．
　前述のライフコースや生活資源との関連でみると，この生活設計はこれまでの「型にはまった」ライフコースを想定して「健康」「家族」「お金」といった3大生活資源をどうするかという計画である．不確実性の高いこれからの時代の新しい生活設計を考える場合には，ライフコースを「柔軟に」捉え，生活資

源としては3大生活資源とそれを支える生活資源である「情報・能力・技術」「人脈と時間」を加えることが必要となる.

つまり，新しい生活設計とは，ライフコースに関わる不確実性をよく知り，どのような事態に遭遇しても対応を行うために不可欠な「情報・能力・技術」，すなわち「生活リスク」に対するリテラシーをベースにして，「人脈と時間」を使いながらライフコースの選択を行い，生活目標達成のコアとなる3大生活資源についてのリスク対応（制御）ができるような計画をすることである.

第1節に示したように「情報・能力・技術」や「人脈や時間」は変化している．「情報・能力・技術」は資格といった形式的なものから，「自分の価値を高めるために使える知識」や「好ましい結果のために何を選択すべきかを判断するベースになる知識」に変わりつつある．「人脈や時間」については，人脈は，旧来の地縁・血縁などの細く深いつながりから，必要に応じた広く浅いつながりに変わり，時間は仕事や勉強，家庭生活といった境界があいまいな使い方になる．多くの人の生活資源がこのように変化することは，他者とゆるやかにつながった自律した個人が，生きるうえでの様々な選択肢を増やしリスク対応をしやすいシナジー社会に近づくことを意味する.

今後直面する可能性のあるリスクや不確実性は，誰にも正確に描くことはできないが，その背景にある社会環境の変化や連動して変化する何らかのシグナルを知ることは可能である．それに対して，どのような生活資源を準備し，どれを活用したら最良の結果が得られるのかを考えることは可能である.

新しい生活設計とは，まさに，個人が多様化し社会が不確実性を増している時代の，個人が生きるうえでのリスク・マネジメントといえる.

【注】
1) 岡本・松下編（2002）.
2) Beck（1986）.
3) 今田（1999）.
4) 今田ほか（2007）.
5) 今田（2007）.
6) 戸田（1994）.
7) Hofstede（1991）.
8) 水島編著（1995）.

9)　水島（2002）.
10)　田村（2006）.
11)　広瀬（2005）.

【参考文献】
今田高俊（1999）「リスクが個人に転嫁される社会」『エコノミスト』Vol. 77, No. 34.
今田高俊（2002）「リスク社会と再帰的近代——ウルリッヒ・ベックの問題提起」『海外社会保障研究』No. 138.
今田高俊（2007）「リスク社会への視点」今田高俊編『リスク学入門4　社会生活からみたリスク』岩波書店.
今田高俊ほか（2007）「共同討論 リスク論からリスク学へ」橘木俊詔・長谷部恭男・今田高俊・益永茂樹編『リスク学入門1　リスク学とは何か』岩波書店.
岡本祐子・松下美知子編（2002）『新・女性のためのライフサイクル心理学』福村出版.
金融広報中央委員会発行『ビギナーズのためのファイナンス入門』（2007（平成19）年11月発行）.
栗林敦子（2004）「リスク社会における『自助努力』『自己責任』——リスク意識と消費の成熟化からみた生活保障サービスの方向性」『ニッセイ基礎研究所報』2004, Vol. 34.
栗林敦子（2007）「生活リスクの認知からみた社会格差」『ニッセイ基礎研究所報』2007, Vol. 48.
田村祐一郎（2006）『掛け捨て嫌いの保険思想——文化と保険』千倉書房.
戸田清（1994）『環境的公正を求めて』新曜社.
広瀬弘忠（2005）「人はなぜ危険に近づくのか」『予防時報』221号.
水島一也（2002）「リスクと日本人」『日本リスク研究学会誌』14 (1).
水島一也編著（1995）『保険文化——リスクと日本人』千倉書房.
山田昌弘（2001）『家族というリスク』勁草書房.
Beck, Ulrich（1986）*Riskgogesellschaft: Auf dem Weg in eine andre Moderne*（東廉・伊藤美登里訳（1998）『危険社会——新しい近代への道』法政大学出版局）.
Hofstede, Geert H.（1991）*Cultures and Organizations,* McGraw-Hill（岩井八郎・岩井紀子訳（1995）『多文化世界——違いを学び共存への道を探る』有斐閣）.
Tulloch, John and Deborah Lupton（2003）*Risk and Everyday Life,* Sage publications.

8章
ポスト近代の仕事と家庭

池 田 心 豪

「結婚や出産の後も仕事を続けたかったら続けたらいい.
しかし働きたくないなら,仕事を辞めてもいい」
そういわれてどうするかは個人の選択の問題といえるか？
大企業では勤務先からの働きかけ,中小企業では外からの情報提供という,
他者とのつながりがキャリア継続の扉を開く.

シナジー社会では,他者とのつながりを通じて,個人の自由が実現される.職業生活でそのような経験をしているのが,家事・育児と仕事の両立という課題に直面している女性である.

1　「男性は仕事,女性は家庭」のその後

「男性は仕事,女性は家庭」という形態の性別分業が近代産業社会の産物であることはいまや定説になっている.他の社会にも性別分業はあるが,男性は外で働き,女性が専ら家事・育児を担うという形態は産業化を背景とする職住分離によって生まれた.この近代的な性別分業の理論的根拠を,タルコット・パーソンズ（Talcott Parsons）は,男女の生物学的機能,具体的には出産・授乳という機能の有無に求めたが[1],女性差別を正当化するものとしてフェミニズムから批判を受けた.機能主義からも,キングスレイ・デイビス（Kingsley Davis）によって,夫1人の収入で妻子を扶養する「稼ぎ手システム」は過渡的な現象であり,いずれ妻も就業する「平等主義システム」に移行するという議論が出されている[2].日本でも共稼ぎ世帯は増え,数の上では専業主婦世帯を上回るようになっている.

だが,このことは既婚女性が男性と同じように就業するようになったことを意味してはいない.なかには男性と同じように継続してフルタイム就業する女

性もいるが，結婚や出産を機に一度退職し，育児が一段落したところで再就職する女性や，フルタイムでなくパートタイムという形態で就業する女性もいる．さらにいえば，就業中断期間やパートタイムの就業期間が短い女性もいれば，長期にわたる女性もいる．結果として，労働市場の周辺に置かれる労働者には今日でも女性が多い．だが，その一方で，男女の職域統合も進みつつあり，企業の基幹的労働力として指導的な地位につく女性も増えている．女性のキャリアは多様化しており，「女性は……」とひとくくりにして語ることが難しくなっている．それが仕事と家庭をめぐるポスト近代的状況だといえよう．

これを前向きにとらえれば，いつ・どのようにして働くかという，女性のキャリア形成の選択肢が増えたと評価できる．その立場からキャサリン・ハキム（Catherine Hakim）は，仕事と家庭をめぐる就業行動を本人の「選好」（preference）にもとづく「選択」（choice）として説明する．だが，女性のキャリアを「個人の選択」の結果とみなしてよいかは慎重を要する問題である．実際，ハキムを批判する者は少なくない．しかし，その批判者が，女性の多様性を説明しうる代替的な理論を提出しているかといえば，そうとはいえない状況にある．そこで，次節以降でハキム理論とその批判を検討し，家族的責任のある女性の就業行動の多様性を説明しうる理論的枠組みの可能性を探りたい．

2　仕事と家庭の両立をめぐる女性の選択——C. ハキムの選好理論を題材に

ハキムは，自身の理論を「選好理論」（preference theory）と呼ぶ．その概略をはじめに整理しよう[3]．

ハキムによれば，(1)避妊によって女性が自分の出産を制御できるようになったこと（避妊革命），(2)男性と同じキャリアを選択できる雇用機会ができたこと（均等革命），(3)女性にとって魅力的なホワイトカラー職種が増えたこと，(4)家計補助者として，収入を第1条件にしない女性向けの職種ができたこと，(5)個人の多様なライフスタイルの選択を社会的に重視するようになったことにより，女性の就業行動は多様化した[4]．この多様性を説明するために「選好」への着目が有効だという．

具体的な「選好」として，ハキムは仕事中心（work-centered），家庭中心

(home-centered), 適応型 (adaptive) を提示する. 仕事中心は家庭よりも仕事に重きを置き, 結婚や出産の後も男性と同じように仕事を続ける. 家庭中心は仕事よりも家庭に重きを置き, 結婚や出産を機に専業主婦になる. 学歴や職業的地位の高い女性が結婚を機に仕事を辞めるのは家庭中心的な「選好」によるものとされる. 適応型は, 仕事と家庭のどちらに重きを置くか, あらかじめ決めていない. その多くは就業中断型のキャリアやパートタイマーを選択するが, その選択が難しい専門職や管理職などの職業では, 出産を調整し, ほとんどが子どもを1人しかもたない[5].

注目したいのは, ハキムがこうした「選好」を客観的な環境に左右されず, 時間が経っても変化せずに維持される強固な志向性としていることである[6]. しかし, それほど強い「選好」を想定しうるか否かは議論の余地がある. たとえば, スーザン・マックロウ (Susan McRae) は, 次のようなデータを示して, ハキムを批判する. すなわち, 出産後にフルタイム就業を継続している女性と他の女性の間に性別役割意識や「選好」の違いは見られないこと, 仕事中心と家庭中心の違いは明らかだが, これら2つの「選好」と適応型の区別は難しいこと, そして女性の選択は社会的な制約のもとで行われており, 同じ「選好」をもっていても制約条件が異なれば実際の選択は異なることを指摘する[7].

この批判に対して, ハキムは選好理論を退けるだけの説得力はないと反論する[8]. 1つ目の理由は, マックロウが分析に用いた性別役割意識とハキムのいう「選好」は区別されるというものである. マックロウが用いた性別役割意識は一般的な価値意識であり, 本人の行動とは別に社会的に容認されうるか否かを問うている. こうした価値意識と行動の関連が薄いことはハキムも認めるが, 一般的な価値意識と, 本人がどうしたいかを問う「選好」は異なると反論する. なお, ハキムは, 女性の就業行動が「選好」によって異なることをデータでも示しており, 実証的根拠のある理論として選好理論を提示している[9]. そして, マックロウが示した分析結果は, 選好理論を支持しているともいう. もう1つの反論として, ハキムは選好理論が客観的環境の制約を考慮しないものではないという[10]. 制約条件が同じでも「選好」が異なる場合には行動が相互に異なり, 同じ「選好」をもつ場合は同じ行動をとるとハキムは主張する. このハキムの反論に応えて, マックロウはインタビュー調査の結果をもとに, 女性の就

業行動が「選好」ではなく客観的制約に規定されていることを再度強調する[11]．

このように，客観主義的な立場からハキムをいくら批判しても，客観的要因で説明しきれない部分でハキムは「選好」を主張する．そしてまた，新たな客観的要因を提示してハキムを批判するという堂々めぐりになる．結果として，ハキムとその批判者の議論は，出口の見えない主客問題というアポリアに陥る．しかし，別の角度からハキム理論を読むと，ハキムやその批判者が争点にするほど強い「選好」を多くの女性はもっていないのではないかと思える側面もみえてくる．ハキムもその批判者も仕事中心と家庭中心の「選好」を議論の中心に置くが，適応型に着目すると違った理解をすることができるのである．

ハキムがいう適応型は，仕事中心・家庭中心と異なる性質をもっている[12]．仕事中心・家庭中心は仕事か家庭かのどちらを重視するか，明確な方向性をもっている．対して，適応型には，あらかじめ定まった方向性というものがない．職業キャリアに関して「無計画」「成り行き任せ」の女性を多く含む．仕事と家庭の「どちらも」重視するというよりも「どっちつかず」の色彩が強い．前述のように，適応型の女性はパートタイマーや就業中断型のキャリアを選ぶ傾向にあるが，それはあくまでも結果に過ぎず，状況が変われば行動も変わる可能性がある．ハキムは，育児休業や保育サービスの拡充，育児期の労働時間の柔軟化といったワーク・ライフ・バランス政策に反応するのは，適応型の女性であるともいう[13]．注目したいのは，イギリスの女性に占める，仕事中心・家庭中心・適応型の比率は概ね２：２：６であるというデータをハキムが示していることである[14]．状況依存的な適応型が最多数であり，「選好」と就業行動の関係が明瞭な仕事中心・家庭中心は少ないのである．もう１つ重要なのは，マックロウの指摘にもあるが[15]，仕事中心と適応型，ないしは家庭中心と適応型の境界が曖昧なことである．仕事中心と家庭中心の方向性は明らかに異なるが，適応型には仕事中心もしくは家庭中心に近い志向性が混在している．たとえば，ハキムは適応的な女性のうち，パートタイマーや就業中断を選択するのは，仕事より家庭を「わずかに」重視する女性であるという[16]．「現代版」の家庭中心型キャリアとして既婚女性が家事に支障がない範囲でパートタイム就業をするようになっているという指摘もしている[17]．

このような性質をもつ適応型を中心にハキムの理論を読むと，仕事中心と家

庭中心という両極端な「選好」を想定することはできるが，これと適応型との差は相対的であり，中庸的な女性の多くは適応的というのが，実際のところだとはいえないだろうか．

3　仕事と家庭の両立を図る女性の主体性――過去の反復・未来への応答

だが，それでは，まだ何も説明したことにならない．「何に適応しているか」が明らかになっていないからである．その手がかりとして，ハキムの「選好」がピエール・ブルデュー（Pierre Bourdieu）の「性向」（disposition）から着想を得ていることに，まず注目したい．

ブルデューのいう「性向」が生育環境のもとで形成されることは，ハビトゥス論として広く知られている．ブルデューはこれを社会階層的な地位（階級的な社会的位置）と結びつけ，何を好み，何を当然と思うかが出身階層によって異なることを明らかにした．だが，ブルデューのいう社会的位置は，理論的には必ずしも階層的地位に限定されない．ハビトゥス形成の起点となる社会的環境を指しており，たとえば男性・女性という性別も社会的位置に含まれる．仕事と家庭の両立という点でいえば，生育環境における母親の出産・育児期の就業状況が本人の家族形成に影響している可能性がある．ハキムは，こうした生育環境を「選好」と結びつけることに否定的である[18]．だが，日本では，母親が出産・育児期に就業継続していた女性の出産退職率は低いという分析結果が報告されている[19]．時間の流れに抗して持続する志向性を想定するのであれば，その起点に親の影響があっても不思議ではない．

しかしながら，ブルデューが問題にしている進学競争や職業的な地位達成とは異なり，そこまで早くから知識や習慣を身につけていなくても仕事と家庭の両立は可能かもしれない．早いに越したことはないが，そこまで早くなくても間に合うのではないかということである．その意味で，親の影響とは別に，仕事と家庭の両立を図るための知識を得る機会があれば職業キャリアを継続できるという可能性がある．つまり，ブルデュー理論が唱えるより近い過去が影響している可能性も考えることができる[20]．

加えて，女性をめぐる労働環境の急速な変化を踏まえるなら，時間の流れと

ともに行動が変化する側面にも目を向ける必要がある．過去を引きずる時間の流れだけでなく，未来を先取りする側面も重要である．「過去の反復」と対比させるなら「未来への応答」ということができよう．ハキムがいうように，多くの女性の職業キャリアが状況次第であるということは，自分の親と自分が職業キャリアを築く時代が異なることの反映という見方もできる．近年の労働環境の変化の速度に「過去の反復」ではついていけないということである．過去の再現としての現在には「そのときになってみないとわからない」という創発的な要素がないからである．ハキムが適応型に分類した女性の行動には，過去から自由な未来への適応という面があるのではないだろうか．その行動は，悪くいえば場当たり的であり，その時々の状況に流されやすい．それは一面において危険なことかもしれない．しかし，ポジティヴにとらえれば，変化への対応力があり，過去も現在とも異なる未来に開かれているということでもある．

　問題は，そのような未来がいかにして到来するかである．この点をハキムは詳しく議論していない．彼女の主要な関心は，仕事中心・家庭中心の「選好」に注がれている．だが，ここまでの検討結果から，女性の「選択」に他者が関与している可能性を考えることができる．結婚や出産後のキャリアについて明確な方向性をもっていない適応的な女性に働きかけて導くような他者の存在が，女性のキャリアに影響しているのではないだろうか．

　その観点から，一般によくいわれるのが，マックロウも指摘していた配偶者の影響である[21]．その可能性を示唆する実証研究は日本にもあり，島根哲哉と田中隆一は，幼少期に母親が就業していた男性ほど妻の就業に肯定的であり，そうした夫の選好が女性の結婚や出産後の就業に影響しているという分析結果を示す[22]．だが，夫の母親と妻の母親の就業状況の相関が高いことから，同じ選好をもつ男女が夫婦になっている可能性も指摘する．そうであるなら，結婚・出産後の就業に関する妻の意思は夫と結婚する前から決まっていることになる．加えて考慮したいのが，そのようにして夫婦が就業希望をもっていても，勤務先が女性の雇用に後ろ向きであったら，就業継続は難しいという可能性である．配偶者をはじめとする家族の期待や支援，あるいは，もう１つマックロウが指摘する保育サービスといった問題は，労働需給でいえば労働供給側に帰すことができる．しかし，女性を労働力として雇い入れる労働需要側の他者に

も目を向ける必要があるだろう.

　特に近年の変化として軽視できないのが，労働市場における雇用の柔軟化の影響である．ハキムのいう均等革命が既婚女性のキャリア継続を後押しした面はもちろんある．だが，同時に，ハキムも言及していることだが[23]，雇用の柔軟化によって継続的に就業できる雇用機会が縮小している．これは，ポスト工業社会と呼ばれる先進諸国が共通して経験していることである．日本でも男女雇用機会均等法によって女性差別が規制される一方で，1990年代以降の「平成不況」を背景に雇用の柔軟化が進んだ．企業経営の立場からいえば，女性労働力の内部化と外部化という，相反する2つの力が働く労働市場で今日の女性はキャリアを形成している．そうした状況で，結婚や出産の後も企業から必要とされるか否かが，既婚女性の就業継続の可否に影響している可能性がある[24].

4　反復・応答と出産退職——データにみる女性の主体性と労働市場の構造

　ここまで検討してきた，仕事と家庭の両立を図る女性の主体性をデータ分析によって確認しよう．図8-1は第1子出産前後の就業継続率を示している．今田幸子が明らかにしたように[25]，結婚退職は減少傾向にあるが，出産退職は減っていない．そのことを図8-1からも確認することができる．「妊娠前から無職」の比率は低下しているが，「出産退職」は反対に上昇しており，結果として「就業継続」（育休なしと育休利用の合計）はほとんど変化していない．図が示す1985年から2009年という期間は，1992年に育児休業法が施行され，仕事と育児の両立支援が拡充されてきた時期と重なる．にもかかわらず，出産退職率は低下していないのである．そこで，第1子妊娠・出産期退職の規定要因を分析してみよう．

　分析に用いるデータは，全国30-44歳を対象とした「女性の働き方と家庭生活に関する調査」（労働政策研究・研修機構，2010年）である[26]．このデータの職業経歴と第1子妊娠・出産期に関する質問を照合することで，出産退職の要因を明らかにする．第1子妊娠時雇用就業者を分析対象とし，第1子出産時点の雇用の有無を被説明変数（雇用＝1，非就業＝0）とする．出産時点の非就業者は出産退職したということができる．分析方法はロジスティック回帰分析

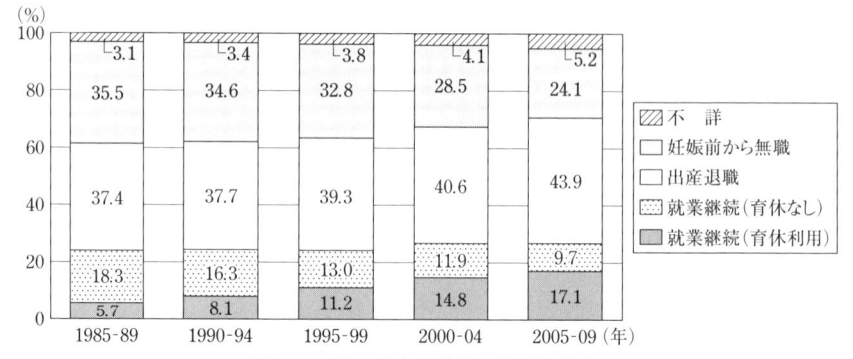

図8-1 第1子出産前後の就業継続率

出所：第14回出生動向基本調査（国立社会保障・人口問題研究所，2010年）．

年	就業継続（育休利用）	就業継続（育休なし）	出産退職	妊娠前から無職	不詳
1985-89	5.7	18.3	37.4	35.5	3.1
1990-94	8.1	16.3	37.7	34.6	3.4
1995-99	11.2	13.0	39.3	32.8	3.8
2000-04	14.8	11.9	40.6	28.5	4.1
2005-09	17.1	9.7	43.9	24.1	5.2

とする．説明変数は次のとおりである．「未来への応答」に当たる変数として，育児休業制度の周知の有無と，第1子妊娠時点の職務が男性正社員と同じであったか否かの変数を投入する．両立支援制度を従業員に周知している企業は，それだけ両立支援に積極的であるといえる．また，基幹労働者とされる男性正社員と同じ職務を担っていることは，それだけ期待されていることの表れといえる．どちらも，出産後のキャリアの展望が開ける可能性は高い．「過去の反復」については，永瀬と同じく自分の母親の出産・育児期の就業継続の有無を投入する[27]．加えて，もう少し近い過去の経験として，妊娠当時の勤務先以外のところで，両立支援制度について知る機会が出産前にあったか否かの変数を投入する．勤務先が両立支援に積極的でなくても，労働者自身に両立支援制度の知識があれば，その知識を生かして勤務先と交渉し，出産退職を回避できる可能性がある．また，こうした「過去の反復」「未来への応答」の効果とは区別される「現在」の効果として，当時の勤務先で仕事が原因のケガや病気をした経験の有無と，つわりのために出勤できなくなった経験の有無を投入する．これにより，妊娠期の就業困難によって退職している可能性を検討する．

なお，勤務先が両立支援制度の整備や男女の職域統合に取り組む背景として，労働者がそのような要求をしている可能性を考えることができる．そうした要望を勤務先に伝える仕組みとして，労働組合の加入の有無を説明変数に投入する．この労働者から勤務先への働きかけと勤務先から労働者への働きかけの効

表 8-1 第1子妊娠・出産期退職の規定要因（ロジスティック回帰分析）

被説明変数 （雇用＝1, 非就業＝0）	第1子出産時点雇用有無					
	モデル1			モデル2		
	係数値	標準誤差	オッズ比	係数値	標準誤差	オッズ比
第1子妊娠時雇用形態 （正規＝1, 非正規＝0）	1.242	.276	3.462**	.546	.327	1.727
仕事によるケガや病気の経験有無	.374	.685	1.454	-.178	.705	.837
つわりによる出勤困難有無	.048	.217	1.049	-.023	.231	.977
自分の母親の就業継続有無	.442	.221	1.556*	.521	.237	1.684*
勤務先の外からの両立支援制度 情報有無	.727	.242	2.069**	.542	.266	1.719*
第1子妊娠時労働組合加入有無	.226	.256	1.253	-.012	.281	.988
第1子妊娠時職務（男性正社員 と同じ＝1, 異なる＝0）	—			.616	.267	1.852*
第1子妊娠時育児休業制度周知 （BM：制度なし）						
制度周知あり	—			1.778	.384	5.917**
制度周知なし	—			.475	.295	1.608
定　数	-4.413	.968	.012**	-3.189	1.047	.041**
χ^2 値		105.504**			136.181**	
自由度		21			24	
Nagelkerke R^2		.273			.350	
N		461			447	

注：** $p<.01$, * $p<.05$. BM はベンチマークの略. 「有無」のダミー変数はいずれも「あり」＝1,「なし」＝0.
　　説明変数はコーホート, 第1子出産年齢, 第1子出産時親同居有無, 居住地, 最終学歴, 第1子妊娠時職種,
　　第1子妊娠時企業規模をコントロール.
出所：女性の働き方と家庭生活に関する調査（労働政策研究・研修機構, 2010年）.

果を峻別するために，両立支援制度と職務の変数を投入しない「モデル1」と，これらの変数を投入した「モデル2」を分ける．分析結果を表8-1に示す．

　まず指摘しておきたいのが，「モデル1」「モデル2」とも労働組合の出産退職抑制効果を確認できないことである．そして「モデル2」は，職務と育児休業制度の周知に出産退職抑制効果があることを示している．労働者側の要求ではなく，会社側が両立支援や男女の職域統合に取り組むことが，出産退職の抑制につながっている．勤務先の働きかけを通じた「未来への応答」によって出産退職を思いとどまる労働者の姿がうかがえる．さらに，自分の母親の就業継続の有無と勤務先の外からの両立支援制度情報の有無は，「モデル1」「モデル2」とも有意な効果を示している．「過去の反復」としての労働者の主体性を確

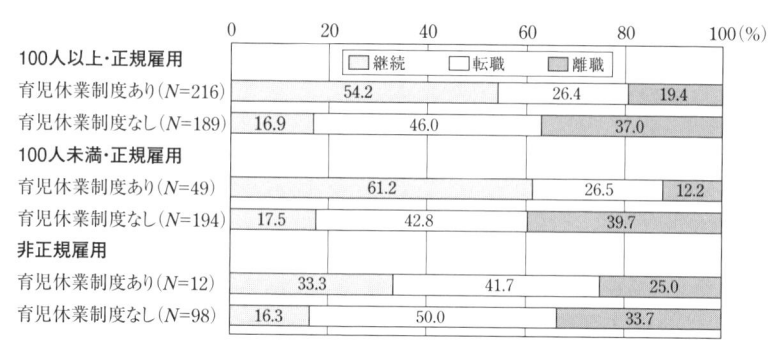

図8-2　第1子妊娠時までの初職継続・転職・離職率　初職企業規模・雇用形態・育児休業制度有無別

区分	継続	転職	離職
100人以上・正規雇用			
育児休業制度あり(N=216)	54.2	26.4	19.4
育児休業制度なし(N=189)	16.9	46.0	37.0
100人未満・正規雇用			
育児休業制度あり(N=49)	61.2	26.5	12.2
育児休業制度なし(N=194)	17.5	42.8	39.7
非正規雇用			
育児休業制度あり(N=12)	33.3	41.7	25.0
育児休業制度なし(N=98)	16.3	50.0	33.7

注：継続は初職と妊娠時が同じ勤務先，転職は異なる勤務先，離職は妊娠時非就業．
出所：表8-1に同じ．

認することができる．なお，「現在」の就業困難にかかわる「ケガや病気の経験」「つわりによる出勤困難」の効果は有意でない．現在の状況が苦しいというよりも，未来の展望や過去の経験が出産退職に影響しているといえる．

もう1つ，雇用形態の効果を表8-1に示している．「モデル1」は非正規労働者ほど退職確率が高いことを示している．非正規労働者は就業意欲が低いから出産退職率も高い，というように理解されることがたびたびある．しかし，職務と育児休業制度の周知を投入した「モデル2」は雇用形態の有意な効果を示していない．非正規労働者の高い出産退職率もまた労働市場への適応の結果であるということができる．

だが，図表は割愛するが，分析対象である第1子妊娠時非正規雇用の女性の約6割は初職が正規雇用である．にもかかわらず，第1子妊娠前に非正規雇用に移行し，出産前に退職してしまうのである．そのようにいうと，正規雇用のなかでも就業意欲の低い労働者が非正規雇用に移行していると考えがちである．しかし実際は，正規雇用であっても就業継続の見通しを立てにくいという労働市場の環境がある．図8-2は，初職の育児休業制度の有無別に第1子妊娠時までの初職継続率を示している．育児休業制度の導入率は企業規模と雇用形態によって差があるため，これを分けている．一番左の帯をみると，育児休業制度「なし」の初職継続率は低い．その比率は正規雇用であっても非正規雇用と差

	0	20	40	60	80	100(%)

凡例:□ 正規雇用・育児休業制度あり　□ 正規雇用・育児休業制度なし　■ 非正規雇用

100人以上・正規雇用
- 初職・育児休業制度あり（N=56）: 41.1 ｜ 17.9 ｜ 41.1
- 初職・育児休業制度なし（N=87）: 19.5 ｜ 20.7 ｜ 59.8

100人未満・正規雇用
- 初職・育児休業制度あり（N=12）: 50.0 ｜ 8.3 ｜ 41.7
- 初職・育児休業制度なし（N=82）: 20.7 ｜ 34.1 ｜ 45.1

非正規雇用
- 初職・育児休業制度あり（N=5）: 60.0 ｜ 40.0
- 初職・育児休業制度なし（N=49）: 20.4 ｜ 14.3 ｜ 63.5

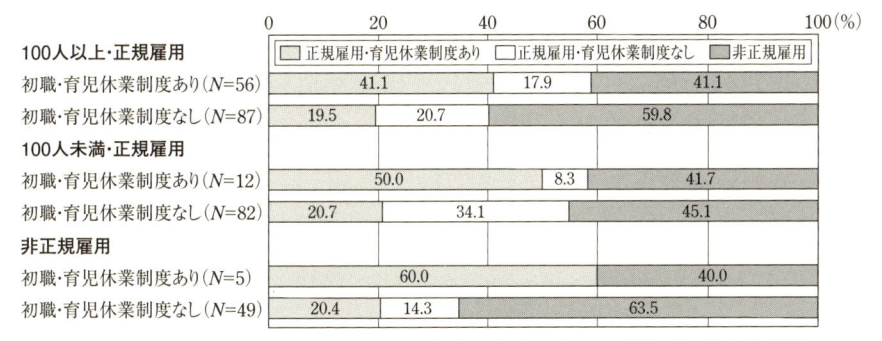

図 8-3　第1子妊娠時に正規雇用かつ育児休業制度があった割合　初職雇用形態・企業規模・育児休業制度有無別（第1子妊娠前転職者）

出所：表 8-1 に同じ.

がない．賃金や雇用の安定性などの労働条件は正規雇用の方が非正規雇用より恵まれている．だが，両立支援制度がなければ長く勤め続けることは難しい．そのように考えて女性は勤務先を移っている可能性がある．

しかし，初職勤務先に育児休業制度がない女性が育児休業制度のある勤務先に正規雇用で移る可能性は低い．図 8-3 をみよう．図 8-2 の「転職」者が正規雇用で第1子妊娠を迎えているか否かと，その勤務先の育児休業制度の有無の比率を示している．初職・育児休業制度「なし」から第1子妊娠時に正規雇用・育児休業制度「あり」に移動する割合は，初職の企業規模や雇用形態にかかわらず約2割程度である．その程度の見込みであるなら，非正規雇用を選んだ方が，労働時間や仕事の責任といった面の家庭生活への影響を小さくすることができる，と女性が考えても不思議ではない．正規雇用の転職市場における就業継続の見通しの悪さが非正規雇用への移行を促している面があるといえる．

その背景に，小規模企業の育児休業制度導入率が低いという実態がある．よく知られているように，日本の大企業は新卒採用中心であり，中途採用での正規雇用採用は中小企業の方が多い．図表は割愛するが，初職・第1子妊娠時ともに正規雇用であった女性のうち，初職継続者の企業規模は 100 人未満が 27.2% であるのに対し，転職者の第1子妊娠時の企業規模は 100 人未満が 54.4% である．それだけ，育児休業制度のある勤務先に正規雇用で転職する機会は制約されているといえる．

表8-2　第1子妊娠・出産期退職の規定要因　第1子妊娠時正規雇用対象・第1子妊娠時企業規模別（ロジスティック回帰分析）

被説明変数 (雇用=1, 非就業=0)	第1子出産時点雇用有無					
	100人以上			100人未満		
	係数値	標準誤差	オッズ比	係数値	標準誤差	オッズ比
仕事によるケガや病気の経験有無	.279	1.228	1.322	−1.505	1.479	.222
つわりによる出勤困難有無	−.004	.359	.996	.561	.569	1.753
自分の母親の就業継続有無	.362	.369	1.436	1.442	.609	4.231*
勤務先の外からの両立支援制度情報有無	.216	.393	1.242	1.640	.727	5.156*
第1子妊娠時労働組合加入有無	−.411	.386	.663	.238	.766	1.268
第1子妊娠時職務（男性正社員と同じ=1, 異なる=0)	1.009	.462	2.742*	.354	.671	1.425
第1子妊娠時育児休業制度周知（BM：制度なし)						
制度周知あり	1.756	.587	5.791**	2.715	1.188	15.100*
制度周知なし	−.098	.466	.907	1.902	.717	6.701**
定数	−2.505	1.491	.082	−4.513	2.732	.011
χ^2 値		46.203**			59.737**	
自由度		20			20	
Nagelkerke R^2		.295			.546	
N		185			114	

注：** $p<.01$, * $p<.05$. BM はベンチマークの略．「有無」のダミー変数はいずれも「あり」=1,「なし」=0．
　　説明変数はコーホート，第1子出産年齢，第1子出産時親同居有無，居住地，最終学歴，第1子妊娠時職種，第1子妊娠時企業規模をコントロール．
出所：表8-1に同じ．

だが，表8-1でみたように，勤務先の育児休業制度の有無とは独立に，母親の就業継続状況や勤務先の外からの両立支援制度情報に出産退職を抑制する効果がある．小規模企業は個別交渉の余地が相対的に大きいことを踏まえるなら，これらの変数の効果は，勤務先の企業規模が小さい女性でより顕著に表れると考えることができる．その観点から，正規労働者の出産退職の要因を第1子妊娠時の企業規模別に分析した結果を表8-2に示す．企業規模100人以上と100人未満で出産退職の要因は異なることを確認できる．100人以上の企業規模では，第1子妊娠時の職務や育児休業制度の周知といった人事労務管理に関する変数のみが有意な効果を示している．一方，100人未満では，育児休業制度の有無に加えて，自分の母親の就業継続と勤務先の外からの両立支援制度情報といった，労働者個人の知識や経験も有意な効果を示している．

要するに，出産退職を回避する女性の行動には「未来への応答」と「過去の反復」という2つの側面がある．だが，人事労務管理が集団的な大企業では，企業からの働きかけを通じた「未来への応答」の効果が大きい．対して，両立支援制度の導入率は低いが，個別交渉の余地が大きい小規模企業では，「過去の反復」によって退職を回避できる可能性も高い．

以上の検討結果から，日本の女性の出産退職は「個人の選択」の結果とはいえない，という結論が導かれる．1つには，生まれ育った家庭環境が影響している．だが，それ以上に強調したいのは，労働市場における他者との関係が影響していることである．その意味は〈大企業の正社員〉と〈小規模企業や非正規労働者〉で異なるが，従来は前者のモデルを後者にも適用していた面が多分にあった．そのモデルに合わない部分が「個人の選択」とされていたのではないだろうか．「ワーク・ライフ・シナジー」というタイトルの書物もあるが，仕事と家庭の好循環によって，より高い価値が仕事にも生まれることが期待されている[28]．家庭生活の経験が豊富な女性だからこそ生まれる発想を企業の収益に結びつけようという意図や，性別や家族的責任の有無にかかわらず，すべての従業員の能力を引き出すことで企業の競争力を高めたいというような意図をもって，既婚女性の積極的な活用に取り組む企業が増えつつある．また，そのようにして女性が仕事と家庭の双方で活躍することによって，男性も刺激を受ける．そのようなシナジー社会に特有の仕事と家庭の関係が生まれつつある．その効果が労働市場の境界を越えて，小規模企業や非正規労働者にも及ぶために，大企業正社員モデルに固執しない，柔軟な施策の推進が課題である．

具体的には，企業に取組みを促す，という大企業の正社員に有効な施策に固執せず，女性労働者個人に向けてキャリア継続の役に立つ情報を提供することが，小規模企業や非正規雇用では有効である．勤務先が両立支援に積極的でない場合，就業継続可能な企業への移動に役立つ情報や，勤務先と交渉して退職を回避しうる情報を個人に提供するのである．インターネットのような近年の情報技術の発達は，このような個人向け情報環境の整備にプラスに作用するであろう．そのようにして，どのような企業でどのような働き方をしていても，結婚や出産後のキャリア継続を展望できる環境をつくることが重要である．

【注】

1) Parsons and Bales (1954: 訳 44).
2) Davis (1984).
3) Hakim (2000).
4) Hakim (2000: 3).
5) Hakim (2000: 159-67).
6) ハキムへの批判の1つに「選好」が社会的条件に規定されているはずだというものがある．西川 (2001) や松田 (2004) も指摘しているように，一般的な意識としては「実現しないことは望まない」という可能性も考えることができる．だが，ハキムのいう「選好」はもっと強固な志向性を指している．
7) McRae (2003a: 332-34).
8) Hakim (2003).
9) Hakim (2000).
10) Hakim (2003).
11) McRae (2003b).
12) Hakim (2000).
13) Hakim (2005: 72-73).
14) Hakim (2000).
15) McRae (2003a).
16) Hakim (2000).
17) Hakim (2004: 136).
18) Hakim (2000).
19) 永瀬 (1999).
20) 世代論的にいえば，親世代と子世代の類似性に着目するリネッジ効果と各世代に固有の時代背景に着目するコーホート効果の違いという整理もできる．
21) McRae (2003a).
22) 島根・田中 (2011).
23) Hakim (2004).
24) なお，労働者の退職行動を説明する枠組みとして労使関係研究では，Freeman and Medoff (1984) の「発言・退出モデル」が有名である．だが，ハキムのいう適応型の女性に自ら「発言」するような能動性はみられない．勤務先の両立支援が不十分でも「発言」せずに退出する可能性が高い．しかし，勤務先企業から声をかけられ，期待されれば，それに応えて就業継続する可能性はある．
25) 今田 (1996).
26) 調査実施は 2010 年 11 月 18 日〜12 月 12 日．層化 2 段抽出法で標本抽出し，訪問留置法で実施した．調査対象は 2000 人，回収は 1240 人（回収率 62.0%）．調査実施は社団法人中央調査社に委託した．詳細は労働政策研究・研修機構 (2012) を参照．調査対象には出産経験のない女性も含まれるが，本章は出産経験のある女性を分析対象としている．
27) 永瀬 (1999)．島根・田中 (2011) のように自分の母親だけでなく，配偶者の母

親の就業継続状況を同じモデルに投入することも検討したが，自分の母親が就業継続していた女性のうち 66.7% は配偶者の母親も就業継続しており，両者の相関は高い．そのため，自分の母親の就業継続状況のみを投入する．
28) 大沢 (2008) を参照．また，佐藤・武石編 (2008) によれば，両立支援は企業にとって負担であり，企業業績を悪化させる面がある．だが，同時に均等施策にも取り組むことは企業業績にプラスに作用し，また両立支援の負担感が軽減されるとも指摘する．本章の分析でいえば，男性正社員と同じ職務を担うことが均等施策に当たるが，100 人以上の企業規模では出産退職を抑制する有意な効果を示している．その意味で，佐藤・武石編 (2008) の指摘と整合的である．

【参考文献】

池田心豪 (2001)「実践の持続と文化の資本性——『物質と記憶』を手がかりに」『年報社会学論集』(14): 236-47.
池田心豪 (2012)「小規模企業の出産退職と育児休業取得——勤務先の外からの両立支援制度情報の効果に着目して」『社会科学研究』64 (1): 25-44.
池田心豪 (2013)「出産退職を抑制する労使コミュニケーション——企業の取組みと労働組合の効果」『大原社会問題研究所雑誌』(655): 48-61.
今田幸子 (1991)「女性のキャリアとこれからの働き方——仕事と家庭のダブルバインドを超えて」『日本労働研究雑誌』(381): 12-24.
今田幸子 (1996)「女子労働と就業継続」『日本労働研究雑誌』(433): 37-48.
今田幸子・池田心豪 (2004)「仕事と育児の両立支援策の拡大に向けて」JILPT Discussion Paper Series 04-012, 労働政策研究・研修機構.
今田幸子・池田心豪 (2006)「出産女性の雇用継続における育児休業制度の効果と両立支援の課題」『日本労働研究雑誌』(553): 34-44.
大沢真知子 (2008)『ワークライフシナジー——生活と仕事の〈相互作用〉が変える企業社会』岩波書店.
佐藤博樹・武石恵美子編 (2008)『人を活かす企業が伸びる——人事戦略としてのワーク・ライフ・バランス』勁草書房.
島根哲哉・田中隆一 (2011)「母親の就業が女性労働供給に与える影響について——独身者と既婚者の調査を用いて」樋口義雄・府川哲夫編『ワーク・ライフ・バランスと家族形成——少子社会を変える働き方』東京大学出版会, pp. 123-42.
仙田幸子 (2002)「既婚女性の就業継続と育児資源の関係——職種と出生コーホートを手がかりにして」『人口問題研究』58 (242): 2-21.
永瀬伸子 (1999)「少子化の要因：就業環境か価値観の変化か——既婚者の就業選択と出産時期の選択」『人口問題研究』55 (2): 1-18.
西川真規子 (2001)「高学歴女性と継続就労——就労選好と就労行動の関係を探る」脇坂明・冨田安信編『大卒女性の働き方——女性が仕事をつづけるとき，やめるとき』日本労働研究機構, pp. 83-100.
舩橋惠子 (2008)「育児期における家族生活と職業生活のバランス——ジェンダーと育児支援制度の視点から」舩橋惠子・宮本みち子編著『雇用流動化のなかの家族

──『企業社会・家族・生活保障システム』ミネルヴァ書房, pp. 99-119.
松田茂樹（2004）「女性の階層と就業選択──階層と戦略の自由度の関係」本田由紀編『女性の就業と親子関係──母親たちの階層戦略』勁草書房, pp. 3-36.
労働政策研究・研修機構（2012）『出産・育児と就業継続──労働力の流動化と夜型社会への対応を』労働政策研究報告書（150）.
Bourdieu, P.（1979）*La Distinction: Critique sociale du jugement,* Minuit（石井洋二郎訳（1990）『ディスタンクシオン──社会的判断力批判』（I・II）藤原書店）.
Davis, K.（1984）"Wives and Work: the Sex Role Revolution and Its Consequence," *Population and Development Review,* 10（3）: 397-417.
Freeman, R. B. and J. L. Medoff（1984）*What Do Unions Do?* Basic Books（島田晴雄・岸智子訳（1987）『労働組合の活路』日本生産性本部）.
Hakim, C.（2000）*Work-Lifestyle Choices in the 21st Century: Preference Theory,* Oxford University Press.
Hakim, C.（2003）"Public morality versus personal choice: the failure of social attitude surveys," *British Journal of Sociology,* 54（3）: 339-45.
Hakim, C.（2004）*Key Issues in Women's Work: Female Diversity and the Polarisation of Women's Employment,* Glasshouse Press.
Hakim, C.（2005）"Sex Differences in Work-Life Balance Goal," edited by Diane M. Houston, *Work-life Balance in the 21st Century,* Palgrave Macmillan, pp. 55-79.
McRae, S.（2003a）"Constraints and choices in mothers' employment careers: a consideration of Hakim's Preference Theory," *British Journal of Sociology,* 53（3）: 317-38.
McRae, S.（2003b）"Choice and constraints in mothers' employment careers: McRae replies to Hakim," *British Journal of Sociology,* 54（4）: 585-92.
Parsons, T. and R. F. Bales（1954）*Family: Socializaion and Interaction Process,* Routledge（橋爪貞雄ほか訳（2001）『家族──核家族と子どもの社会化』黎明書房）.

III───シナジーの未来

9章
〈生〉と〈死〉のシナジーを求めて
「高齢社会」再考

遠藤　薫

> 不可避の運命である〈老〉と〈死〉を〈生〉に繋ぐのが
> 社会的なるものである．
> 近代の向こう側では，生は死を輝かせ，死は生を輝かせている．

　「老い＝年齢を重ねること」は人間が生きるプロセスそのものである．
　しかし，現代では，多くの人が「老い」をただネガティブなものとして認識しているように思われる．「高齢社会」といえば，解決すべき社会的困難として語られることが多い．
　確かに，「若さ」はそれ自体で光り輝いているように見える．が，同時に，彼ら／彼女らの内面は，開かれた未来への不安におののき，おびえているかもしれない．可能性とは，未確定性であり不安定性でもある．若い彼ら／彼女らは，むしろ，経験を積み，家族をもち，他者と共に生きていくことの意味を深め，やがて大きな歴史の物語の1コマとなることを願っているかもしれない．
　そのような若者たちに対して，社会が，「老い＝年齢を重ねること」を，身体機能の衰えや，保護の必要性といった観点からだけしか語らないとしたら，若者たちは，現在の「若さ」にただ留まろうとして無意味な退廃に陥るしかないのではないか．そして現代社会では，まさに現実にそのような退廃が起こっているようにも思われる．「若く見える」ことが至上命題のように語られ，〈老〉はあたかも社会的コストの源泉のように論じられる．そんな社会では，人は，自らの〈老〉や〈死〉と孤独に向き合い，他者の目には触れないように努める．〈老〉や〈死〉の個人化は，〈老〉や〈死〉を社会の外部に追いやることによって，社会の意味を見失わせる．
　本章では，このような観点から，社会史のなかに「老い」の意味の変容をた

どり，現代と将来において，「老い」と「若さ」が相互をさらに活性化し，「死」が「生」をさらに豊かにするシナジー社会の可能性を考える．

1　「老い」を再考する

1-1　不老長寿の物語——伝統的世界観における「老い」

2013年，「富士山」がユネスコの世界遺産リストに登録された．その登録決議では，「信仰関係の構成資産が，山への崇敬の念に基づいて文化が息づいてきた『たぐいまれな証拠』であると認め」られたという．

ところで，この「富士」という名前だが，本来「不死」の意であったと，昔語りは伝えている．『竹取物語』のラストシーン，月へ帰るかぐや姫は養父母に不老不死の薬を残していく．しかし，愛しいかぐや姫のいないこの世に不老不死となる意味はない．かぐや姫のいる月に一番近い高山の頂上で，翁と媼は薬を燃やしてしまう．薬のもえる煙はまるでかぐや姫を恋うように，いつまでも山頂から空高く立ちのぼりつづけた．ひとはいつからかこの山を「不死の山」とよぶようになったという……．

古い時代の物語では，しばしば高齢の男女（翁と媼）が重要な役回りを演じている．

桃太郎でも一寸法師でも，あるいは瓜子姫でも，両親は「おじいさん」と「おばあさん」である．また，「高砂」の絵では，蓬莱の島に穏やかにたたずむ老夫婦が主人公である．

その理由を，人類学や民俗学では，伝統的共同体における「死と再生」のパラダイムによって解釈している．人は生まれ，成長し，大人になり，子どもを産み，そして死ぬ．しかし，「死」は終わりではない．彼／彼女の生は，その子どもに引き継がれる．また死んだ人も，土に還り，再び生まれる時を待つのである．このようなアニミズム的世界観では，人間は自然界の一部である．だから，種から芽を出し，花を咲かせ，実をつけて，また土へ戻っていく植物などのアナロジーとして人の生も理解しようとする．四季の移ろい，満ち欠けする月の循環，昼夜，宇宙の反復されるリズムとともに，人間の一生もあるのである．

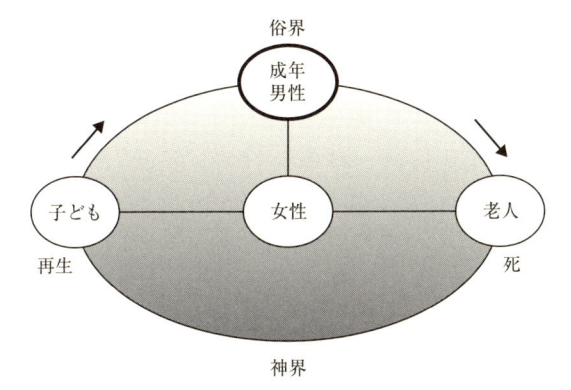

図9-1 死と再生のパラダイム

　だから，年齢を重ねることはこの循環の完成への道程である．そして死は，「生＝人間の世界」からの一時的退避に過ぎず，むしろ，俗界のよしなしごとにわずらわされない「神の世界」へ移り住むことである．したがって，寿命を全うした死は悲しむべきことではなく，祝うべきことなのである．また，神になる前の老人は，神の世界と人間の世界の境界に生きる人と崇められる．「高砂」の絵は，このような意味システムを背景に背負っている．
　かぐや姫や桃太郎をひろって育てるのが老夫婦であるのも，おとぎ話の主人公たちが神の国からやってきた者たちであるため，彼らと人間界とを取り持つのは半聖の資格をえた老人でなければならないためなのである．

1-2　禁忌としての「不老不死」

　「長寿」「高齢」であることが尊ばれる一方で，「不老不死」は必ずしも歓迎されない．「かぐや姫」でもそうだが，「不老不死」の方法が手に入ってもそれは使われることなく再び失われてしまった，と多くの昔話は語る．例えば「浦島太郎」では，海の底の神界で玉手箱に封じ込められた老いと死を，太郎は帰郷するや孤独に耐えかねて解放してしまう．また「若返りの水」の昔話では，欲深なおばあさんは，霊水を飲み過ぎて，赤ん坊に戻ってしまう．
　なぜ，「不老不死」は暗に禁忌とされるのだろう？
　ひとつ考えられるのは，「不老不死」が，先述のような，共同体における

「死と再生」のパラダイムに適合しないことである．もし人が永遠に老いることなく，死ぬことがなければ，彼らは神の国で更新され，新たな命として再生することもない．したがって，緑の葉を陽にかざし，美しい花をつけることも，たわわに実を実らすこともない．生きることは，永遠に続くのっぺらぼうの時間である．それは荒れ地の石くれのように孤独な生とも感じられる．

確かに，「不老不死」には奇妙に孤独な感覚がつきまとっている．かぐや姫は，月の衣を身にまとうや，もはや慈しんでくれた養父母の呼ぶ声にも振り向かなくなってしまう．浦島太郎は，自分だけを置き去りにして流れ去ってしまった時間のあとで，誰も知った者のいない世界で一人途方に暮れるのである．そこには茫々たる寂寥感が漂う．このような感覚は，もしかしたら，人が他者と取り結ぶ関係性，つまり社会というもののもっとも深い謎を示唆しているのかもしれない．このことについては，また後で検討することになろう．

2　老死と社会

2-1　生への欲望

とはいうものの，では古い時代には人びとは，従容として老いを受け入れ，死に臨んだかといえば，必ずしもそうはいえまい．ある哲学者は，「自分の死を考えることは人間にとってまったく意味のないことだ．なぜなら，死が訪れたとき，自分はすでに死をかんじることさえできないからだ」といった内容のことをいっていたが，おそらくだからこそ，人間にとって「死」は限りない不安と恐怖の源泉である．では，改めて，この人間にとって最大の苦しみである「老死」と社会の成立との関係をかんがえてみよう．

（1人の）人間にとってもっとも根元的な欲求とは，直感的に「生き続けたい（＝死にたくない）」という欲望であろう．この「生の欲望（生存欲求）」があるからこそ，ひとは食事をし，働き，努力する．それは本能であるように思われる．

人間たちが，なぜこうして複雑な社会を形成したのかの理由についても，複数の人間が相互に助け合って，食物を獲得する方が生の維持のために合理的であるからだと説明されることが多い．確かに，ロビンソン・クルーソーでさえ，

1人では生きられなかった．

にもかかわらず，人間にとって，老死は不条理に不可避である．そして，老死が不可避であるという厳然たる事実は，生への欲望にもとづくあらゆる人間の努力を無化する．つまり，X日後に死ぬことがわかっているとすれば，X－1日後生存維持のためにする努力はまったく無駄だろう．X－1日後にする努力が無駄ならば，X－2日後にする努力も無駄だろう．そして……と遡っていくならば，今日の努力もまったく無駄だろう．すなわち，死が予め定められている限り，「生への欲望」は成立しないことになる．

生存目的合理性によってではなく，この不条理を回避する装置として「社会」が生成されたとかんがえることもあながち無理とはいえない．1人の人間の生は必然的に有限であるけれども，それが無限に続く「社会」のなかに埋め込まれ，継承されるならば，人はあたかも自分自身のいのちが決してはかなく途絶えるものではないと感じることができるだろう．血を分けた家族や共同体に対する無私の献身行為は，他者との関係性にこのようなメタ自己としての意味づけを与えることで説明できる．人は，他者との共同体に不死の自己を見いだすのである．

2-2 死への欲望

しかし，不思議なことに，人間は同時に「死への欲望」もあわせもつ．

生の活力にあふれた若さのさなかにあっても，ひとはなぜか死を思わずにいられないものらしい．年齢階級別に見た死因のなかでの自殺の構成割合は，20-29歳で圧倒的に高く，この年齢層をピークとして左右に山形を描いている（平成25年版内閣府『自殺対策白書』）．

この不思議さについて，精神分析学は，胎内回帰願望という概念で説明している．

母の子宮内で胎児は，温かい羊水に包まれ，完全に保護された状態にある．ところが，出産によって赤ん坊はこの安楽な状態から引き離され，自分自身の力で生きていかなければならなくなる．また，生まれたばかりの時には母親が心を込めてあらゆる配慮をしてくれるけれども，成長するにしたがって，子どもはますます母親から離れ，自分で何とかしなければならないことが増えてく

る．そして，成人の時を迎え，人生のあらゆる問題が彼／彼女の肩にのしかかってくる．人間はこのように成長していくわけだが，そのプロセスは，母親の保護の剥奪という心理的にネガティブな側面もあわせもっている．

この成長に対するネガティブな心理を（母親からの）「分離不安」といい，幼児退行を引き起こしたり，場合によっては，「完全な密着の記憶」を追い求める心が「甘美な死の誘惑」つまり自殺という行動となって現れる．

結局，死への欲望とは，図9-1に示した「死と再生のパラダイム」を逆転させたことになる．そして，生の欲望にせよ，死の欲望にせよ，その道の果てには，「死者の楽園＝神の国」があるのである．

2-3　生と死を統合するフィクションとしての社会

こうして，生への欲望と死への欲望とに引き裂かれ，宙づりになっているのが人の生であるのかもしれない．だから，生きてあることは，しばしば慢性の病のように，果てのない労苦のように，感じられる．多くの宗教がこの問題について語って倦むことがないのは，この問題が人間にとっていかに切実であり，根元的なものであるかを示している．

たとえば仏教では，人間は「生老病死」の四苦を負っていると説く．だから，功徳を積んで後生を願え，と．が，これは奇妙に倒錯した論理である．なぜなら，「生老病死」というまさに人間の一生を構成するイベントを一括してネガティブなものと意味づけ，これに対比して，死後の世界を理想化する．そして，そこから再び反転して，理想の死後を迎えるために，ポジティブな生きかたを求めるのである．一種の詐術といえなくもない．このロジックは，仏教だけでなく，ほとんどの宗教で用いられている．カール・マルクス（Karl Marx）が「宗教は阿片である」と攻撃したのも，ある意味，当然である．

けれども，人間の生がそもそも死を前提として存在し，人間が「生きていること」は他者によってしか証されないとすれば，人間の「生の空間」は「死の空間」によって逆照射せざるをえないのかもしれない．人間の文化とは，このようなパラドックスの体系化であるともいえる．そして，「生」と「死」のパラドックスの間に，人間と社会の相互依存的ダイナミズムが存在するのである．

このような事情について，モーリス・ブランショ（Maurice Blanchot）は，

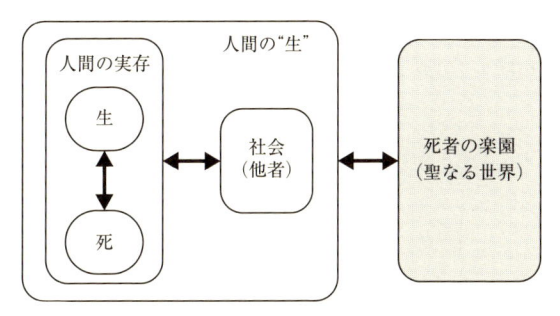

図9-2 「社会」における生と死の弁証法

　ジョルジュ・バタイユ（Georges Albert Maurice Victor Bataille）の次のような言葉を引用している．「ひとは孤りで死ぬのではない．そして，死に行く者の隣人であることが人間にとってこれほどまでに必要なのは，どのようなささいなかたちではあれ，互いに役割を分かち合い，死にながらも現在に死ぬことの不可能性につきあたっている者を，禁止のなかでも最も優しい禁止によって，その傾斜の上に引き止めるためである．今，死んではいけない，死ぬことに今などあってはならない．『いけない』という最後のことば，たちまち嘆願へと変わってしまう禁止のことば，口ごもる否定辞，いけない——きみは死んでしまう」[1]．同じように，ジャン＝リュック・ナンシー（Jean-Luc Nancy）は，次のように語る．「共同体は，諸主体間に不死のあるいは死を超えた，ある上位の生の絆を織りあげるのではない……．それはその成り立ち……からして，おそらく間違って『成員』と呼ばれている人々の死に向けて構制されているのである」[2]．

　伝統的共同体における「死と再生の神話」は，このような世界の意味体系を物語として表現したものといえる．そして，この意味体系は，伝統的共同体の構成員がローカルに知覚できる自然とのアナロジーであることで，その正当性を保証されていたのである．

3 「老い」の抑圧と復活

3-1 抑圧された「老い」

しかし,人間の知識が拡大し,また人びとの交流する範囲がひろがっていくにつれて,「神話」に依拠した社会的秩序はほころびを露わにしていく.ローカルな知に依拠した世界の神話的理解では説明できない,あるいは対応できない事態が増えていく.

これを解決するには,神話的秩序にかわって,普遍的に適用可能な一貫した論理によって世界を説明する,近代の科学的合理主義が必要であった.西欧(そしてアメリカ)で発展した「近代」というパラダイムは,端的にいえば,世界を「合理性」のもとに整序しようとする理念の運動だったといえよう.

それは同時に,かつての共同体における「死と再生の神話」が崩れ,社会のなかで「死」に対して「生」が圧倒的に優位と見なされることでもあった.いいかえれば,「死」は「生」とともに人間の実存を構成するのではなく,単に,コントロールされ,駆逐されるべき,「問題」でしかなくなってしまった.

が,「人間」という生命体,そしてその相互作用の集積であるところの「社会」という現象は,果たして,「合理性」によって全て説明可能なのだろうか？

近代初期を彩った思想家たちのなかには,これを当然可能なことと考えたものは少なくない.たとえば,『人間機械論』を著したジュリアン・オフレ・ド・ラ・メトリ（Julien Offray de La Mettrie）は,次のように主張した.「人体は自らゼンマイを巻く機械であり,永久運動の生きた見本である」.したがって,技術の進歩によって人工の生命を創り出すことも可能になるはずだ.「不死の機械は空想の産物であるとかあるいは道理存在であるとか断言することは,それは,毛虫が同類の残骸を見て,自分達の種族が滅びてしまうような気がして,その運命についてなすであろう推論と同じくらいばかばかしい議論をする事である」[3].

しかし,たとえ最終的にはそれが可能であるとしても,生半可な「科学的合理性」においては多くの闇の部分,つまり解明不能であり,また統御不可能な

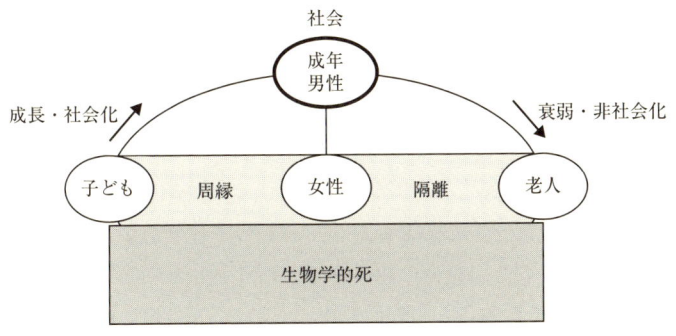

```
                        社会
                       ┌────┐
                       │成年│
                       │男性│
                       └────┘
  成長・社会化  ╱      │      ╲  衰弱・非社会化
            ╱        │        ╲
      ┌────┐      ┌────┐      ┌────┐
      │子ども│ 周縁 │女性│ 隔離 │老人│
      └────┘      └────┘      └────┘
   ┌──────────────────────────────────┐
   │          生物学的死              │
   └──────────────────────────────────┘
```

図9-3 近代社会における老いと死

因子が残ることになる．もちろん，統御不可能性の最たるものは，生命であり，生殖であり，生活であり，感情・思考であり，身体である．

その一方で，産業革命などを画期とした機械技術の発展は，機械的合理性が生産性の向上に直結することに力を得て，労働者たちにも機械のように働くことを求める．そして，機械的合理性になじまない社会的因子は棚上げとする．このとき，社会は「合理性」の貫徹されやすい成人男子を主たるメンバーとして構成されることになり，生物学的要因からの影響を受けやすい老人，子ども，女子は「劣ったもの」と見なされ，社会の周縁に追いやられる．「老化」，「死」は，単純に「望ましくないもの」「避けるべきもの」になり，家庭の奥深くに隠蔽される．子どもは単に未成熟なもの，老人は単に衰弱したものと扱われる（そして女性は，力弱く，生理的変調をきたしやすいもの）．

しかし，そうはいっても，成人男子が「合理的に」働くには，その背後で「隔離されたもの」が「シャドウ・ワーク（直接的には生産に結びつかないが，間接的に生産労働を支える，評価されない労働．イリイチが提示した概念）」をになわざるをえない．

ここに，近代合理主義の矛盾と限界がある．

3-2 「老い」の復活──生命科学と情報科学

20世紀後半，科学技術の発展は急速に加速されはじめる．新しい科学技術は，とくに，医療・生命科学と情報・通信科学において大きな成果をあげつつ

ある.

　生命・身体とコンピュータ. 同時代に驚異的な進歩を遂げてきたこの2つのサイエンスは，一見，ひどく隔たった領域のようだが，本来これらはきわめて近いところにある.

　17世紀，近代医学の祖といわれるW.ハーヴェイ（William Harvey）は，それまでの思弁的なギリシア科学を否定し，多数の生体解剖によって心臓と血液循環の機能を明らかにし，生命の発生をたどろうとした. これに刺激を受けて，「生きている機械」を作ろうとの野心を抱いたのが18世紀に精緻な自動人形を作ったジャック・ド・ヴォーカンソン（Jaque de Vaucanson）であった. 彼の作品である2羽のアヒルは「水をのみ，穀物をついばみ，ガアガア鳴き，水をはねとばして泳ぎ，食べものを消化し，排泄し，生きている動物と同じ」だったという（先に挙げた『人間機械論』は，ヴォーカンソンの自動人形にヒントを得ている）. ヴォーカンソンは，他にもさまざまな発明を残した. 自動楽器を研究し，歯車製造用カッターを発明し，また織機の開発にも熱中した. 1745年には世界最初の力織機モデルを製作，さらに紋織機の実現を試みた. この力織機は1786年エドモンド・カートライト（Edmund Cartwright）によって実用化され，産業革命の原動力となった. またヴォーカンソンの紋織機は，ジョゼフ・マリー・ジャカール（Joseph Marie Jacuard）によって，1804年にジャカード織機として完成する. これは，紋紙（パンチカード）の穴のあけ方次第でさまざまな模様の織物を織れる画期的な織機だった. そして，この紋紙制御方式がヒントとなり，C.バベッジ（Charles Babbage）が，"分析機関（analytical engine）"と呼ぶ万能自動計算機械を構想するのである. これは結局完成しなかったが，プログラムによる逐次制御方式という，今日のコンピュータに接続する巨大なアイディアを残した.

　結局，これらはどちらも，合理性の範疇からどこまでも逃れだしていくような，人間の生死や思念，つまり人間存在を混沌から分節する何ものかをあくまで分析的に解明し，コントロールしようとする願望に他ならない.

3-3 「老い」の再浮上

　こうして，近代社会が「見えないもの」としてきた「老い」が，社会の表舞

表 9-1 世界の保健統計

年（WHO の発表年）	1955	1995	2010	2013	2100（予測）
平均寿命（歳）	48	65	68	70	81.8
合計特殊出生率	5	2.9	2.5	2.4	―
乳児死亡率（新生児千人あたり）	210	78	45	37	―
60歳以上が全体人口に占める割合（％）	―	―	11	11.7	27.5
世界人口（億人）	28	58	67.3	71.6	109

出所：WHO「世界保健報告」各年度版.

台に再び浮上することになった．

　多くの業病が解明され，疫神の恐怖は，専門医療への委任へと置き換わった．
　世界的に見ても，乳幼児死亡率は急激に低下し，平均寿命は格段に延びた．多くの嘆きや悲しみが救われた．この傾向は今後も続くと予想されている（表9-1 参照）．しかし，そのような医学的努力が必ずしも手放しでは歓迎されていないというパラドックスがある．
　現在から将来に向けて大きな問題と考えられていることには，次のようなものがある．

① 人口の増大による食糧問題，環境問題
② 出生率の低下と平均寿命の延長による若年層の負担の増大

　けれども，人びとを幸福にするはずの医学の発達，「老いの延長」が，「長寿の幸福」に繋がらないとは，なんと奇妙なことではないか．
　「老い」に対するこのようなまなざしに劣らず，「長寿」の現実も必ずしも幸福とばかりはいえないようだ．寝たきりで1人暮らしの方々は，ほとんど毎日，誰と話すこともなく天井を眺め続けているという．しかもその数は増え続けている．意識に障害がでて家族に介護の手間をかけまいとする人びとは「ぽっくり寺」といったところへ詣でて，長引かない死を願うという．また，病院で長患いしている高齢患者が，点滴のチューブだらけになっているとか，合理的な看護のために人間としての尊厳を奪われている，といった報告もあとをたたない（もちろんそうでない例も多いのだろうが）．これは悲しいことである．そのような個別の状況が痛ましいというだけでなく，誰もがいつか老いていく，

図9-4 「隔離されたもの」の浮上

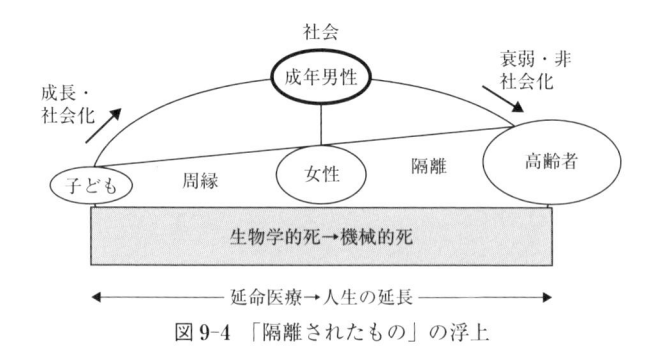

その未来を明るく思い描けないことは，社会全体の共同性に傷を与える．

「ともすれば，体が弱いということだけで，高齢者は他の人々と隔てられてしまいがちだ．肉体の衰えが老人たちを孤立させるのである．……老人や死を迎えつつある人々が活動的な共同体から暗黙のうちに隔離されてしまうこと，好意を寄せている人々と永年にわたって築いてきた親密な間柄が徐々に冷却してゆき，大切な人，安心感を与えてくれる人たちの全部から遠く離れてしまうこと——何が辛いといって，これほど辛いことはないのである」とノルベルト・エリアス（Norbert Elias）はいう[4]．

なぜこのような逆説が起こってしまうのか？　結局それは，医療が未熟だった近代初期から，社会における老死の意味づけが変わっていないためだと考えられる．つまり，老いは，あいかわらず，単に「衰弱」であり，一般社会には不適応であるとのまなざしが固定されてしまっているからではないか．このようなまなざしのもとでは，「長寿」は単に衰弱の引き延ばしにすぎず，幸福な生はもたらされない．しかも，医療技術の進歩が，むしろ人間の身体を機械のように客体化するかのような印象を生むことから，現場の医療に携わる方々の努力と裏腹に，人間が自分自身の死から疎外されてしまうことも増えてしまう可能性がある．自分自身が受け容れられない死を死ぬことは，おそらく何よりも苛酷である．

4 成就としての老い，フロンティアとしての老い

4-1 不老不死の夢の再登場

そしてさらに医学は進む．

もし「老いの不幸」が，加齢による身体機能の衰えによるものならば，そのような加齢現象をコントロールすることによって，つまり人が永遠の若さを保つことによって，問題は解決されるかもしれない．

そして，私たちの社会のなかに，再び「不老不死の夢」がやってきた．今度は，おとぎ話の（決して人間の手に入らない）宝物としてではなく，いままさに実現されつつあるかもしれない「可能性」として．

実際，近年の医療技術の進歩は呆れるほどに速い．遺伝子治療，臓器移植，再生医療，クローン動物／クローン人間などなど，素人には呆然とするような高度医療が次々と実現しつつある．

とくにクローン動物／クローン人間の登場は一般社会にとってショッキングだった．「クローン」というネーミングが連想させるイメージは，1人の人間のコピーが複数産出されるSF的悪夢であった．もちろんこれは誤解なのだが，現代医学と一般社会とが乖離してしまっている現実が，このような誤解が発生する基盤となっているのは確かである．

もう少し一般人にもわかりやすく（といっても，身近にそうした問題がなければ，かなりの想像力が必要だ），しかも実際に関わりをもつ可能性が高いのは，臓器移植とそれにともなう脳死判定の問題だろう．

臓器移植技術は，臓器に回復不能な障害をもつ人には，またとない福音だろう．したがって，臓器の提供を待つ人は多い．しかし，臓器提供者は少ない．このギャップは，臓器移植が間に合わないことへの無念の思いを募らせる．一方，自分や自分の家族が提供者になることには，かなりの決意が必要であろうことも明かである．なぜなら，「脳死」という新しい死の概念が何を意味するのか，多くの人にはよくわからないからである．そもそも「死」すらわかっていないのに，どうして「脳死」がわかるだろう．自分のことであれば，自分で責任をとれる気もする（それは近代主義の重要なテーゼである）．しかし，愛

図9-5 現代における「死」の問題

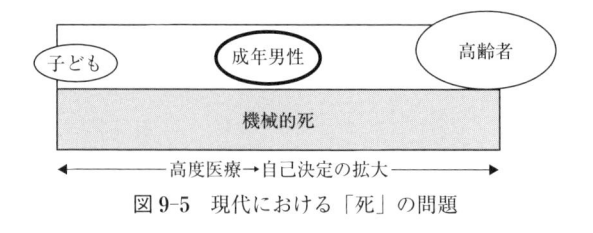

する家族について，その判断を下すことは，きわめて苛酷である．

4-2 不老不死の諸問題

生命倫理学者の小原信は，日本社会で臓器移植などの最新医療技術の実行を進めることのできる条件として，5つの段階をあげている[5]．これらを簡潔にいいかえるならば，(1)医療技術の問題，(2)倫理・哲学的問題，(3)社会文化的問題，(4)臨床的問題，(5)制度的問題，ということになるだろう．筆者の専門とする社会学が主として扱うのは，(3)と(5)である．本章ではここまでの文脈に従って(3)を中心に考えよう（というのも，(3)について社会のなかに共有了解ができれば，そこからある程度必然的に(5)のデザインは導かれる．反対に，(5)を先にデザインしても——誰が？——，(3)の形成されていない状態では，それを人びとが歓迎することは難しいからである）．前項にあげた脳死の問題も，まさにこのような状況を表している．1997年の臓器移植法の制定によって，日本でも制度的には臓器移植の基盤が整えられつつある．しかし，「脳死」「臓器移植」が社会の文化として了解されていないために，実際には制度がその十分な機能を果たせずにいるのである．

では，なぜ，「脳死」の文化が形成されないのか．あるいはもっと広く，不老不死をも射程に入れた最先端医療を受け容れる土壌が形成されないのか．それは4-1に示したように，現代の私たちは，すでに「死」の文化をほとんど失いかけているからである．なぜ，「死」の文化が失われたのか．あまりにも性急な近代合理主義が，老いや死を，単なる機能不全，機能停止として，社会から，人間から疎外してしまったからである．

とはいえ，多くの医療関係者の努力は，現在，この問題を解決するように，つまり病や老いを従来のように社会から隔離せず，社会のなかにコミットして

もらおうという方向で進んでいる．ただここで問題なのは，そのための実行（例えば，臓器移植など）の最終決定を，個人にゆだねる形（自己決定権）でしか考えられないことである．

　もちろん，自己決定権は重視すべき概念である．しかし，生と死の境界をただ1人で定めよ，というのは個人に対してかなりの過負担であり，個人を自分の実存のなかに孤立させてしまう可能性もある．それは，自己の生死が自己の生死の内に閉じてしまい，社会のなかに位置づけられないということでもある．このことが，転じて，社会の絆をどんどんふりほどいてしまいつつあるのではないか，という懸念もある．

　そして，もう1つの問題は，近代以降，単純な二項対立と化して，その意味を失ってしまった「生と死」の文化を，「孤立した死」はますます衰弱させる悪循環の危惧もある．

4-3　過去からのメッセージ

　今後の幸福な長寿社会をかんがえるヒントとして，「不死」の山，富士にまつわる1つのエピソードを，過去からのメッセージとして紹介したい．

　　かぐや姫を慕うよすがでもあった霊峰富士．そこは長い間，女人禁制の山であった．
　　しかし，江戸から明治へと時代が大きく変わろうとする頃，富士の女人禁制も揺らぎはじめる．1860年，この年に限ることを条件に，女性の富士登山が解禁になる．このとき，はじめて公式に富士山頂を極めたのは，鳥取県日吉津村出身の61歳という高齢の女性だった．彼女は，少し前に夫を亡くし，その追悼のための諸国行脚の旅の途中だったという．彼女はその悦びを次のように遺している：
　　　嬉しさよ　六十一とせめぐり逢　来て踏見ゆる　不二の白雪[6]

このエピソードは，私たちに新鮮な驚きと感動を与えてくれる．
　その大きなポイントは，何よりもこの61歳の女性の行動から感じられるのびやかさだろう．このエピソードの主人公は，とくに気負ったようすもなく，

軽々と，禁制の高山を登りつめ，屈託なく楽しげにその悦びをうたっている．名前も残っていないところをみると，ごくふつうの女性だったのだろうに．しかも，彼女は前年に夫を亡くした，とある．現代ではこのような状況は，"夫に先立たれた孤独な高齢女性"という枠組みで捉えられがちである．けれども多分彼女にとっては，"夫と歩んだ人生が満足のうちに成就した"という感覚だったのだろう．そして，彼女もまたその時点でいったん「死に」，ふたたび新しい「人生」をはじめるために，その疑似的「死―再生」の表現として，諸国巡礼の旅に出たのだろう．だから，その時彼女の前に開かれていたのは，あらゆる可能性，まっさらのフロンティアだった．そうしたパラダイムが，彼女の「個性」でも「自己決定」でもなく，社会の文化的基層に埋め込まれていたからこそ，御師たちは，年齢にためらうことなく彼女を富士山頂に誘ったのだろうし，彼女もまた素直に誘いに応じたのだろう．彼女に「行動力」があったわけではない．彼女は，自分に合った行動をとっただけなのである．

現代の私たちは，老いや死を恐れすぎている．それは，私たちの生を蝕み，虚無に帰するものではない．死はまさに私たちの生の一部である．しかも，実は私たちは，一生の間に何度でも死んでまた生まれ変わることができる．客観的な「年齢」というものは，私たちの外部に存在していて，私たちはそれによって拘束される必要は必ずしもないのである．

ある「楽しい時間（たとえば，日吉津村の女性の夫との暮らし）」が成就したとき，私たちはそれを「死」とよぼう．そして，その後には再び私たちの前に新しいフロンティアとしての生が開けていると考えよう．年齢を積むとは，実はそのようなフロンティアをますます拡大していくものではないだろうか．

このような生と死のパラダイムが人びとに共有されるとき，死は再び私たちの生を他者との絆でつなぐものとなるだろう．

4-4 「老死」の再埋め込みとシナジー社会

「老死」の問題を解決するには，具体的にどのようにしたらよいだろうか？

前項で指摘したように，問題の核心は，現代文化における，生と死の単純な分離，老いの疎外にある．そもそも，人間の社会形成の過程は，2-3で概観したように，「人間存在」の不可思議さ，そのパラドックスそのものに基盤を

おいていると考えられる．したがって，このパラドックスを含んだかたちで，あらためて人間の生（死や老いや病を含めて）の全体を，文化的に再構成する必要があると思われるのである．その意味で，伝統的共同体における「死と再生のパラダイム」は，あらためて見直す価値があるだろう．

それは同時に，加齢現象をあえて忌避せず，社会を織りなす多様性の1つとして組み込んでいくことでもあるだろう．都市空間や生活環境のユニバーサル・デザインはもちろん，例えば，バーチャル・リアリティ技術や，インターネットなどをいかに生活に役立てるかといったこともますます重要性をますだろう．WHOは2011年に高齢者に優しい都市（Age-Friendly Cities）のグローバル・ネットワークを立上げた．

このような利用技術が進んではじめて，生命科学や情報科学をはじめとする近代科学技術の発展を「進歩」とよぶことができるだろう．

これまで，科学技術はそれだけで閉じた真理の追究を目指した．社会とは別の次元に科学技術の「進歩」は設定され，社会をむしろその外側に追放してきた．それが，医療技術が進歩することで，かえって，老死が個人化し，社会の共同性を解体するような事態を招いてきた．

科学技術を再び社会の中に埋め込み，科学技術と社会のシナジーを増幅することで，〈老死〉と〈生〉が相互に深め，輝かせるシナジーも生み出される．そのようなシナジー社会の創造をわれわれの目標としたい．

【注】
1) Blanchot (1983: 訳 26).
2) Nancy (1999: 訳 27-28).
3) La Mettrie (1747: 訳 52, 117).
4) Elias (1982: 訳 3-4).
5) 小原 (1999: 33-34).
6) 鳥取県『日吉津村誌』(1986: 457).

【参考文献】
小原信 (1999)『ホスピス──いのちと癒しの倫理学』ちくま新書.
宮田登 (1996)『老人と子供の民俗学』白水社.
Blanchot, Maurice (1983) *LA COMMUNAUTE INAVOUABLE*, Editions de Minuit（西谷修訳 (1984)『明かしえぬ共同体』朝日出版社）.

Elias, Norbert (1982) *UBER DIE EINSAMKEIT DER ATERBENDEN, ALTERN UND STERBEN*（中居実訳（1990）『死にゆく者の孤独』法政大学出版局）.
Harvey, W. (1628) *De motu cordis*（暉峻義等訳（1961）『動物の心臓ならびに血液の運動に関する解剖学的研究』岩波書店）.
La Mettrie, J. O. de (1747) *L'homme-machine*（杉捷夫訳（1932）『人間機械論』岩波文庫）.
Nancy, Jean-Luc (1999) *La communauté désœuvrée,* Christian Bourgois, Paris（西谷修・安原伸一朗訳（2001）『無為の共同体──哲学を問い直す分有の思考』以文社）.
Simmel, G. (1908) *Soziologie*, Duncker & Humblot（居安正訳（1970）「社会学の問題」『現代社会学大系 I』青木書店）.

【付記】 本稿は「社会にとって『老い』とは何か」（遠藤薫・山本和高編著（2000）『進化する老い，進化する社会──高齢化社会の科学とデザイン』アグネ承風社）に加筆修正したものである．

10章
医療における新次元
医師と患者の協同参加型モデル

小松　楠緒子

> 患者は医療に何を求めるのか．
> 医者と患者のマッチングに基づく協調が
> 患者に希望と救いをもたらす．

　今日の先進諸国は，高齢化が進み，疾病構造が転換し，慢性疾患および老人性疾患の患者が多くなるという状況に直面している．これはすなわち，治癒の見込みの少ない予後不良の病気を抱えながら日々生活し，生きていく人が増えるということを意味する．そうなると，患者の身体のみに注目する西洋現代医学では対処しきれない問題が多数生じる．この状況下においては，患者を身体的側面のみならず社会・心理・実存的背景（宗教的背景や生きる意義など）まで含めて総体的にとらえることが重要になる．

1　協同参加型モデルの概要

　長年の間医師は患者の意向を視野に入れず，パターナリズムに基づくふるまいをしてきた．そういった背景のもと，1995年，著名な生命倫理学者であるR. M. ビーチ（Robert M. Veatch）は，患者が自律的に医学的意思決定を行うことを目的として，Deep-Value-Pairingモデル（以下，DVPモデルと表記）を提唱した．Deep-Valueとは，信仰する宗教や，哲学的社会的ポリシーなどの，その人にとって重要な価値観や人生観を指す言葉で，ここでは深層価値と呼ぶこととする．DVPは，医師や医療機関が発信する深層価値を指標にして患者が医師を選ぶことで，同じ価値観をもつ患者と医師がペアになることである．

本モデルの特徴として，以下2点が挙げられる．

① 意思決定の場において，考えうる治療法が患者に提示されている．
② 患者の"最良の利益"に向けてどうするべきかを，従来のように医師の理性，専門性を基盤として推測するのではなく，医師と患者が深層価値を共有するという工夫をしたうえで推測する[1]．

DVPモデルの発表後，1996年，*Hastings Center Report*誌上のLettersコーナーにて，以下のような批判，提案が紹介された[2]．

① 価値観共有者間にもギャップがある．
② 患者の選択には手間，時間がかかるため，医療現場の機能不全をひきおこす．
③ ビーチの指摘とは異なり，医師は患者の最良の利益を考慮している．
④ 臨床試験に応用したらどうか．

これらの諸見解をふまえ，ビーチは1996年，DVPモデルを改良したと考えらえるNew Deep-Value-Pairingモデル（以下，NDVPモデルと表記）を提示した[3]．修正点は以下である．

① ペアリング後，医師と患者のコミュニケーションにより，価値指向性の相互把握を実施
② リベラル・ソリューション（医師が患者に複数の選択肢を提示した後，患者が自分でそれらについて学習，選択し，医師に治療方針を提示するという方法）の導入
③ モデルの適用範囲を拡張（臨床試験もその範囲に含めた）[4]

しかし，このNDVPモデルに関しても，以下3点の問題点が指摘されている．

① 患者側から一方的に治療法を提示することによる，医師 – 患者間の双方向性の欠如[5]
② 病を得て情緒的に混乱し意思決定能力が下がっている患者にとって，精神的・肉体的負担が過重[6]
③ 患者が医師のサポートを受けず独自に治療方針を決定するため，専門性を加味した意思決定が困難[7]

そこで筆者は，NDVPモデルへの批判点をふまえ，その後継と位置づけられる協同参加型モデルを提示した[8]．これは，DVPモデルの目的（医師のパターナリズム排除・患者の自己決定尊重）をより徹底して遂行することを意図し，以下のような特徴をもつモデルである．

① 医師と患者のコラボレーション
② 医師・患者のパートナーシップ
③ シェアド・ディシジョン
④ 深層価値による医師と患者のペアリング
⑤ サポートシステム・サポートツールによる患者のサポート[9]

DVPモデルから協同参加型モデルへの発展を図10-1に示した．

ここで，本書のテーマであるシナジー社会と筆者が提唱する協同参加型モデルの関係について触れておこう．

シナジー社会は，相互に他者の力を引き出し合うことで自分だけではできないことを可能にする社会である．前述のように，協同参加型モデルはパターナリズム医療のアンチテーゼとして提示され，医師と患者の協調を目指すものなので，シナジー社会への適合性は高いと考えられる．

2 協同参加型モデルの実際

協同参加型モデルにおいて，患者は，自身の深層価値と合う医師・医療機関

DVPモデル

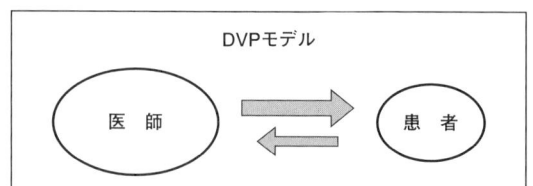

医師 ⇄ 患者

特徴　患者が自分の価値観を共有する医師を選び取る
問題点　医師のパターナリズム残存

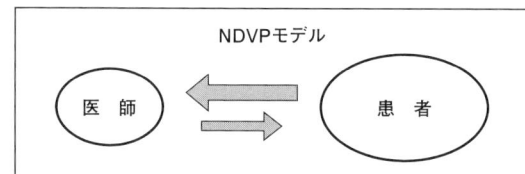

↓

NDVPモデル

医師 ⇄ 患者

特徴　患者が各治療法について学習し，選択した方法を医師に指示する（患者の優位性）
問題点　患者の負担過重・双方向性欠如

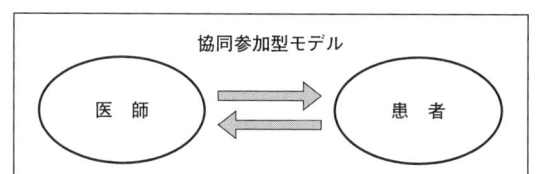

↓

協同参加型モデル

医師 ⇄ 患者

特徴1　医師と患者が対等のパートナーとして，協同で意思決定を行う（シェアド・ディシジョン）
特徴2　意思決定における医学的専門性加味，医師のパターナリズム排除（患者の意向尊重）

図10-1　DVPモデルから協同参加型モデルへの発展

を選定する．1人の患者が，1つの病気に対し複数の医療機関・医師とペアリングを行う場合もあれば，家庭の事情・経済的事情・症状の変化などにより，ペアリングがやり直される事例もみられる．ここで気を付けたいのは，深層価値をもつのは，特定の宗教の熱心な信者などの一部の人のみではないということである．深層価値は，ビーチにより「宗教的・政治的加入，哲学的・社会的傾倒，そして他の深く内部に浸透した世界観」と定義されている[10]．たとえば，「ターミナル期においては，無理な延命はせず，自宅で過ごし家族に看取られたい」という価値観は，それが一時的なものではなく本人の心の奥底に根付いているのならば，深層価値と呼びうる．深い死生観・価値観は誰もが抱く可能性がある．そして，深層価値は闘病過程において変化しうる．

医療機関や医師を選定した患者は，重視する価値観を医師に伝えつつ，病態・治療法などに関し，不明な点を聞く．医師は患者のパートナーとして，患者の話を共感的に傾聴し，患者の深層価値に基づく"最良の利益"を把握する．最良の利益は必ずしも身体面における回復を意味しない．医師は患者の価値観を尊重しながら，患者が身体に起こっていることを理解できるよう助け，考えうる治療法を提示し，必要な医学的知識を提供する．そして，患者と協同して意思決定を行う．患者は治療の効果，価値観に基づく満足度を随時医師にフィードバックし，医師は患者の深層価値の変化に対応しながら，最善の治療法を模索する．患者は，医師と共に病気と闘うなかで，自らを理解し，励まし，成長させ，自律して行動するよう求められる．

以上を，医師および患者の役割という観点から整理する．

協同参加型モデルにおける医師の役割は以下のとおりである．

① 支援的なカウンセラー，教師のような役割をはたし，患者の話を共感的に傾聴する．
② 患者に考えうる治療法を提示する．
③ 患者のパートナーとして行動し，患者と協同で意思決定する．具体的には，積極的に問題の明確化に参加するよう患者を励ます，患者が必要とする医学知識・医療技術を提供する，などである．

患者の役割は以下のとおりである．

① 医師・医療機関の選定において積極的役割をはたし，治療法の選択に際しては，医師のサポートをうけ，医師と協同で意思決定を行う．
② 医師に質問し，不明な点を明らかにし，自らが促進したい価値を医師に理解させる．その結果，患者が医師と情報を共有することができ，おたがいに理解しあえる．
③ 患者には様々な治療法が提示され，医師‐患者間の情報交換を通じて治療の選択が変化していくのに応じて，治療効果，個人的な目的，価値観に関する満足度を医師にフィードバックする．
④ 自己成長（self-development），自己理解（self-understanding），セルフ・エンパワメント（self-empowerment），という方針にもとづき，自律性をもって行動する．

もちろん，患者個人がこのモデルを実行するのは難しい場合もあろう．しかし，医師のサポートや，臨床の外からのサポートシステム，その補助としてのサポートツール・サポートメソッドを使うことで，患者が本モデルを実行する可能性が高まると考えられる．

サポートシステムとしては，患者会や患者アドボカシー制度，オンブズマンシステム，インターネットの照会システムおよび病院患者図書室などが挙げられる．サポートツールとして挙げられるのは，インターネット，翻訳ソフト，医学関係のメールマガジン，医療関係の書籍，患者会が作成している医療機関のデータベースなどである．サポートメソッドとしては，バリント方式，来談者中心療法，倫理決定法，患者志向医療記録法などが存在する．患者が自らに合ったサポートを選ぶことで，自律的に医療に参加できるようになることが期待される．

サポートシステムの具体例として，乳がんの患者会「イデアフォー」を紹介する．イデアフォーは，医療における患者の権利を確立し，より良い医療を実現することを目指し，1989年に発足した市民グループである．会員は乳がん体験者を中心に，家族，医療従事者，一般人を含め，2011年現在，全国で約

400名になる[11]．基本の活動は，インフォームド・コンセントの推進とインフォームド・チョイスへのサポート，医療全般に関する患者視点の情報収集と提言，乳がんの治療法に関する情報収集と提言である[12]．患者サポートの充実が本会の特徴であり，無料電話相談，おしゃべりサロンの開催，乳がん患者の講演会の開催など幅広い活動を行っている[13]．

次に，協同参加型モデルの実践例を具体的に紹介する．聖路加国際病院小児科の細谷亮太医師は患者サイドの要望にこたえ，ターミナル期の小児がん患者の在宅ケアに取り組んでいる[14]．細谷は，自身の医学に対する考えを，以下のように表現する．

科学がどんなに進歩しても，人間の力には限界があります．医学がどんなに進歩しても，私たちが治せる病気には限りがあります．どんなにがんばっても治せない病気が，世の中にはまだまだたくさんあるのです．「残念ながらやれるだけのことは，もうやってみました．お子さんのがんを根絶する方法はないと思います」と言われたら，これは医療者側がもう何もやるつもりはないということなのでしょうか？　そうではないのです．ここから，今までとは立場を変えた医療が新たに始まるのです．痛みも苦しみもなく，残された時間をよりよい時間にするための医療です．私たちはこれをターミナルケアと呼びます．いちずに治療をめざす医療よりも，もっとデリケートで手間のかかる医療です[15]．

このような医師の価値観に共感をもつ患者がこの医師のもとに集い，患者自身も価値観を提示し，望む医療を実現する．細谷のポリシーは，相手が子どもであってもその意向を最大限尊重するというものである．子どもの意向，家族の意向を尊重することにより，最後の貴重な時間を家族・親戚と過ごすことができる．

3　協同参加型モデルのメリットと阻害要因

協同参加型モデルのメリットを，以下にまとめる．患者は病院・医師の決定

のみならず，治療法の選択に際しても自律性を発揮することができる．治療における医師のパターナリズムは排除され，医師と患者は対等に情報交換を行い，医師と患者のコミュニケーションのあり方が明確に示されている．また，意思決定を協同で行うため，患者の負担は軽減されつつも，専門性が保持される．深層価値は誰でももちうるものであり，また状況により変わる可能性があるとされたことや，複数の医師とのペアリングや，ペアリングのやり直しが認められたことで，モデルが現実に近づいた．また，サポートシステムやサポートツール，サポートメソッドの導入で，患者がモデルを実行しやすくなった．

しかし，本モデルを実行に移すにあたっては他にも様々な障壁が存在すると考えられる．以下，協同参加型モデルの阻害要因について述べる．社会的な問題や課題点を6つの視点からあげる．

まず，医療機関の広告についてである．協同参加型モデルにおいては，医療機関や医師が，自らの深層価値を患者に知ってもらうことにより，患者とのペアリングが行われる．しかし，医療機関の広告は医療法によって制限されてきた．医療従事者の専門性，治療方針などの点は緩和されたが，医療機関や医師の深層価値という点に関しては情報の開示が十分とはいえない．医師－患者のペアリングに十分な情報が提示されているとは考えられず，施設の特色をさらに広告しやすくすることが今後の課題である．インターネット上での情報公開は法律上広告と見なされないために進んでいるが，アクセスできる情報の質の担保は難しい．今後，さらなる規制緩和やアクセシビリティの向上が求められる．

2点目は，インフラ整備の遅れである．平成25年に厚生労働省が実施した「人生の最終段階における医療に関する意識調査の集計結果（速報）の概要」では，症状の少ない末期がんの場合は7割以上が居宅で過ごすことを希望している[16]．また，平成20年の「終末期医療に関する調査」においては，終末期に緩和ケア病棟に入院したいと回答した国民はおよそ48％であった[17]．しかし，患者の価値観を尊重したうえで晩年を過ごすことができるホスピスの数は，需要に比して不足しており，増設が求められている．在宅で最期を迎えたいという人を支える，遠隔在宅医療のシステムも整備が不十分である．遠隔在宅医療の技術開発はもちろん，住居と病院・診療所，薬局，訪問看護事業所などの

療養支援機関を繋ぐ在宅医療のシステム全般を整備することも望まれる．

　3点目には，インターネットのヘルスケア情報の整備不足が挙げられる．インターネット上の情報利用に際しては，患者の情報リテラシー・情報の質・情報の信憑性にばらつきがあるため，万人が正しい情報を手に入れられる状況ではない．政府や大学などの公的機関が，信頼できる情報を発信しなければならない．また，国民が情報にアクセスし，情報の信頼性を判断し，情報を正しく理解したうえで意思決定を行えるよう，ヘルスリテラシーを向上させる必要がある．

　4点目としては，診療報酬体系の問題が挙げられる．協同参加型モデルでは医師と患者が十分にコミュニケーションを取りながら治療を進めるとされているが，現行の診療報酬体系においては，そのほとんどが健康保険でカバーされず，病院側が経済的負担を被らねばならない[18]．つまり，診療に時間をかけるほど病院の利益は減少していく傾向がみられる．また，医療機関が独自の医療の実施を希望しても，診療報酬が一律であるがゆえに，費用負担面からの制約を被らざるをえない[19]．協同参加型モデルの実現のためには，診療報酬体系の見直し，是正が必要である．

　5点目は，個人情報の守秘にかかわる点である．協同参加型モデルにおいては，医師が患者の多様な情報を所有する．さらに，今日推進されているチーム医療のなかで，医師が得た患者の個人情報を，他のコメディカルスタッフに開示することが必要な場面が存在する[20]．しかし，協同参加型モデルを実施するに当たり開示が求められる情報は，患者の内面に深くかかわるきわめて私的な領域の事柄であり，みだりに開示されるべきものではない．ここに，患者の個人情報の守秘と情報開示の両立という困難な問題が生じる．この課題の克服のためには，個人情報の不要な漏洩を防ぐための制度整備やスタッフ教育だけでなく，患者自身の意識変革も必要であろう．すなわち，医師だけでなく各職種のスタッフ全員が対等な立場で患者を治療しているという理解をうながすことである．

　最後に，学術研究上の課題を挙げる．協同参加型モデルは医師−患者間の関係に焦点を当てているが，社会福祉学や看護学の分野においては，福祉従事者−受益者間，看護師−患者間に従来みられるパターナリスティックな関係を問

題視する動きがみられる．両分野での知見をふまえたモデルの統合および改良が望まれる．また，近年の治療は医師－患者間のみならず，チーム医療によって行われるようになってきている．複数の医師やコメディカルスタッフからなる治療チームと患者との関係に対応できるようなモデルの構築が必要である[21]．加えて，協同参加型モデルはまだ臨床への応用が不十分であるため，実証研究によるモデルの検証が必要であろう．さらに，このモデルは患者の意向を最大限尊重することを目的としているが，医療行為である以上，社会的制約を被らざるをえない．たとえば，患者が積極的安楽死を望んでも，日本では法的に認められていないため，行うことができない．このように，協同参加型モデルの実行のためには，取り除く必要のある障壁が複数存在する．

4 協同参加型モデルの展開および課題

人口構造や疾病構造が大きく転換するなか，保健医療の技術・資源・制度を含む保健医療体制や社会経済状況の変革，すなわち健康転換（health transition）を複数回経験してきた．それと同時に医療モデルの転換も起こった[22]．西洋現代医学パラダイムの崩壊を指摘する意見[23]や，今日の医療現場では欠かせないインフォームド・コンセントの限界をふまえたうえで，インフォームド・コンセントの概念自体を見直そうという動きもある．この流れからみると，協同参加型モデルは，そのような時代の要請にこたえる新しいモデルであり，今後の臨床への展開が期待される．なぜなら，たいていの場合，患者のQOLという観点からみて，どの選択肢を取るのが妥当かという問いに対する答えは，医学の実際的な専門知識からは導出されないからである[24]．患者の最良の利益は医師でなくあくまで患者の主観で決まる．しかし，それを患者1人で実現するのは難しい．患者と価値観を同じくする医師を患者自身が選び，治療に協同参加することが不可欠であろう．

そのための課題を，医師および患者それぞれについて指摘する．第1に，医学教育の刷新および人材の育成が必要である．患者の深層価値が特に尊重されるべき終末期に携わるための準備が十分でない医師が多い．また，患者の多様な価値観に対応するための，ホスピスケアや東洋医療の知識をもつ医師が少数

にとどまっている．さらに，患者を対等なパートナーとして扱い，協同して意思決定を行える医師は少ないうえ，そのような医師を育てるための教育の機会も不足しているのが現状である．

次に，患者の教育不足を挙げる．協同参加型モデルでは，患者は自律性をもち，医師と対等な存在として治療に参加する．しかし実際には，患者は医師に対し受け身の姿勢であることに慣れているため，再教育が必要であろう．市民団体による患者教育の草の根運動は近年活発化してきているものの，行政の取り組みはきわめて不十分といえる．

これらの教育・再教育に加え，医師および患者をサポートするためのシステムの拡充が望まれる．深層価値のペアリングを実現するためには，時間的・距離的な障壁を取り除くことのできる新しいシステム，たとえば遠隔医療の技術革新などが必要であろう．また，医師および患者の教育そのものをサポートするシステムも必要と思われる．それを行政が後押しすることも求められよう．

こういったサポートシステムの有機的な連携は，医師 – 患者間にシナジー効果をもたらすであろう．その変化は，1960年代のアメリカにみられた公民権運動において，医師のパターナリズム打破を求め患者が自己決定権を要求した動きと重なる．現代においてはさらに，サポートシステムを利用することで，医師と患者の垣根を越えた新しいネットワークが発生しうる．そこでは，情報提供や教育という機能を超えて，情緒的なサポートネットワークとしても機能するかもしれない．医療の改善を通じ社会を変革していく原動力となるネットワークにも発展しうる．その結果，社会は成熟，シナジー的性質を強め，患者と医師の間の協調的関係はいっそう強固なものになるであろう．その際，協同参加型モデルは，時代に適合するものとして認められ，影響力をもつと予測される．

なお，協同参加型モデルのより詳細な説明，新協同参加型モデルへの展開，に関しては，拙著 *Physician-patient collaboration*（三恵社より2014年2月に刊行）を参照されたい．

【注】
1) 小松・山崎（1997: 42）．

2) Veatch *et al.* (1996).
3) Veatch (1996).
4) Veatch (1996).
5) Veatch (1996).
6) 小松 (2010: 35).
7) 小松 (2010: 36).
8) 小松 (2010: 37).
9) 小松 (2010: 37).
10) Veatch *et al.* (1995: 11).
11) イデアフォー (2013a: 第2段落).
12) イデアフォー (2013a: 第5-8段落).
13) イデアフォー (2013b).
14) 細谷 (1995).
15) 細谷 (1995).
16) 厚生労働省 (2013).
17) 厚生労働省 (2010).
18) 山崎 (1997: 120), 細野 (1996).
19) 田村 (1996: 117).
20) 飛鳥井 (1995: 151).
21) 飛鳥井 (1995: 151), 中川 (1996b: 214-5).
22) 武藤・今中 (1993).
23) 中川 (1996a).
24) 小松・山崎 (1997).

【参考文献】
飛鳥井望 (1995)「個人情報の共有化と守秘義務」『現代のエスプリ』339: 150-58.
イデアフォー (2013a)「イデアフォーとは」イデアフォー (2013年8月18日取得 http://www.ideafour.org/profile1003.html).
イデアフォー (2013b)「活動予定」イデアフォー (2013年8月18日取得 http://www.ideafour.org/profile1079.html).
厚生労働省 (2010)「終末期医療のあり方に関する懇談会『終末期医療に関する調査』結果について」(2013年8月13日取得 http://www.mhlw.go.jp/bunya/iryou/zaitaku/dl/07.pdf).
厚生労働省 (2013)「人生の最終段階における医療に関する意識調査集計結果(速報)の概要」(2013年8月12日取得 http://www.mhlw.go.jp/file.jsp?id=144644&name=2r98520000035sf3_1.pdf).
小松楠緒子 (1998)「Deep-Value-Pairing モデルの生成過程とその論争点」『保健社会学論集』9: 52-59.
小松楠緒子 (2010)『医者-患者の協同参加——意思決定モデルの観点から』三恵社.
小松楠緒子・山崎喜比古 (1997)「新しい医師-患者関係モデルとその可能性——R.

M. ビーチの Deep-Value-Pairing モデルを中心に」『保健医療社会学論集』8: 40-48.
田村誠（1996）「『自己決定型医療』の問題点と実現に向けての提案」『医療と社会』6
    (3): 109-21.
中川米造（1996a）『医療の原点』岩波書店.
中川米造（1996b）『医学の不確実性』日本評論社.
細野幹子（1996）「『身体・心・気』を融合する医学」『たま』106: 20-24.
細谷亮太（1995）『川の見える病院から――がんとたたかう子どもたちと』岩崎書店.
武藤正樹・今中雄一（1993）「QOL の概念とその評価方法について」『老年精神医学
    雑誌』4 (9): 969-75.
山崎章郎（1997）『ここが僕たちのホスピス』文藝春秋.
Veatch, R M. (1996) "Modern Vs. Contemporary Medicine: The Patient-Provider Relation in the Twenty-First Century," *Kennedy Institute of Ethics Journal*, 6 (4): 2-24.
Veatch, R M. *et al*. (1995) "Abandoning Informed Consent," *Hastings Center Report*, 25 (2): 5-12.
Veatch, R M. *et al*. (1996) "Letters," *Hastings Center Report*, 26 (1): 2-4.

11章
エネルギーと環境問題の本質

一針　源一郎

> シナジーとは，社会での人と人のつながりだけのことなのか——．
> 人は活動するエネルギーを自然から得て，
> また地球環境へ影響を与えていく．
> 自然や人間社会のありかたを調整しシナジー効果を発揮していくことが，
> 地球温暖化の対策にも求められる．

　これまでの章では主に，人と人とのつながりのなかで，人間社会でのシナジーを議論してきた．本章では，人間社会を取り巻く自然環境や資源との関係に目をむけて，持続的成長にとどまらず，幸せを追求するためのシナジーについてみていきたい．

　本章では，再生可能エネルギーを本当に利用するためには，技術・社会・経済のシナジー的な仕組みが必要であることを議論する．先進国がNPO活動的に，自分たちだけ経済性を犠牲にして二酸化炭素を減らしても，温暖化を押しとどめることはできない．気候変動の緩和だけでなく適応も重要であり，そのためには，経済性を犠牲にせずに社会と協調して「啓発された自己利益」をめざすような，グローバルな取り組みが必要である．

1　再生可能エネルギーの光と影

　温暖化や寒冷化の気候変化（climate variability）は，地球の歴史上，幾度も繰り返されてきた．ただし20世紀後半の温暖化は人為的起因であるとされ，国際連合では気候変動（climate change）と呼んでいる[1]．
　気象庁のデータで，1891年から2013年までの，世界の陸域における地表付近の気温と海面水温の平均の推移をみると，図11-1に示すように，明らかに上昇傾向を示している．このまま地球温暖化が進むと，海面上昇や異常気象の

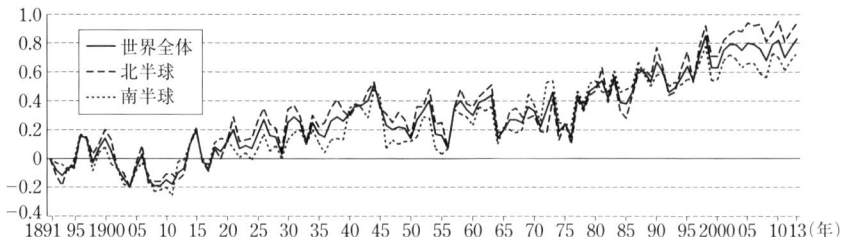

図11-1　世界の年平均気温偏差（1891年基準）
出所：気象庁ホームページ（2013年12月）のデータを加工して作成．

増加および生物種の大規模な絶滅を引き起こす可能性もある．

温室効果ガスの先駆的な研究者のJ. T. キール（Jeffrey T. Kiehl）とK. E. トレンベルト（Kevin E. Trenberth）は，気温上昇の寄与度を「水蒸気60%，二酸化炭素26%，オゾン8%，その他6%」と計算した[2]．それを受けて，影響は水蒸気より少ないものの，人為的な原因で増えている二酸化炭素をできるだけ削減しようという動きへ世界は向かっている．

この二酸化炭素とエネルギーの関係が深いことは，自然科学で解明されている．人間をはじめ動物の活動するエネルギー源は炭水化物である．食物の炭水化物と呼吸で取り入れた酸素を体内で化学変化させて，エネルギーを発生する．

$$\text{炭水化物} + \text{酸素} \rightarrow \text{二酸化炭素} + \text{水} + \text{エネルギー} \qquad (1)$$

燃料の石炭・石油・ガスからエネルギーを発生させるのも，同様の化学変化である．

$$\text{化石燃料} + \text{酸素} \rightarrow \text{二酸化炭素} + \text{水} + \text{エネルギー} \qquad (2)$$

以上のように，人間も燃料もエネルギー発生と同時に二酸化炭素を排出する．燃焼時には，不純物の硫黄（S）や空気中の窒素（N）なども化学変化をおこし，硫黄酸化物（SO_x）や窒素酸化物（NO_x）も生成される．これが酸性雨など公害を発生させ環境問題となっていた．技術開発により，先進国では環境規制に適合した脱硫・脱硝装置で除去されている．新興国でも徐々に改善へ向かっている．

石炭・石油・ガスなどは，動植物の死骸が地中に堆積して長い年月で地圧・

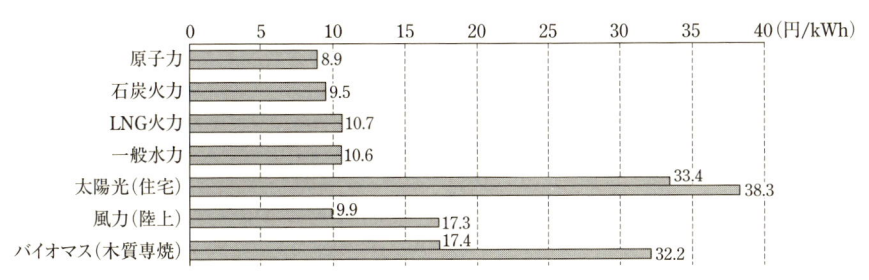

図 11-2　電源別の発電コスト（2010 年時点）
出所：国家戦略室（2011）のデータより作成（上限値と下限値の両方を表示）．

表 11-1　2012 年度の固定価格買取制度

	太陽光	風　力	バイオマス
調達価格	42 円	23.1 円	33.6 円
調達期間	20 年間	20 年間	20 年間
その他	10kW 未満は 10 年間	20kW 未満は 57.75 円	未利用木材燃焼の場合

出所：経済産業省（2012）より作成．

地熱により変成されてできた有機物であり，化石燃料と呼ばれている．枯渇が懸念される化石燃料の代替として，また気候変動を緩和する手段として，再生可能エネルギーが注目されている．

　国際エネルギー機関では，「日光や風のような自然からとれるエネルギーで，消費より早く補充されるもの．太陽，風力，地熱，水力，一部のバイオマスなどが一般的な再生エネルギーの源泉である」と定義している[3]．ただし，再生可能エネルギーは，従来のエネルギーよりコストが高く，普及には政策的な後押しが必要となっている．日本での発電コストを，国家戦略室のエネルギー・環境会議コスト等検証委員会が調査した結果が図 11-2 である[4]．

　このコストを元に，再生可能エネルギーを普及させるために，欧州で最も多く用いられている固定価格買取制度（Feed-in Tariff）が，日本でも 2012 年から導入された．長期に定額での全量販売が法的に保証されることにより，投資が促進される効果は大きい．一方で，市場原理を無視して補助金を導入することによる弊害も大きく，海外では 3 つの問題が発生している．

　① 発電コスト高　最大の問題は，長期間におよぶ大きな負担である．税金

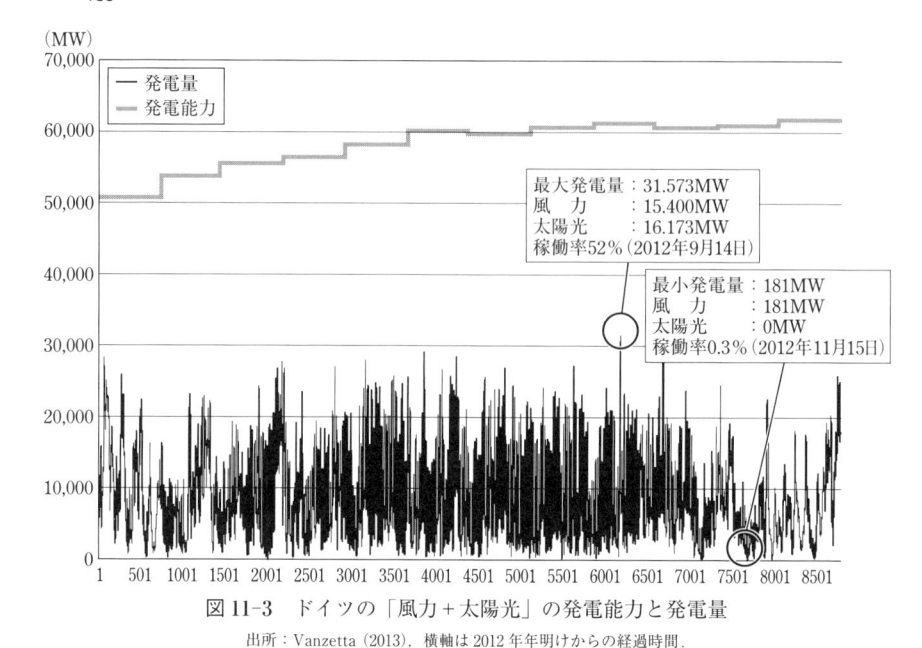

図中ラベル:
- 発電量
- 発電能力
- 最大発電量：31,573MW　風　力：15,400MW　太陽光：16,173MW　稼働率52%（2012年9月14日）
- 最小発電量：181MW　風　力：181MW　太陽光：0MW　稼働率0.3%（2012年11月15日）

図11-3　ドイツの「風力＋太陽光」の発電能力と発電量
出所：Vanzetta（2013）．横軸は2012年年明けからの経過時間．

または電気料金を通じて国民の負担になってくる．例えばスペインでは，固定価格買取制度の導入で，1260億ユーロ（約16兆円）の国家負担が見込まれ，保証の不履行を余儀なくされた[5]．地中海性気候で日照時間が長く，風車小屋がドン・キホーテに描写される国でさえ，太陽光・風力発電の経済性は厳しい．

② **補完のための予備設備**　太陽光と風力などは，気候条件に依存するため発電量が一定ではない．環境先進国のドイツでの事例について，J. ヴァンセッタ（Joachim Vanzetta）が国際学会で発表したデータから分析してみよう[6]．

図11-3に示すように，ドイツの再生エネルギー（風力＋太陽光）の発電能力は60 GW（ギガワット）超に達したが，2012年は稼働率が0.3〜52%と変動した．60 GWの発電設備があってもフル稼働はできず，最大で52%だったのである．地域によって風況や日射が異なるからである．全国合計で0.3%と，ほとんど稼働しない時もあった．つまり，再生可能エネルギー発電の中断に備えて同容量のバックアップ電源を用意しておかないと，安定的に稼働できないことになる．倍の発電設備容量の投資が必要なわけだ．または蓄電での平準化

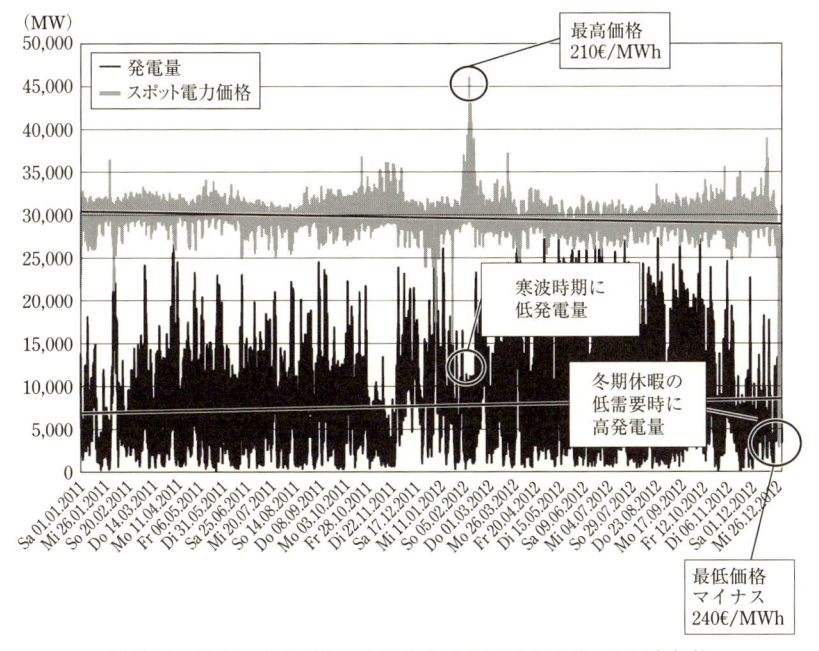

図11-4 ドイツの「風力＋太陽光」の発電量とスポット電力価格
出所：Vanzetta（2013）．

も可能だが，コストが高く経済性に難がある．ちなみに太陽光28 GW導入に必要な蓄電池は16.2兆円と試算されている[7]．

③ 経営の不安定　3つ目の問題は，発電量が大きく変動することにより電力市場の需給バランスがくずれ，価格が乱高下することである．図11-4にあるように，電力スポット価格は，210ユーロ／MWh（メガワット時）からマイナス240ユーロ／MWhまで激しく価格が変動している．供給過剰の時には電力市場での取引価格がマイナスになり，すぐに停止できない発電所は金を支払わないといけない．再生可能エネルギー発電者は固定価格が保証される一方で，既存の電力会社は経営が圧迫され不安定になった．老朽発電所の更新ができず，問題になっている国もある．

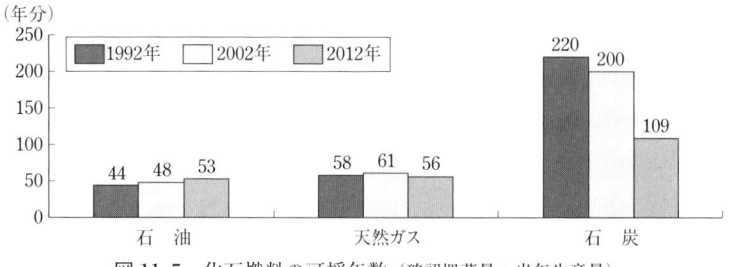

図 11-5 化石燃料の可採年数（確認埋蔵量÷当年生産量）
出所：BP (2013) のデータより作成．

2 エネルギーとグローバル経済・政治

エネルギーは，経済に占める比率が大きく，国際政治の重要なテーマである．

前節でも触れたように，化石燃料の問題点として資源の有限性がある．確認された埋蔵量を当年の生産量で割った「可採年数」の推移を示したのが図11-5である．石油やガスは，新しい鉱床の開発もあり，あと50年と言われ続けてきた．石炭は，中国・インドの消費拡大などで，たった10年間で可採年数が91年分も縮んだ．新規炭鉱の発見がなく消費が倍増すると，可採年数はさらに半分の計算になってしまう．

世界の石油輸出国は，中東に集中していた．ここは歴史的に，解決のむずかしい問題をはらんでいる．1973年の第4次中東戦争，1979年のイラン革命に端を発し，石油価格高騰のオイルショックは，世界経済に大きな影響を与えてきた．近年，エネルギー問題で注目されているのが，ロシアと米国である．

① **ロシアのガスパイプライン交易** ロシアは，ガス埋蔵量が多い．ロシアのGDPおよび輸出に占めるガスの比率は非常に大きく，欧州への輸出が主体である．ガスの移送手段としては，冷却してLNG（液化天然ガス）に変換するコストやロスよりも，パイプライン敷設のほうが割安であり世界的に主流になっている．生産と消費の関係が固定化されることで，両国経済の相互依存度を高めることになり，安全保障面での「もろ刃の剣」となる．

サハリンおよびシベリアでの新たな天然ガスの開発にともない，今後，ロシア西部の需要地への移送か，東アジアへの輸出が想定されている．ロシアと中国・日本・(北朝鮮経由) 韓国を，新規にパイプラインで結ぶ計画に向けて，折衝がつづいている．ハードルは高いが，実現すれば政治・経済への影響は大きい．サハリンから茨城県鹿島までの 1400 km ものパイプラインも，経済的には成り立つとして検討されている．

② **米国のシェール革命**　他方，米国はシェール革命の影響が大きい．水圧破砕や水平掘削の技術開発により安価で豊富にガスや石油が採掘できるようになり，エネルギー政策を大きく転換させている．中東原油の最大の輸入国であった米国が，数年後にはエネルギー輸出国に転じるとの予測もある[8]．そうなると，エネルギーコストが下がり米国内で工業が再活性化するだろうが，それだけではすまない．米国経済が中東に依存しない場合，もし紛争が勃発しても，中東への安全保障の派兵に関し，米国民が難色を示す可能性は高い．中東諸国は，新たな安全保障先を求める．大消費国の中国とインドが「平和の番人」をめぐって対立する構図もありえる．シェール革命という技術革新は，このように国際政治へも影響を及ぼしつつある．

米国エネルギー省の調査によると，米国だけではなく世界中にシェールガスは遍在しており，可採資源量を 7299 兆立方フィートと推計している[9]．2012 年末の天然ガスの確認埋蔵量は 6614 兆立方フィートなので[10]，可採年数が 56 年から 100 年に倍増する可能性がでてきた．ただし，シェールガスやオイルの新しい発掘方法には，地下水の汚染や地震の誘発も懸念されており，米国以外は，まだ慎重な国が多い．

3　二酸化炭素を減らせるのか

二酸化炭素の削減が本当に可能なのか，次の恒等式(3)を考えてみよう．

$$CO_2 = 人口 \times \frac{GDP}{人口} \times \frac{エネルギー}{GDP} \times \frac{CO_2}{エネルギー} \tag{3}$$

この両辺を偏微分すると，

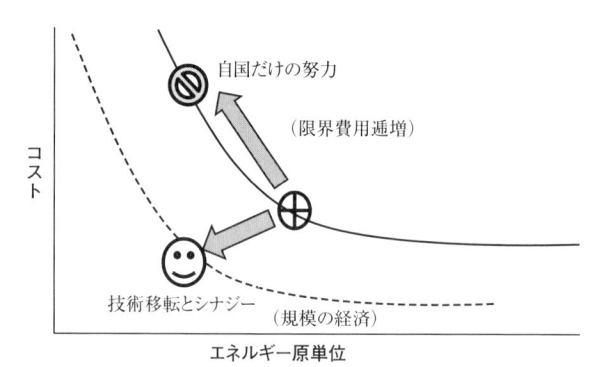

図11-6 技術移転によるコスト曲線転移のイメージ図

$$\varDelta CO_2 = \varDelta 人口 + \varDelta 1人当たりGDP + \varDelta エネルギー原単位 + \varDelta CO_2 原単位 \quad (4)$$

式(4)右辺第1項・第2項は，人口・経済が成熟化している先進国では伸びが抑えられる．第3項は，省エネで改善できる．また第4項は，化石燃料から太陽光・風力などへ転換していけばマイナスにできる．

しかし新興国では，省エネや再生可能エネルギー導入の高コスト負担は難しい．これを解決するには，どうしたらよいのか．例えば，省エネ推進ではコスト効率の良い手段から採用していくので，追加コストは上がっていく．経済学でいうところの「限界費用逓増」の法則である．しかし一方で，先進国で確立した手法を新興国へ展開していくと，「規模の経済」の効果で省エネかつ低コストを実現できる．このコンセプトを図11-6に示した．これはエネルギーシフト対策も同様である．

先進国で開発した技術を，途上国のニーズに合わせて，技術移転するという考えは以前からある．さらに最近は，「リバースイノベーション」という，逆のコンセプトも実践されている[11]．グローバル企業が途上国へ研究所を設立し，そこで現地のニーズに合った製品を最初に開発する．それを先進国のニーズに合わせて逆輸入する経営手法であり，大幅なコストダウンが期待できる．

企業グループ内だけでなく国際分業でも，このような「技術移転→規模の経済→コストダウン」の傾向はみられる．例えば，太陽電池は，かつて日本メーカの独壇場であったが，ドイツでの市場規模が世界一になると共に，ドイツ企

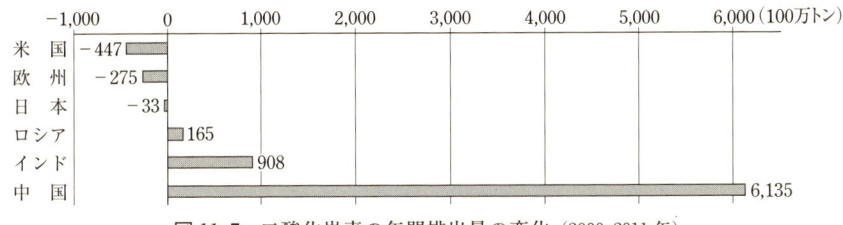

図 11-7　二酸化炭素の年間排出量の変化 (2000-2011 年)
出所：Plan Bureau voor de Leefomgeving (PBL, オランダ環境庁) データベースより作成.

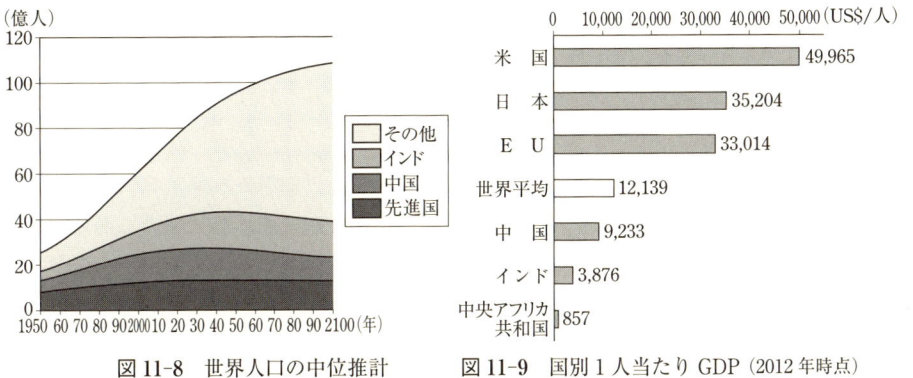

図 11-8　世界人口の中位推計
出所：United Nations (2012) データより作成.

図 11-9　国別 1 人当たり GDP (2012 年時点)
出所：The World Bank (2013) データより作成.

業の研究開発が活発化しトップシェアとなった．その後，中国市場も拡大し中国メーカがトップシェアとなり，世界各地への輸出が拡大し，世界的な太陽光発電のコストダウンに貢献してきた．一方で，中国メーカの低価格な輸出拡大に対して，米国および EU はダンピング関税をかけて自国メーカを守ろうとした．技術移転は，貿易摩擦へも発展するのである．

先進国では，エネルギー原単位や CO_2 原単位を削減してきたが，新興国では，人口増加と経済成長の寄与度が上回る．2000 年から 2011 年までの二酸化炭素の排出の変化をみると，図 11-7 のようになっており，結局，先進国の努力も焼け石に水であった．

今後も，新興国は人口増加や経済成長が続く．図 11-8 で国連の人口中位推計をみると，先進国の人口は横ばいだが，中国・インドが増加し，そこが成熟すると別の国が伸びていく[12]．また世界銀行のデータから，2012 年における

1人当たり GDP を図 11-9 でみると，新興国は，世界平均へ向けて今後何倍も成長していくだろう[13]．つまり，世界全体で考えると，式(4)右辺第1項・第2項の増加が，第3項・第4項の改善を上回る．残念ながら，グローバルな二酸化炭素の排出量の削減は不可能だと思われる．

4 幸せな未来へ向けて

エネルギーでは，安定供給（Energy Security），経済性（Economic Efficiency），環境問題への配慮（Environment）の 3E に加えて，安全性（Safety）の重要性があらためて見直されてきて，「3E＋S」がエネルギー政策の基本とされている．

資源枯渇問題と「環境問題への配慮」から，再生可能エネルギーの利用が進んできた．しかし「経済性」と「安定供給」の面では，第1節でみたような3つの問題をはらんでいる．「安全性」に関しては，原子力発電，シェールガス・石油について議論が盛んである．「安定供給」に関しては，第2節でみたように，国際政治情勢をふくめた視点が必要である．

「環境問題への配慮」について第3節でみたように，二酸化炭素の増加が止められないなら，逆に目標を変えざるを得ない．防止・阻止できないなら，適応（Adaptation）するしかない．自然環境とあくまで戦う西洋に対して，ありのままに受け止めるのは東洋的な知恵でもある．

単に温暖化阻止を諦めるのではなく，できるだけ防止の手を尽くして，仕方がない部分は，気候変動を許容したうえでの生き延びるための手を打っていくべきである．ものごとには，良い面と悪い面があるはずである．例えば，温暖化により氷山が融ければ北海航路が日常的に使えるようになり，ヨーロッパとアジアが近くなることを，ロシアの V. V. プーチン（Vladimir Vladimirovich Putin）首相（当時）は期待している[14]．環境庁のパンフレットでは，図 11-10 に示すように，温暖化対策を2つに分けている[15]．温室効果ガスの排出を抑制する「緩和」と，自然や人間社会のあり方を調整する「適応」である．

現状は，世界的に「緩和」に焦点が当たっている．例えば，化石燃料を燃やしたあとの二酸化炭素回収貯留（CCS）というコンセプトへ，巨額の研究開発

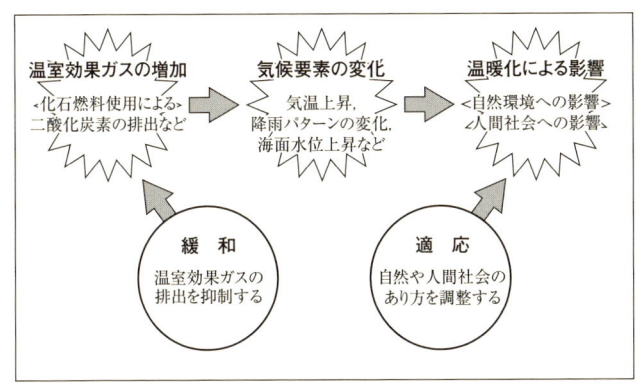

図 11-10　温暖化対策の緩和と適応
出所：環境庁 (2012).

も進んでいる．それと同時に，「適応」に必要な技術開発も科学者で力を合わせるべきであろう．日本で具体的に進められている例を表 11-2 に示したが，もっと大掛かりでグローバルな取り組みが必要だ．例えば，温暖化に適応した農林畜産業のためのバイオ技術での国際協力，または，モルジブやツバルなど海面上昇で壊滅的な打撃をうける国からの国際的な移民の受け入れ，などが考えられよう．

　自分だけではできないことを，相互に力をだしあい可能にするのが「シナジー社会」である．自然科学的な技術開発と，社会科学的な政治経済の，2 つの領域が重要である．その際に「3E＋S」の全てを満たさないと解決策（ソリューション）とは呼べない．

　「緩和」の具体例として，日照・風況などの自然環境によって，再生可能エネルギーの出力が変動する課題に対して，3 つのソリューションを提言したい．

　① **広域電力連系**　ある場所では需給が不均衡になる場合も，となりと融通しあうことで，おたがいの需給を調整していこうという解決策である．すでに欧州では電力貿易が行われている．しかし K. マスロ（Karel Maslo）によると，「2012 年 8 月 22 日には，旧東ドイツで風力と太陽光の発電量が域内の需要を越えてしまい，隣国のポーランド経由で，さらにチェコへ流入しチェコも需要超過になり，スロバキアまで流れて消費された．ただし，ポーランドとチェコ

表11-2　温暖化への適応例

分野	対策
農牧	高温に強い品種開発や栽培法の確立 気候に合わせて産地の転作 畜舎へ扇風機設置
生活	節水機器の普及 街路樹の整備 サマータイムの検討
防災	防波堤や護岸整備 排水強化パイプ設置

⇒ より大規模でグローバルな取り組みが必要

出所：新聞情報[16]等より作成.

の間で電力容量が限界に近付き，電線の温度が急上昇し，大停電を引き起こす寸前だった」[17]．したがって，シナジーの発揮のためには，ハード面で変電所などインフラの増強と，ソフト面でグリッドコード統一や協調制御の充実などが前提になる．

② デマンドレスポンス　これは，発電者側の供給変動に合わせて，消費者側での需要を調整していこうとする考え方である．ただし，一般にいわれるような，電力供給が足りない時に，消費者がお金をもらって我慢するというやり方ではない．例えば，テレビや照明は消さずにエアコンや冷蔵庫の出力を一時的に落とすなど自動的に対応する，スマートな仕組みである．そのためには情報のやりとりが必要になり，やはりハード・ソフト両面での対応が重要である．スマートグリッド，スマートメータ，スマート家電，などの開発や実証がすすんでいるが，社会科学的なアーキテクチャーとのシナジーこそ重要である．

③ 電気自動車の電池を活用　電力の変動調整には蓄電池が有効である．そのためにだけに新設するとコストが高いが，電気自動車に搭載されたリチウム電池を活用することは経済性がある．移動手段と系統安定のシナジーを発揮する構想である．ここでも，自然科学的な技術開発だけでなく，社会科学的なしくみの整備が重要である．

おわりに

株主のために利益を追求するべき企業が，寄付などの社会的責任を果たす根

拠として,「啓発された自己利益（Enlightened Self-Interest）」が提唱されている．地域への投資が廻り回って企業の利益になり，社会も企業も株主も幸せになるという発想である．NPOが慈善活動を行い自己の精神的満足を非営利で得るのに対して，利害関係者のシナジー発揮により，実利がどんどん拡大するところに違いがある．

　本章でみたように，再生可能エネルギーを本当に利用するためには，技術・社会・経済のシナジー的な仕組みが必要である．先進国がNPO活動的に，自分たちだけ経済性を犠牲にして二酸化炭素を減らしても，温暖化を押しとどめることはできない（図11-7）．だからこそ，経済性を犠牲にせずに，啓発された自己利益をめざすような，グローバルな取り組みが必要である．

　ここまで，エネルギーと環境問題について，世界の動向や課題，さらには，その解決策についてみてきた．しかし問題は気候変動だけではない．人間が，エネルギー活動で地球温暖化を招いているように，人口増加や都市化も地球環境へ無視できない影響を与えつつある．地球の危機と言うと大げさだが，人類の危機とは言えるのでないだろうか．これらの課題解決へは，人間と地球の変化を総合的に研究し，場合によっては，われわれ人間の活動を行動修正することが求められる．

　量的な成長を求める開発ではなく，持続可能な未来の社会へ向けて舵をきるという考えが少しずつ広まってきた．ごみの量を減らそう（Reduce），繰り返し使おう（Reuse），資源として活かそう（Recycle），という3R活動もある．ただし「持続性」には，今のままで我慢するという受け身のイメージがある．持続可能なだけでは不十分で，量的な成長は追わないが，質的にどんどん豊かになり「幸せ」になることが重要だからである．そのためには，自然環境と人間のシナジーだけでなく，前章までで議論してきた人間と人間のシナジーが重要である．

　エネルギー以外についても，環境と人間のシナジーによる「適応」を進めて，人間どうしのシナジーにより「幸せ」になる道を選んでいきたい．例えば，第3節で紹介したリバースイノベーションなど，新興国を起点とした手法が，啓発された自己利益を生み，地球規模のシナジーには有効であろう．

【注】

1) United Nations (1992).
2) Kiehl and Trenberth (1997).
3) International Energy Agency (2013).
4) 国家戦略室 (2011).
5) 『朝日新聞』2010 年 7 月 11 日朝刊,「風力・太陽光, スペイン岐路　政府, 見直しに着手」.
6) Vanzetta (2013).
7) 経済産業省 (2010).
8) International Energy Agency (2012).
9) U. S. Energy Information Administration (2013).
10) BP (2013).
11) Immelt *et al.* (2009).
12) United Nations (2012).
13) The World Bank (2013).
14) 『産経新聞』2011 年 9 月 24 日朝刊,「露首相　北海航路, 発展へ号令　欧州―アジア最短ルート」.
15) 環境庁 (2012).
16) 『日本経済新聞』2013 年 7 月 2 日夕刊,「温暖化被害, 地域別に対策」.
17) Maslo (2013).

【参考文献】

環境庁 (2012)「パンフレット 地球温暖化から日本を守る適応への挑戦 2012」(http://www.env.go.jp/earth/ondanka/pamph_tekiou/2012/).

気象庁 (2013)「世界の年平均気温偏差」(http://www.data.kishou.go.jp/climate/cpdinfo/temp/list/an_wld.html)(最終更新 2013 年 12 月 24 日).

経済産業省 (2010)「低炭素社会実現のための次世代送配電ネットワークの構築に向けて —— 次世代送配電ネットワーク研究会報告書」(http://www.meti.go.jp/report/data/g100426aj.html).

経済産業省 (2012)「再生可能エネルギーの固定価格買取制度について」(http://www.meti.go.jp/press/2012/06/20120618001/20120618001.html).

国家戦略室 (2011)「コスト等検証委員会報告書」(http://www.cas.go.jp/jp/seisaku/npu/policy09/archive02_hokoku.html).

BP (2013) *BP Statistical Review of World Energy* (http://www.bp.com/content/dam/bp/pdf/statistical-review/statistical_review_of_world_energy_2013.pdf).

Immelt, Jeffrey R., Vijay Govindarajan and Chris Trimble (2009) "How GE is Disrupting Itself," *Harvard Business Review*, October 2009.

International Council for Science (2013) *Future Earth: Research for global sustainability: Draft initial design report* (http://www.icsu.org/future-earth/media-centre/relevant_publications).

International Energy Agency (2012) *World Energy Outlook 2012* (http://www.iea.org/newsroomandevents/pressreleases/2012/november/name,33015,en.html).

International Energy Agency (2013) *What is renewable energy?* (http://www.iea.org/aboutus/faqs/renewableenergy/).

Kiehl, Jeffrey T. and Kevin E. Trenberth (1997) "Earth's Annual Global Mean Energy Budget," *Bulletin of the American Meteorological Society*, 78: 197-208.

Maslo, Karel (2013) *Integration of Renewable Sources into Power System* (http://www.cigre.org/Homepage/Events/Symposia/Symposia-2013/Lisbon-Symposium).

Plan Bureau voor de Leefomgeving (2012) *Trends in global CO2 emissions: 2012 Report* (http://www.pbl.nl/en/publications/2012/trends-in-global-co2-emissions-2012-report, http://www.compendiumvoordeleefomgeving.nl/cijfers/nl0533005g07.html).

The World Bank (2013) *GDP per capita, PPP (current international $)* (http://data.worldbank.org/indicator/NY.GDP.PCAP.PP.CD).

United Nations (1992) *United Nations Framework Convention on Climate Change*, 7 (http://unfccc.int/files/essential_background/background_publications_htmlpdf/application/pdf/conveng.pdf).

United Nations (2012) *World Population Prospects, the 2012 Revision* (http://esa.un.org/wpp/excel-Data/population.htm).

U. S. Energy Information Administration (2013) *Technically Recoverable Shale Oil and Shale Gas Resources: An Assessment of 137 Shale Formations in 41 Countries Outside the United States* (http://www.eia.gov/analysis/studies/worldshalegas/).

Vanzetta, Joachim (2013) "Role of TSOs and DSOs in a changing environment," (Cigre Cired Lisbon Symposium 2013 のパネル発表資料) (http://www.cigre.org/Homepage/Events/Symposia/Symposia-2013/Lisbon-Symposium).

12章
"SHIEN" マネジメントとその先の近代

舘 岡 康 雄

> 世界はこれからどのように変わっていくというのか．
> たがいに力を引き出し合い，一緒に答えを立ち上げていくことが，
> 新たな時代と科学の主流となっていく．

　本書では，シナジー社会を「相互に他者を生かし合うことで，自分だけではできないことを可能にする社会」とした．これをマネジメントに当てはめると，今まではマネジメントとは一般に，「目標に向かって人，もの，金，情報を最適化すること」であったが，これからは，「相互に人の力を引き出し合うこと」となると考える．複雑で不確実な現代では，たがいにいかに活かし合うことができるかの方が，Cando リストのように自分に何ができるか，人に何をさせられるかより重要になってきた．自分を認めさせ，自分がどうできているのかを気にするのではなく，自分がすることが，相手の文脈ではどのような意味や価値があるかを感じて瞬時にたがいに調整し合うことが求められる．相手と自分はたがいにリスペクトしあっているのか，強みを弱め合うのではなく，強みを惜しみなく出し合って，価値を生み出せているのか，力を引き出しあっているのか，第3スペースにジャンプできているのか，そのようなことをたがいに課すマネジメントがこれからの時代に必要になってきている．第3のスペースにジャンプするとは[1]，その先の近代にとって重要な概念の1つである．自分の意見や主張が第1スペース，相手の意見や主張が第2スペース，その2つの主張の葛藤を超え，それらを止揚した，双方が想定さえしていなかった意見や主張や答え[2]が第3スペースである．本章では，こうした解にいたることができる引き出し合うマネジメントの必要性[3]を論じることにする．

1 新たな時代の幕開け

1-1 現代的諸問題とは

端的に言って，現代的問題の本質は，空間的な拡がりと時間的な短縮によって起こされてきている．世界がスモールワールド化したということである．背景にはもちろん輸送技術や通信技術の革新的な発達がある．まず空間的な拡がりについて考えてみよう．たとえば，ある空間 S における文化的問題は，従来のその村や地方や地域だけに閉ざされていたので，そのエリアで解決することができた．自分たちの努力でなんとかなった．自分たちの権威や管理の力でなんとかなった．ところが，いまやそれをグローバルにみると，他の地域では法律も商習慣も価値観も違っているので，その解決方法自体が他の文脈では問題となる．発展段階で CO_2 を大量に生み出してきた先進国の現段階での CO_2 削減策は，発展途上国では到底受け入れがたいものである．いまや BRICS を中心にそのイニシアティブは発展途上国が握りつつあるが，先進国は納得しないだろう．こうした調整問題は随所にみられてゆきづまっている．ネオリベラリズムは文化や伝統や地域性を無視している．企業経営における部門間問題も同じである．国家運営における省庁間の調整も同じだ．生産部門は他の部門と利害対立するし，省庁を超えての問題解決がいかに難しいか，またその実践の集積がいかに乏しいか，問題は空間的に拡がっているのだから，その対応は昔のままでは功を奏しない．このような文脈では，地球全体を活動の現場と見立て，文化や言葉や多様な価値観があることを機会として捉え，そこから新しい価値を生み出していくことができることが求められることになる．空間的な拡がりや多様性はもちろん悪いことではなく，それをいかに活かせるかが問われている．活かし方が大事で，そのことが存在論的にも意味がないといけない．

時間的な短縮化についても考えてみよう．一昔前であれば，計画をたて，粛々と実行すれば，計画が示していた目標近傍の成果がでた．これだけ投資すれば，これだけのリターンが得られたのである．しかし，いまや関係性が高まって世界の緊密性が増している．変化が速く激しくなれば，計画の前提がころころ変わり，計画どおり実行しようとすればするほど，閉塞してしまう．さら

に，一般に要因が増え繰り返し状況下になると，カオス（複雑性）が現出する．人間は初期値を正確に定めることができないので，カオスをともなった問題を処理するのは難しい．従来のシステム思考だけでは不十分で，決められない初期値を定め，そこから時間軸で発展する状況をあしらえなくてはならない．

こうした難問題にどのように立ち向かっていくかが，現代的諸問題の本質である．単純に二項対立として考える時代ではなくなった．個と社会とか，内部と外部とか，ミクロとマクロとか，お上と庶民とかである．企業経営でいえば，利益と人件費の関係でいえば，利益を上げるために社員を犠牲にして，つまり人件費をコストとして考えて削減することによって利益を上げて競争に勝って生き残るということが正しいというあり方ではなくなってきているということである．長野県伊那地方に「かんてんぱぱ」と称される企業があるが，そこでは人件費を目的と考えて，できるだけ高い給料を払ってあげることを目指し，従業員の共感と献身的な働きを得て，48年間も増収増益を生み出し続けている[4]．新たな問題解決方法が，現代的諸問題にはありそうである．

1-2 問題の答えは誰が握っているのか

前述のことを違った角度から検討する．現在われわれが抱えている問題を具体的に考えてみよう．あなたの問題は何か，ということである．そして，その問題の答え，問題ではなく，問題の解は誰が握っているのか，「解」の所在の位置で調べてみる．結論から端的に言えば，問題の答えは，「自分」から「自分と相手の間」に移り，「相手と自分の間」から「相手」に移ってしまう傾向にある．

表12-1を参照されたい．筆者が最も詳しい領域である製造業でみてみよう．過去においては，自分の問題の答えは自分自身が持っていた．自動車製造の場合，たとえばスカイラインでも3年半位前から準備を開始している時代があった．すなわち，モデル凍結から工場で生産，立ち上がりまで大体40カ月かかっていた．モデル制作・設計・試作・実験・生産という具合に，5つの部門が各々の機能を果たしていた．仮に5部門が8カ月ずつ関わって40カ月で車を市場に出していたとする．顧客の多様化が進み，ヒット商品がますます短命化するなかで，30カ月に短縮して，新車を市場に導入する必要が生じた．40カ

表12-1 課題の高度化と「解」の所在

解の所在	解が自分	解が境界領域	解が相手
適切な行動様式	管理行動	協働活動・第3スペース	利他性・支援行動
関　係	上下関係	水平・協力関係	支援関係
気付く内容	問題と解決策	自分の文脈（量）内での相手への影響	知らない相手への自分の文脈（量）の読み直し
（開発の）短縮化	ウォーターフォール型	サイマルティニアス型	サポート型（相互浸透型）
目標の高度化	線形の世界	線形と非線形の世界	非線形の世界

注：開発期間が40カ月→30カ月→20カ月→10カ月．

月を30カ月にしなくてはならないという問題の「解」はどこにあったのだろうか．各部門が8カ月かかっていた仕事を各々2カ月ずつ縮め，6カ月にしたのである．すなわち，工場部門では，IE改善などが主流となり，歩数を小さくするとか，ラインを短くするとか，設計部門では図面を最小時間で作るなどの設計図面の標準化を行い，効率化を進めたのである．つまり，この問題は自部門で解決することができた．このようなフェーズでは，自部門で取り組みを進めるのであるから，ヒエラルキーが機能する．こうすればこうなるという事前決定性が担保されているので，管理行動が有効であった．部門内では目指すところ，価値観は共有できるから，このような行動様式で問題が解けるのである．最適解を客観的に定めることが可能である．

さらに企画から製造までを20カ月にする必要に迫られるようになった．すると，自部門の努力はすでに30カ月にするときにやりつくされており，今度は，相手と自分の間にある問題をどう解決するかということに焦点が移るようになる．たとえば，試作部門と工場部門が試作型と正規型の2つの型を従来造っていたが，これを1つにできれば，開発期間は大幅に短縮されることになる．しかしながら，試作型は性能確認のために何度も実験して造りなおすので，安価で速く製作できることが必要だ．一方，正規型は場合によっては同一製品を100万個くらい工場で造るわけだから，多少高価でも頑丈で精度がでることが必要だ．つまり，自分のしたいことが相手のもっともしてほしくないこと，相手のしたいことが，自分がもっともして欲しくないことの調整問題となる．通常どうなっていたかというと，声の大きい部門が相手を黙らせて，不合理な型ができてロスが発生していた．ところが，現在はたがいの気にするところをと

ことん出し合って，両者が納得する第3スペースを見出し，そこにジャンプする協働過程となる．会議の前には，どちらの部門も想定できなかった解がその場で立ち上がっていく．20カ月にするという問題の「解」は，自部門と他部門の間の協働過程にゆだねられたのである[5]．ここで求められるものは，自分のすることが相手の文脈でどういう意味を持つのか，相手にもそのことを感じてもらって，対立葛藤を乗り越えて，一緒に新しい第3の答えを立ち上げることである．

このようにして協働活動に成功して，20カ月を達成しほっとしても，さらに競争環境が激化し，現在は開発期間を10カ月未満でやらなくてはならない．自分の努力もやりつくされてしまい，自部門と他部門の境界領域の努力もほぼやりつくされてしまった状況において，どこにさらなる余地があるのだろうか．

このフェーズになると，自分自身の効率向上でも相手との協働でも対応できなくなるのは前述の通りである．求められることは，自分が行ったことが，将来行う相手の仕事を軽減するように自分の仕事をしてしまうということになる．たとえば，設計がランプの図面を描くとき，将来工場で生産する作業において，難しい作業が発生しないように部品を設計しておく．また，工場側も設計者が望む複雑形状を設計段階から知り，将来に向けて準備を開始する．つまり，たがいの仕事をたがいに軽減し，しかもやりやすくする活動が不可欠になる．10カ月にするという問題の「解」は相手が自分にどうしてくれるか，たがいに相手に移ってしまったのである．他部門が自部門にどのようにしてくれるかは，相手の意思決定過程となるので，自分側の権威は意味を失う．つまり，この段階では，管理行動様式は価値を失い，支援行動が希求されるようになってくるのである．人々は相手になりすまし，相手を自分の一部のように感じて手をさしのべながら，自分の仕事をなし遂げる利他的な行動を学ぶときに入ってくる．10カ月にするという問題の「解」は，自部門と他部門の間の支援過程にゆだねられたのである．

以上みてきたように，あなたの問題は，あなた自身の努力によって解決できた時代から，ステークホルダーと一緒に解決する時代に漸次移行し，やがて相手が答えをあなたのために供出してくれるかどうかの時代に移っていく．

2　来たるべき時代の捉え方

　現象が空間的には拡がり，時間的には短縮化した．それに伴い，自身の問題の解が相手に所属するようになっていくとは，どのようなことか，パラダイムシフトの観点からより大きく捉えてみたい．この抽象化を達成できれば，いろいろな局面に考える指針が得られることになろう．結論から言えば，リザルトパラダイム（以下 RP と略す）からプロセスパラダイム（以下 PP）へ，そしてプロセスパラダイムからコーズパラダイム（以下 CP と呼ぶ）へのシフトと筆者は捉えている．RP とは目に見える結果を大切にする見方，物の捉え方・進め方である．PP とは，結果を生み出していく目に見えたり，見えなかったりする活動そのものを大切にする見方，物の捉え方・進め方である．CP とは，PP を生み出す目に見えない何かを大切にする見方，物の捉え方・進め方である．これは筆者が 1996 年より提唱しているパラダイムシフトである．紙幅の関係で多くを語れないが，少し解説したい[6]．

　表 12-2 を参照されたい．一昔前は，結果が重視される RP の時代だったといえよう．関係性の範囲が限られていて，変化もゆっくりしていた時代があった．村なら村，県なら県，国なら国で，大体同じようなことが繰り返されていた時代である．参加者は互いに切り離されていて，参加者同士の関係性は既知で，その関係性は一定期間変化しないという世界観だ．「こうすれば，こうなっていた」時代である．日本で言えば，高度経済成長時代がこれにあたろう．作れば，売れていたのである．こうすれば，こうなるのであるから，優れた計画を立て，その計画通り実行すれば，計画を立てた時点の成果が生まれてくる．PDCA[7]の取り組みである．経営で言えば，これだけ投資すれば，この程度の見返りが期待できる．事実それに近いことが起こる事前決定的な世界観が担保されていたので，結果を管理する管理マネジメントを中心にすえていればよかった．管理のマネジメントとは計画通り実行させること，つまり「させる」「させられる」を参加者同士は交換するのである[8]．これをリザルトパラダイムと呼んでいる．「やらされ感」などという言葉もこのようなところから出てきていよう．

表 12-2　パラダイムシフトの提言

項　目	リザルトパラダイム	プロセスパラダイム	コーズパラダイム
扱う対象と扱う態度	・過去の活動の結果 ・近似的に止めて扱う	・現在の動いている活動プロセス ・対象を構成し，動いているままに扱う	・未来からやってくる答え ・答えに取り込まれていく
参加者の状態	・孤立性 ・関係性が既知	・関係性は時間の関数 ・出入り自由	・調和性 ・関係の関係性
最適解の姿	・系内の最適解	・系外を含む絶えざる相互作用 ・解を一緒に立ち上げる	・解はやってくる
行動様式	・問題に対処する ・表面を合わせる	・問題を第3スペースを立ち上げて解決	・問題が起きない ・答えがやってきている
再現性	・基本的に求める	・ある場合に再現，ある場合には再現しない	・基本的に一回性
例1：医学	・対症療法	・予防医学	・病気にならない生命力
例2：認知	・役割・形として認識	・参加し一緒に進める	・関係の関係性にまで配慮しあっている

　時間軸という観点からも考えてみよう．RP では過去が重要である．過去このようだったから，このようにしたらこの程度の効果があがったからと，過去が基準になるのである．投資対効果などが気になるのはこのようなパラダイムに根差している．結果はこれから出すのだから，RP は未来基準と考えられそうだが，関係を既知として，こういう場合は，過去こうだったから，結果はこうなるはずだと，未来の結果をコントロールする基準は，あくまで過去にあるのである．

　さて，現在の世界の状況はどうであろうか．RP では乗り切れなくなった．世界が緊密化され，スモールワールド化した現在では，関係性が飛躍的に高まり，自分（自社・自国）の行ったことがどこにどのように波及していくのかわからないし，自分に及ぼされてきた影響が誰（どの会社・どの国）のどのような行為によるものなのか同定できなくなってしまった．「こうすれば，こうなっていた」時代から「こうしても，こうならない」時代に突入している．サブプライムローン問題やリーマンショック等はこの好例である．だれも全ての関係性を把握する者はいなくなった．だから変化や複雑性のなかで十全な計画など立てられようもないのだ．結果（リザルト）重視の世界観から，自らが構築している関係性のなかで，その関係性も変化するプロセスそのものを自ら動きながら高めていかなくてはならない世界観に移っている．後者をプロセスパラダイムと命名する．

では，PP では，RP と違って，どのようにしたらよいのだろうか．

PP に入ると，計画の実践段階では，すでに計画作成段階の前提が変わってしまっていることが多い．部下を計画通りにさせればさせるほど，現実とのズレが大きくなり，管理マネジメントは破綻する．むしろ，自らを透明化（相手から分かるように）し，相手と重なりあって，動態的な動きのなかで，してもらったり，してあげたりしながら，だれも想像だにしなかった答え，すなわち第3のスペースにジャンプすることが求められる．自らがプロセスを構築しながら，問題の答えを相手と一緒になって立ち上げていくのである．同時形成的な世界観に移っていくのである．PP では管理のマネジメントに替わって支援のマネジメントが優勢になってくる．新しいものを生み出すプロセスでたがいの力を引き出し合い，活かしあうことになる．参加者は「してあげる」「してもらう」を交換する．時間軸という観点からも考えてみよう．PP では現在が重要である．いま，ここで効果を生み出そうとする，現在基準のあり方となる．実例を示そう．

交通渋滞を例にとって考えてみたい．渋滞を完全になくせば，他の経済活動をしなくとも日本の GDP は 2%（10 兆円程度）アップするという．RP の方法論は過去の成果を基準に，橋を架けたり，道幅を広げたり，高速道路を新たに設けるようなことをする．予想される結果に向かって計画をたて，あとはそれを粛々と実行するのみである．しかし，今の日本の交通渋滞を解決する方策として道路過剰な世の中でこのような取り組みを提案するものは少ない．では，PP ではどのようにするのだろうか．ITS (Intelligent Transport Systems: 高度道路交通システム) といって，道路と車の位置関係，車同士の位置関係を把握しながら，たがいがたがいに混雑しないように現在の状況そのもののなかで動きながら，してあげたり，してもらったりしながら対処していく．あなたの車が 100 万台走っているなかに入った瞬間に，たがいがたがいを認知して，混みあわないように「してもらったり，してあげたり」するのである．このような違いである．管理ではなく，支援的な動きをたがいがとるようになっていく．

省庁間の取り組みでいえば，自分の省で凝り固まるのではなく，いまここで目の前にある国民の問題に対して，省庁間の境界を取り払い，他省に対して開いていく必要がある．そして，周りの省と重なりを作って，たがいの弱み強み

を相手に対し透明化し，弱みを補い合い，強みを伸ばしあって，新たな答え（価値）を生み出し，実践することにコミットするのである[9]．たがいがたがいに分かってもらうようにしていかないと支援を行うことは難しい．

コーズパラダイム（以下 CP）について述べよう．現在は RP から PP への移行期にあるので，ここまで記述する必要はないかもしれないが，来たるべき時代の姿に多少触れておきたい．まず時間軸から入ってみよう．RP が過去を基準にするとすれば，PP は現在が重要なあり方である．ならば，CP は未来基準である．答えが未来からやってくるのである．関係は絶えず動いているが，関係の関係性が調和的で，問題が起きようがないパラダイムである．病気に喩えてみよう．悪いところがあると，切り取ったり，対症療法をしたりするのが RP の治療法である．外的な見えるところの辻褄を合わせるのである．PP の治療は，むしろ病を機会とみる．どのような生活パターンがいけなかったのか，家族関係はどうだったのかなどプロセスが見直され，改善されて病が消えていく．一方，CP は生命力が旺盛すぎて，病にかかりようがないパラダイムである．悪いところがあれば，それを体外に出してしまうことになる．また，ビッグデータを利用したグーグルグラス等も未来から答えがやってくる嚆矢である．CP は PP が横溢した先にあるパラダイムであり，社会である．現在は PP の時代であるので，本章ではこれ以上立ち入らない．

以上，パラダイムシフトを見てきたが，PP では，従来重ならないとされていたものが，たがいを開き，重なりを創って，その重なりの領域で「してあげたり，してもらったり」しながら，価値を生み出していくことが大事である．これを筆者は SHIEN 原理と定義している[10]．この SHIEN 原理によってマネジメントすることを SHIEN マネジメント[11]と定義する．プロセスパラダイムの時代，すなわち相手と自分で答えを一緒に立ち上げていくこと[12]や相手に自分の答えが委ねられる時代には，SHIEN マネジメントは論理的に不可避となるのである．

3 注目すべき経営的事実と実践

本節では，プロセスパラダイムに不可欠な SHIEN マネジメントの豊穣なる

経営学的実践のいくつかを拾ってみる．ここでは紙幅の関係で，3つの事例を参照する．まずは，世界一のV字回復と謳われたN社の組織変革の事例である．競争力も高い自動車産業のなかで，グローバルに展開している代表的な拡大型企業の変革には，SHIEN マネジメントが躍動している．PP に適応的なマネジメントによって，RP の目標である高い利益がついてきている．次に，地球の有限性から，拡大成長にゆきづまり，これからは持続可能という価値観が主流になってくる．組織の持続性にも SHIEN マネジメントが働いている．持続可能なマネジメントとはどういうものなのか，ここから学んでいこう．3つ目は，冒頭でも述べたが，「やさしい経営」を実践している企業に注目してみよう．やさしい経営とは，誰もが望むものであるが，「会社も継続して利益を上げ続けるだけでなく，そこで働く人々がいきいきと幸せ感をもって働いている組織体を実現している経営」のことである．これらの事例と SHIEN マネジメントとは，どのような関係にあるのだろうか．拡大成長型企業と持続可能型企業と個々の関係重視型企業の事例から迫っていく．

3-1 グローバル企業の転換点

N 社[13]のV字回復は，奇跡的ともて囃された．ここでは3つの取り組みに注目する[14]．倒産寸前だった 1999 年には，毎日 100 万円ずつ借金を返済して，3695 年返し続けなければならないほどの膨大な負債を背負っていた．それを，4年で返すことになる．その負債を作ったのも，返したのもほぼ同じ人々だ．このようなことがどうして可能になったのだろうか．

今では有名となったクロスファンクショナルチーム（以下 CFT）という取り組みがある．部門を越えた 45 歳以下の中堅どころがチームを構成し，組織のあり方なあり方について徹底的に議論する．当初は本当のことをたがいに出さず，従来通り表面的な議論と力関係で議論が回っていた．しかし，あることを境に彼らに火がつき，各々の部署の本当の姿を共有化し，徹底的に議論がかわされ，誰もがその会議に参加するときに想定した解とは異なる解が立ち上がっていった．この解こそが PP の第3スペースである．1つの部門や部署だけがハッピーになるのではなく，関わる全てのステークホルダーが納得するから，真の意味で実践まで行われ，しかもその実践は顧客や地域社会にとっても

12章 "SHIEN"マネジメントとその先の近代

価値あるものとなり，利益に繋がっていく．

この第3スペースが立ち上がるモデル例を1つ挙げる．本社部門が海外地域の広告費を下げたいとする．そのガイドラインを大幅減とすれば（第1スペース），現地経営主体は大反対であろう（第2スペース）．その広告費があったからこそ，今の売り上げを上げられていると考えられるからである．この葛藤を乗り越えて，広告費の効果を調査することになった．広告は認知を上げるが，直接の購買活動には寄与していないことが分かり，その広告費は削減され，売り上げも下がらなかったという具合である．

2つ目の取り組みはV-fastと呼ばれている．まず，問題を抱えている人をパイロットという．あなたがパイロットなら，自分が悩んでいる問題に関して，別の部署の人を人事権とは関係なく，声をかけて集めることができる．声をかけられた人にはルールがあって，パイロットのために1日自分の業務を止めてパイロットが指定する会議場に行かなくてはならない．上司はその参加を止めることができない．会議場では，ファシリテーターを中心に，なぜその問題が起こっているのか．その真の原因は何か．では，対策はどうしたらよいか．徹底的に議論し，1日の最後には必要な対策が立ち上がっている．対策の一部にパイロットが苦手なITがあるとすれば，参加者（呼ばれた人：クルーという）が自分の部署に持ち帰ってパイロットの代わりにやってくれる．まさにPPの取り組みだ．従来重なりのなかった人たちが重なりを創って，してもらったり，してあげたりしている．

3つ目の変化について述べる．N社には，厚木に研究開発の中心拠点・テクニカルセンターがある．ここに1万人弱のエンジニアが集結しているので，当然大食堂がある．本館の9階がこのエリアであるが，筆者はこのエリアをもったいないなと思ったものである．というのも，お昼の12時半から13時半には賑わうものの，それ以外の時間は閑散としていたのである．しかし，復活の過程では，1人で休んでいるように見える人，2人で話している人，また数人で声を掛け合って，集まり議論をする人が絶えず集まってくるようになった．すると，食堂なのに，会社側がテーブルの横にスクリーンを設置した．すると，パソコンとプロジェクターをもっていけば，いつでもここで自由に部署を越えて新しいことを生み出すことができるようになった．ピーク時には，食堂全体

が入れ替わり立ち替わり，小さな自由な集まりで溢れんばかりになった．復活前には他部署の人に声をかけて自由な場所で議論することは職場放棄（上司の目の前にいれば，仕事をしていると管理する RP 的発想）とされていたときがあるとすれば，隔世の感があろう．このような小さな自主的な揺らぎが摘み取られることなく，大きな場の変化を生み出していくようになることを見逃すことはできない．このように変わりながら，その後純利益 5000 億円程度を 6 年間連続であげた．このような組織革新のやり方が SHIEN マネジメントのインパクトだ．

　従来の問題の解きかたと比較してみよう．この N 社の場合，RP 的に，企画部門が，振り返ること 9 年前から，3 年計画を 3 回立て，それぞれの部門にその最適解と目されるものを展開した．全て大きな功を奏すどころか失敗し，傷口が広がったのである．グローバルに散らばっている 18 万人の従業員にその計画が広がるのに，ゆうに 3 年はかかってしまうのが RP の現実である．組織の分業や階層性を利用したやり方では，短期間の復活には機能しなかったのである[15]．

　それでは，組織変革の領域における PP の事例を通す一番大切な概念とは何だろうか．いくつかの切り口が見受けられる．主に 3 つのポイントが共通している．第 1 はそれぞれの参加者（個人，部署，部門）が単体（個）で価値を生み出しているのではなく，「してもらう・してあげる」関係を創出して成果を創生している．CFT は集まった各部門のエリートであり，V-fast は自分が呼んだ社内の別の人々である．食堂の場合も同様だ．従来，重なりのなかったところに新たな重なりができることが出発点のようである．その重なりの創り方に自由が担保されているのが第 2 の特徴である．CFT は選抜的ではあるが，参加にあたっての本人の意志は十分に考慮される．3 番目の特徴は，たがいの問題や能力を分かりあい，一緒に解を創り上げていくというプロセスである．問題の領域にタブーはない．相手の問題に自分が関わるもしくは自分の問題に相手に関わってもらい，自分の答えを押し通したり，相手の答えを飲み込まされるのではなく，第 3 スペースの解の創出に向かって，してあげたり，してもらったりしながら進んでいくのである．1 人ひとりが活動の場を構成し，それぞれが動きながら動いている問題を，同時形成的に解決策を立ち上げていく方

法がPPの問題解決法のエッセンスであり，SHIENマネジメントの真骨頂と言える．

では，このような取り組みの効果は何だろうか．V-fastを例に取れば，4つから5つの効果があると言えよう．まず，会社の問題が1つ解けることである．2つ目は，忙しいなかで集まってくれ，自分の仕事が溜まることも顧みず，パイロット（自分）の問題を皆がよってたかって解いてくれる．経験したことがある人なら分かるが，非常にモチベーションが高まるのである．一方，クルーとして呼ばれた方は，翌日自部署に戻れば，仕事の山が待っているが，自分が他者に必要とされている，ということで，これまたモチベーションが上がるのである．さらに，4つ目の効果は，問題というのは，自部門や自部署，あるいは上司と自分だけで解くという遣り方ではなく，このようによってたかって皆で力を引き出しあいながら，解いてもよいのだという，問題の解き方の新たな実践方法が得られることである．自分だけが忙しくなるのではなく，自分が困ったときには，他の人々が問題を解いてくれることを体験するようになる．さらに言えば，問題の答えを全員で生み出したがゆえに，実行に参加者全員がコミットしやすくなるし，解決過程で参加者に悦びが生まれるのである．

このようなPPの問題解決方法の本当のエッセンスを筆者は次のように考えている．問題を1人の人間や1つの部署が対峙して解かなければならないという従来のやり方は，問題が解ければよいというRPの世界観に過ぎない．しかし，問題を手段に，周りの人々を関係づけ，問題を解く過程で「してもらったり」「してあげたり」しながら豊かな関係が刻々と生み出されている．まさに，目に見える1人とか1つの部署とか1つの問題（単体）に焦点をあてるのではなく，問題を通して，目に見えない関係性を豊かに育んでいき，それが会社の財産になる．この世界観では，実体は単体ではなく，単体同士の関係が主体なのである．しかも，その関係性は，自由が担保されたなかで，たがいにたがいの主体の力を引き出し合う，生かし合う単体同士の関係である．これが来たるべきシナジー社会のコア概念と筆者は考える．

3-2 長寿企業の持続可能性

拡大成長を続けてきた社会も，いまや資源や環境の有限性という限界に直面

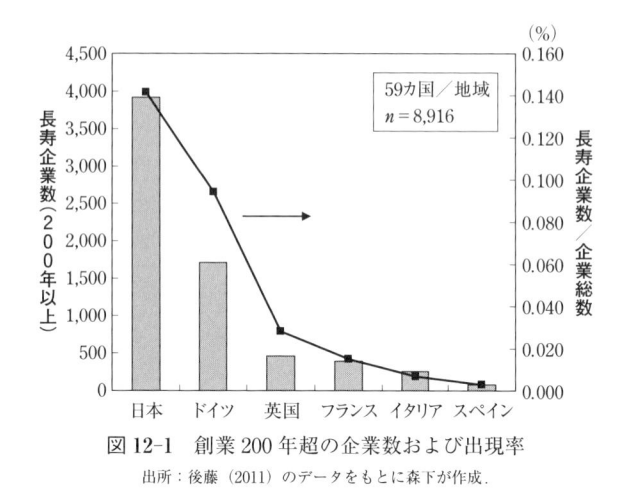

図 12-1 創業 200 年超の企業数および出現率
出所：後藤（2011）のデータをもとに森下が作成．

し，成熟社会が通常化してきている．モノの充足からこころの充足に価値観が変わってきた．後藤俊夫によれば，図 12-1 に示すように 100 年以上続いている企業を老舗という．200 年以上続いている企業を長寿企業と呼んでいる[16]．圧倒的に日本が世界の中で，出現率も絶対数もリードしている．なぜ，日本だけがこのように多いのだろうか．筆者は，これらの長寿企業にインタビューを行った．その結果，長寿企業のマネジメントには特異な面があることが分かってきた．すなわち，自社の商品がブームになり，全国展開が可能なときに，通常の西洋的マネジメントであれば，全国展開しているスーパーからの「御社の商品をとり扱わせて欲しい．売り上げは 7 倍，利益は 14 倍になりますから」を喜んで受け入れるに違いない．しかし，長寿企業は頑として断るのである．「でんぼ[17]とお店は大きくしてはあかん」というわけである．「ブームは必ず去る．去ったときに，設備投資は遊休にすればよいが，人員は削減するようなことはできないし，しない」．また，M 社という 240 年続いているうどんすきの長寿企業がある．出発は魚屋さんだった．ここで働くフロアーの女性は，お客さまに素晴らしいおもてなしをするが，同時にそれと同じおもてなしを板前さんや仲間にもしている．通常の病院などでは，看護師は，患者さんにはよくするが，医者とは関係が悪いと聞くことが多い．また，M 社の経営者である M

氏によれば,「フロアーの女性はやがて結婚していくことも多い.そのときには,料理なども必要となる.板前さんから出汁の取り方など教えてもらっている」.働いている人の人生を預かっているという発想なのである.こうした,マネジメントの裏にあるはからいを感じる従業員たちは,たがいを家族のように思い,「してもらったり,してあげたり」することを自然に交換し,自分たちを喜んで快適に成長させている現場がある.森下あや子[18]によると,構成員の相互作用の豊かさが,長寿企業の長寿性の一因であることが明らかになってきている.豊かな関係性を担保するSHIENマネジメントの実践が持続可能性に深く関与していることが窺える.RP的に目に見える数字や利益を追い求めるのではなく,目に見えないものを大事[19]にしながら,関係性を高め持続していると言える[20].

3-3 やさしい経営

3つ目の先進的事例は,「やさしい経営」の実践例である.前述したように,「会社も継続して利益を上げ続けるだけでなく,そこで働く人々がいきいきと幸せ感をもって働いている組織体を実現している経営」である.ここでは,川越にあるK病院と「かんてんぱぱ」と称される前述したI工業のマネジメントから学ぶ.前者は赤字が常態化されている病院経営にあって売上高利益率5から10%を継続しており,しかも患者あたりの看護師の人数は通常の病院の1.5倍である.後者は48期連続増収増益である.

K病院の場合,患者がこの病院にかかったことを誇りに思ってしまうそうである.たとえば,奥さんがこの病院にかかって退院すると,そのあまりのサービスに感激して,絵の趣味があったご主人が,今まで描いてきた絵をこの病院にすべて寄付してしまうほどである.それが毎月展覧されたりしている.患者と病院がしてもらったり,してあげたりしている.また,アンケートなどでは,「この病院で受けたサービスは一生忘れられない」という.また,M院長によると,「病院というのは,普通二度と行きたくない場所です.縁者などにいろいろなことがあって,縁者がいなくなると,いかなくなるのが普通です.ここは,縁者が亡くなっても嫌な想い出ということがない.何かこの病院のためにできないかと言って訪ねてきてくれるのです」.このような病院であるの

で，そこで働く人々のその対応，献身的な姿は確かに凄いと言わざるを得ない．患者さんのために何ができるか必死であり，物語として語られる感動を伴う仕事をみなが好んでしている[21]．医者不足，看護師不足の時代にあって，ここで働きたい人が100人単位で待っている．経済合理性ではない何かで動いている．

　I工業の場合も同じである．野心のある新入社員は採らないそうである．そういう人には，「あなたのような優秀な人材は，こんな長野の片田舎で埋もれるべきではない，霞が関にお行きなさい」と言って断るのだそうだ．遠きをはかるものが栄え，近きをはかるものは滅ぶ，という二宮尊徳の教えがベースにある．個の能力よりも関係性を豊かにできる人が採用される．従業員は毎朝かんてんぱぱ公園をみなで掃除し，仲がよく地域と共存している．スノータイヤの支給，社員旅行の援助金，いろいろなものを従業員は会社から十分にしてもらっている．そのことで，従業員も会社に自由に自主的に「してあげている」のである．SHIENマネジメントによって経営側と従業員という二項対立ではない好循環がおきている．

4　その先の近代を支える新たな概念と思想

　いよいよ本章のまとめである．その先の近代の扉を開いていこう．結論から端的にいえば，近代とは，個を前提に相手が理不尽であっても，自分が理不尽であっても，相互に理不尽であっても，理不尽にはできないようにしながら（法や政治），相互にマイナスにならないようにするシステム，仕組みの構築にあった．個の悪性をも考慮して，「させる」「させられる」の交換を基軸としたRPの社会である．その社会がほぼ出来上がったいま，たがいに善性を発揮して結びつき，関係のなかから想定しなかった新しい価値を生み出していく，相互にプラスになるシステム，仕組みの構築が，その先の近代の課題である．つながりができ，善性の発揮を前提に「してあげる」「してもらう」ことの交換が絶えず継続するPPの社会である．このとき，組織は復活し，企業は持続し，サービスをする人たちも受ける側も1つになって幸せを味わうことができている．利益はついてきて，離職率は低く，しかもそれらが継続していく．たがいが相手を必要とし，相手によって自分が生かされ，引き出され，その関係のな

かからたがいに想定もしなかった高度な解にいたることができることがその先の近代の姿[22]である．企業においては部門間をクロスして，官公庁においては省庁間の壁を乗り越えて，価値を生み出すときがきた．そのために，近代を超えるために，大切なステップは以下の5つである．

① **パラダイムシフトの認識** RPからPPへ，PPからCPへの転換が起きていることを受け入れることが出発点である．もはや，RPの通念である分業をベースにした協業，すなわちそれぞれの主体が自らの役目を果たせばことたりた近代は昔となった．

② **第3スペース（間）の効用** 個と個がつながり，「してもらう」「してあげる」関係のなかから両者が想定しなかった解，第3スペースを創出する．これはシナジー解とも呼べる．このような解の創出と実践のプロセスが連続して起きている社会が，すでに始まっているシナジー社会なのである．両者が自然と合意でき，実践まで行えるのである．そしてその成果やプロセスが地域や社会や地球レベルでもためになっている．

③ **引き出し合う技法** 第3スペースを創出し続けるには，つながり方が重要である．このつながりは従来のプッシュ型と違って，プル型である．相手が，自己実現できるようにするつながりである．自分が自己実現できるようにするつながりではない．だから，自分からはコントロールできる場所を持ちえない．自己実現できるように相手から引き出してもらう．相手の意志決定問題を含んだ技法である．自己を実現できる技法こそが近代の技法の終点である．その先の近代は，たがいに他者（他部門，他国）を生かし合う，引き出し合うつながりを生む技法となる．切り離された個がたがいに自己を生かそうとすれば，競争となる．たがいに相手の力を引き出せるような関係で動けば，両者から新たな価値が生まれていく．将来競争という価値観は色褪せていくことだろう．

④ **立ち上がる** 引き出し合うには，つながりが必要である．つながりは，一般にしがらみを生む．しがらみは自由を奪う．その先の近代で大事なことは，自由を担保したつながりである．自由を謳歌し過ぎれば，つながりは壊れる．人々の経験，価値観，ものの見方，感じ方はみな違うからである．それを温存しながら，自由とつながりを同時に実現しなければならない．それは，近代の

ように，あるいは RP のように，自由，平等，博愛が最初から事前決定的に静的にあるとしないことである．自由も幸せも動態的な動きのなかで，関係性によって立ち上がるのである．事実，N 社における，たがいの力を引き出し合いながら，第 3 スペースの解が立ち上がるときは，大きな喜びがやってくるのである．第 3 のスペースにジャンプすることも解が立ち上がることであるし，それを通して，相手の力を引き出したり，引き出してもらったりすることにおいて，幸せが立ち上がってくるのである．立ち上がるという概念は，誰かがデザインしたり，編集できるものではない．参加者が事前に想定しえなかったものが立ち上がるからである．また，生成とも異なる．何も生み出さないほうがよいことという事態が立ち上がることもあるからだ．

自由がゆきすぎれば，選択肢が多すぎて不安定になるし，つながりによってそれを解決しようとすると自由が狭められるというのが，RP の世界観である．動態性や関係性のなかで自由や幸せは相手との間に立ち上がるという概念が，静的な自由や幸福にとってかわっていく．それがその先の近代の自由と幸福なのである．つながっているが，自由だからである[23]．

⑤　**新たな科学的態度**　現実には「つながった」こともなく，「力を引き出し合った」ことも「立ちあげた」こともない大勢の人が周囲を取り巻くなかで，このようなことを連続して起こすにはどうしたらよいのだろう．それには，「関係の関係性の整合」という概念が大事である．自分と相手の関係がどうかというのではなく，相手が相手の中で，自分に相手を本当はどう扱ってほしいのかという相手の中の関係と自分のすることの関係[24]が整合しているということである．個を基軸として過去起こったことを未来にコントロールして同じようなことを起こそうとする事前決定的な科学的態度ではなく，関係の関係性を基軸として，ソーシャルな SHIEN を実践して，未来に起こってくることを科学する事後発展的な科学的態度[25]がその先の近代の科学である．

その先の近代に向かう場と実践をデザインし，立ち上げていくことが SHIEN マネジメントなのである．

【注】

1) エドワード・ソジャが地理学の立場から「第3空間」ということを言っているが，本章で経営学の立場から筆者が提唱している「第3スペース」はソジャとは無関係である．ただし，ソジャの空間の動態的な定義は，あとに筆者が展開する空間の「プロセスパラダイム」的定義と言えよう．筆者が提唱する概念は，東洋的な「間」の概念に近い．間を創って，「第3スペース」を立ち上げるのである．
2) 弁証法的な論理的な外側からの統合ではなく，参加者が新しい次元の解を内側から一緒に立ち上げるのである．
3) このようなマネジメントが求められているのは，時代が転換したからである．すなわち，パラダイム転換が起こって，新たな時代，すなわちプロセスパラダイム（後出）では，マネジメントはおろか科学そのものが変わる時期にあるというのが筆者の立場である．
4) 塚越（2004: 52-53）．
5) ちなみにこのときの解は，たとえば，バンパー型であれば，試作条件（樹脂の流れ解析）や衝突実験をコンピューター上のシミュレーションによってできるだけ行って，最後の試作型のみを作成し，それを量産型に転用するというものである．製造上のひけ，そり防止のデータ交換や強度確保など試作部と工場との高い協働関係がなければ，この解にはいたることはできない．
6) 舘岡（1998: 55-66, 2001: 40-41, 2006: 87-97）．
7) リザルトパラダイムの典型的な管理手法である．P（計画）⇒D（実行）⇒C（チェック）⇒A（アクション）である．プロセスパラダイムとなると，P⇔D⇔C⇔Aという関係で創発的である．最近は年度計画を立てない企業が現れてきている．年度計画を立てると，後は消化試合になり，生まれてくるドラマや機会を逃すことになるからである．
8) 科学も同じである．RPの科学とは，複雑で動いているなかから，法則を見出し，その法則が適用できる範囲内だけで問題を議論している．だから不変の法則はなく，知の水平が広がるにつれ，法則は塗り替えられていく宿命にある．このことを科学哲学の領域において，ローダンが指摘している．「時間的耐久性のある法則など1つもない」と（Laudan, 1977: 訳34）．
9) たとえば，教育現場におけるいじめの問題を解くのに，文部科学省に任せるのではなく，厚労省や法務省，総務省や経産省，財務省などが一緒になって，財務的にはどうなのか？ 技術的にはどうなのか？ とワークショップスタイルで解決策を立ち上げていくのである．このようなプロセスパラダイムの取り組みは，後に紹介するN社の事例を参考にしてほしい．
10) 舘岡（2008: 126-7）．日本語の「支援」を使わないのは，支援だと，上位者が下位者に，力のあるものがない者にというニュアンスを含むが，ここでは対等な関係で重なりを創り，「してもらう・してあげる」を交換するので，「支援」ではなくSHIENとしたのである．また，グローバルに通用することも射程にいれている．詳しくは，舘岡（2012）を参照．
11) 舘岡（2008: 126）．

12) 相手と自分が重なり合って，たがいに想定しなかった答えを立ち上げるマネジメントをシナジーマネジメントと呼ぶ．シナジーマネジメントは SHIEN マネジメントの一部である．
13) 社名をアルファベットで示すが，いずれも有名な話であるので，どこの企業であるか容易に類推がつくであろう．
14) 筆者は既に N 社を離れている．コード上問題のない範囲内での記述となる．
15) 同業の H 社の「ワイガヤ」などは PP の典型的な取り組みである．T 社は，RP の取り組みを極限的に徹底して実践しているようにも思えるが，実は愛社精神など，目に見えない思いやつながりによる T 社の取り組みの効果を見落とすと，T 社の判断を誤ることになるだろう．また，フロントローディングなどどこの会社でも支援的，PP 的取り組みが主流になってきている．
16) 後藤（2011: 272）．
17) 関西弁でおできのこと．
18) 森下（2013: 92-93）．
19) ここに 21 世紀に必要となる，ニューリベラルアーツの契機がある．目に見えないものをも含んだ実践を担保した学問体系となるだろう．詳細は次稿に譲る．
20) 不易流行といって，変えるべきものと変えてはいけないものがある．しっかりとした長寿企業は，不易を大事にして，絶えざる変革に取り組んでいることが分かってきている．非常にイノベーティブなのである．
21) 舘岡（2012: 151）．
22) 筆者は SHIEN 学という学を提唱している．SHIEN 学とは，「SHIEN 原理をベースとし，日常生活から経済，政治，国際関係まで敷衍できるようにする理論と実践のこと」である．
23) 舘岡（2012: 221）．
24) 一般に関係の関係性といえば，A と B の関係，C と D の関係があれば，その関係同士の関係と思うだろう．しかし，本章で捉えるのは，A が C にどう扱って欲しいかという A の中の関係と C との関係性のことである．
25) 科学には，リザルトパラダイムの科学（従来の科学），プロセスパラダイムの科学，コーズパラダイムの科学がある．リベラルアーツはリザパラの科学を担保し，ニューリベラルアーツはプロパラ，コズパラの科学を担保する．

【参考文献】

後藤俊夫（2011）「企業の長寿性の国際比較――ファミリービジネス研究の視点から」『組織学会研究発表大会報告要旨集』pp. 271-74.

舘岡康雄（1998）「経営に適用可能なパラダイムシフト構築に関する研究」（産能大学大学院経営情報学研究科修士論文）．

舘岡康雄（2001）「エージェントの利他性がもたらす経済合理性――支援定義の精緻化とその含意」『経営情報学会誌』10 (2): 35-51.

舘岡康雄（2006）『利他性の経済学――支援が必然となる時代へ』新曜社．

舘岡康雄（2008）「支援研究の本質と未来――パラダイムシフトの視点から」『経営シ

ステム』18 (3): 121-28.
舘岡康雄（2012）『世界を変える SHIEN 学——力を引き出し合う働きかた』フィルムアート社.
塚越寛（2004）『いい会社をつくりましょう』文屋.
森下あや子（2013）「生物組織に学ぶ企業組織の持続性——濃度，相互作用，ゆらぎの視点から」『マネジメント・ジャーナル』05: 83-94.
Drucker, P. F. (1959) "Potentials of Management Science," *HBR*, January-February（ハーバード・ビジネス・レビュー編集部編訳（2010）『Harvard Business Review』2010 年 6 月号（P. F. ドラッカー HBR 全論文）ダイヤモンド社）.
Laudan, Larry (1977) *Progress and Its Problems: Towards a Theory of Scientific Growth*, University of California Press（村上陽一郎・井山弘幸訳（1986）『科学は合理的に進歩する——脱パラダイム論へ向けて』サイエンス社）.
Mintzberg, H. (2003) "No More American Management Work," *HBR*, January-February（ハーバード・ビジネス・レビュー編集部編訳（2007）『H. ミンツバーグ経営論』ダイヤモンド社）.

終章
共生の原理を求めて

今田　高俊

　人間は他者および自然との「つながり」を持ちたいとする根源的な欲求を持っている．この論点は，社会性の成り立ちを考えるうえで重要である．というのも今日，世界を席巻している新自由主義(ネオリベラリズム)の発想では，市場競争原理の優先を唱えて自己決定と自己責任を強調するあまり，他者とともに生きるという共同存在としての社会性を導き難いからである．また，他者に迷惑をかけない限り何をするのも自由であるという倫理コードから帰結するのは粗野な競争論理であり，弱者の淘汰につながりかねない．

　家族や共同体が成立したことの背景には，また社会契約や規範など共生のための仕組みが工夫された背景には，何らかのかたちで他者とともに生きるという原理がはたらいているはずである．シナジー社会は人とひとの「つながり」を重視し，そこから発生する創発的な互酬性を特徴とする社会である．そこには他者とともに生きることが大前提としてある．最終章では，つながりの条件を議論するとともに，その問題点を吟味し，シナジー社会の今後のありかたについて展望する．

1　「つながり」の条件──自由主義か共同体主義か

　本書では，シナジー社会を相互に他者の力を引き出し合うことで自分ひとりではできない新たな現象を創発する社会と定義した．こうした相乗作用は，他者とともに生きるために不可欠な条件である．各章ではこうした「つながり」を前提として議論を進めたが，振り返ってみるに，「つながり」がいかにして可能かという原理的な考察はなされないままであった．個人主義化とグローバル化がますます進むなか，「絆」や「つながり」の大切さがつとに指摘されて

いる．しかし，耳あたりの良さでこれらの言葉が普及しても得るものは少ない．これらの言葉があたかも自明のことであるかのように社会を飛び交うことで，人は逆にこれらに対し強迫観念を抱くことになりかねない．それは危険ですらある．

絆やつながりは人間の共同存在のための必要条件である．ではシナジー社会はいわゆる共同体論の立場を採用するのであろうか．答えは，半分イエスで残り半分がノーである．どのような意味でそうなのか．シナジー社会論にとって共同性は必要だが，共通の価値規範による拘束を前提とした旧来の共同体ではなく，個人主義を前提とした共同体を担保する理論が不可欠である．

この問題を考えるに際して，1980年代に法哲学の分野でホットな議論が展開された自由主義（リベラリズム）対共同体主義（コミュニタリアニズム）の論争——いわゆるリベラル・コミュニタリアン論争——が参考になる．

リベラル・コミュニタリアン論争はジョン・ロールズ（John Rawls）とマイケル・サンデル（Michael Sandel）との論争がきっかけとなって始まった．自由で自律した人間を前提に普遍的な正義の基準を考えるロールズらの自由主義に対して，サンデルらの共同体主義が，そのような普遍的な基準は人間の個別的な生の実感に合わない，と異を唱えたことが論争の構図である[1]．

社会契約論をベースとしたロールズの正義論は，個々人がお互いに他者の置かれた状況を知らない（「無知のベール」）という仮定から，だれもが納得し，合意する普遍的な正義の二原理を導出した[2]．これは，個別具体的な他者性を消去した普遍的な原理として，グローバリズム基準に適合的である．これに対し，共同体主義は，歴史や文化に埋め込まれた個人や共同体という前提から，それぞれの共同体で共有される価値規範（共通善：common good）を重視する点で，個別具体的な他者性を取り入れたローカリズムに適合的な原理である．しかし現代社会においては，「無知のベール」も「共通善」も仮定としては虚構にすぎ，他者性を消去した「負荷なき自我」（自由主義），濃厚な他者性を埋め込んだ「過負荷な自我」（共同体主義）という双方の人間観は，あまりにも極端にすぎる．

シナジー社会論にとって，その定義からして，他者の存在は不可欠であり，個人はなにがしかの程度において他者性の負荷を背負う．他者性を消去した

「負荷なき自我」では，相互に他者の力を引き出し合うことで自分ひとりではできない新たな価値や効果を創発することは不可能である．この意味でシナジー社会は自由主義よりは共同体主義に近い原理を持つ．しかし，共同体主義が強調する価値規範としての共通善に拘束される自我では，他者性の負荷が過剰であり，新たな創発特性を生み出す相乗作用の確保が困難となる．というのも，創発は他者との相互作用によって，双方の自己を取り巻く既存の観念や価値規範を超える営みであり，共通善（価値規範）に対する逸脱行為となるからである．

　シナジー社会論が想定する自我は，共同体に埋め込まれた個人であると同時に，自由で自律した個人によって構成されねばならない．それは自由主義的でありつつ共同体主義的な社会構成のありかたを考えることである．論争の要点を整理しておくと以下のようになる．

　共同体主義によれば，人間は他者とのつながりのなかに生きており，共同体から遊離した原子的個人ではない[3]．そもそも個人は，自身の意志とは無関係に誕生し，学校や地域社会のなかで育ち，社会へと参加してゆく．とくにその場として，コミュニティ（家族や学校を含む）が重要であり，コミュニティの成員に共有された価値規範による人びとの紐帯の強化と道徳の育成が重要である．自由主義は，個人があたかも文化や歴史の拘束から解放されて行動できるかのような仮定をしているが，それはあまりにも強引な仮定である．これに対して自由主義は次のように反論する．人びとが抱く価値は多様であり，社会的な価値規範（共通善）を各人に押し付けるべきではない．価値規範を個人的に追求するのはいっこうに差し支えないが，公共的な意思決定に際してそれを持ち出すのは押し付けである．共同体主義は共通善（価値規範）を認めない人びとに対して閉鎖的になるので，社会の構成原理として望ましくない．

　問題は「他者性」の扱いにある．先に述べたように，自由主義は限りなく他者性を消去するのに対し，共同体主義は濃厚な他者性を前提にする．他者性がきわめて希薄で，しかも抽象的・普遍的な自由主義．他者についての情報を遮断された「無知のベール」という仮定は，あまりにも他者性が希薄すぎる．他方，これを批判する共同体主義の「共通善」の議論は，逆に「他者性」があまりにも濃厚すぎる．個人化とグローバル化が進んだ社会において，個別の歴史

的・文化的な伝統に埋め込まれた個人間に成立する「共通善」の強調は，閉鎖性の温床となる．自由主義ないし共同体主義はどちらも問題点を抱えており，どちらか一方に与することは避けざるをえない．ではどのようにするべきか．

2 他者性の再定位

2-1 社会の成り立ち

　社会学では社会の成り立ちを，個人，家族，地域コミュニティ，組織団体，社会の方向で考えるのが一般的である．そして個人は家族や地域コミュニティや組織団体によって社会とのつながりを確保し，社会もこれらによって構成されるとする考え方を，教科書等によって広く啓蒙されている．したがって，コミュニタリアン（共同体論者）であるか否かについての自覚がなくても，おのずと共同体主義の発想をする可能性が高い．社会学者がリバタリアン（自由至上主義者）あるいはリベラリスト（自由主義者）の立場から理論構築することは少ない．自由で自立した個人が，他者に害を及ぼさない限り何をしてもよしとするジョン・スチュアート・ミル（John Stuart Mill）の「危害原則」およびその延長線上にある自由の原則は，非現実的だと考える[4]．

　そもそも人間というものは，家族のもとに生まれ，他者と関係を取り結ぶことを学習し，無知な状態からさまざまな知識を習得して一人前の人間になるのであって，人びとのつながりによる以外に人間社会は形成されないというのが，社会学の基本的立場である．新自由主義に限らず自由主義学派の説は成人男性にあてはまる議論としては納得のいくものである[5]．しかし，そのような発想で社会を構想すると社会運営に矛盾をきたすという疑念が，多くの社会学者の発想の根底にある．であるからこそ社会学者は，すべてではないにせよ，共同性という考えを受け入れるのである．

　以上のような意味で，共同体主義はごく自然な社会学の心性のひとつになっている，といっても過言でない．しかし，このような発想を自明のものとしてしまうと，外の世界に対してみずからを閉ざしてしまう可能性がある．共同体の外でショッキングな事件が起きた場合にはとくにそうである．この「閉じ」をどのようにして開くかが問題である．

私が提起したい議論の要点は，個人主義を前提としてなおかつ共同性を導けるような理論はいかにして可能かを考察することである．そのためには個人主義の理論に他者性を取り込むことが必要である．リベラル・コミュニタリアン論争のなかで，一方が「他者性を消去しているのではないか」と他方を非難し，他方は「そんなに他者性が濃厚でどうする」と反論しているようでは展望が開けない．各人が自律的に生きていくなかで他者性を適切に取り込み，そうすることで自己の存在を確認していくことの理論化が重要である．他者への関わりと応答が基礎になってはじめて人間世界は成り立つ．自己―他者―共同性の連鎖を，個人主義に立脚して構築することが求められる．

2-2 他者へのケアリング——人間存在の原点

自己―他者―共同性の連鎖を位置づけるためには，人間存在のありかたに立ち返って考察し直す必要がある．

近代の自我観は自由で自律した主体的個人を想定する．しかし，何ものからも自由で自律的な個人という自我観のもとでは，人間が周りへの関心と生きる意味に左右されつつ他者と交わる存在であることが見失われてしまう．人間存在が，自由主義の想定するような，自由で自律した個人主義によって基礎づけられるというのは，歴史的現実を無視した虚構である．これまで人間は，一度たりとも，そのような存在であったことはないし，これからもそのような存在とはなりえない．では，いかなる点で人間は他者とともにある存在となるのか．

人間は意味を帯びた状況に反応する存在である．意味を問い，把握することを可能にしている人間の本質は，われわれが何かを大切に思うことにある．人間には気づかいの力があり，われわれは他者に関心を抱くことによって他者に関わり，自己のありかたが規定される．そして関与した他者からの呼びかけに応答する．このように，人間は生きていく際，例外なく他者に関心を抱き，それらと関わりを持ち（関与し），相手からの呼びかけに応答する．マルチン・ハイデガー（Martin Heidegger）はこうした他者（事物をも含む）への関心―関与―応答の連鎖をケア（Sorge=care）概念によって定式化し，人間存在の原点，すなわち「現存在」を位置づけた[6]．また，応答的（responsive）になることは責任（responsibility）を引き受けることでもある．こうした他者と

の関連にもとづいて，自身の存在の意味を問い，人間関係を組み立てることが，他者とともに生きるための基礎条件である．なお，他者への関心―関与―応答の図式でケアの基礎理論を展開したのがハイデガーの存在論であるとするのは筆者自身の解釈だが，こうすることで彼の主著である『存在と時間』の議論が社会学的に活かされるはずである[7]．

なお，ここでケアにかんして，注意しておくべきことがある．ケアという言葉は，福祉や社会保障の分野で，介護，世話，看護，介助などと訳されており，福祉学のキーワードとなっている．しかし，本章で考えるケアは，これらを含んでより一般的な人間存在の問題や人間関係のありかたにかかわる．また，ケアは日本で用いられる他人への気配りや気がねと無関係ではないが，これらとは別ものである．ケアは存在論の中核概念である．哲学的な人間存在の概念である．

さて，日常生活において，本来的な自己のありかたを見いだすのは容易ではない．日常的な人間は，「おしゃべり」「好奇心」「あいまいさ」などを特徴とする．次々と関心が移ろい，周囲への関与の程度も浅く，伝聞で語り，ものごとの把握もあいまいになりがちである．日常性に埋没している世人は，人間（現存在）としての責任を免除されるとともに，みずからの存在そのものを軽減することになる．そこでは他者を気づかい世話する営みが，道具的なものに転落し，ケアが自分や他者のためであることの忘却が起きる．また，人のための尽力が温情主義という名のもとに支配に転化し，模範を示すことが教示になってしまいがちである．

他者を出し抜くことを厭わない成果主義の競争原理のもとでは，人間存在にかかわるケアの力が評価されず，また発揮されない．競争中心主義の社会では，他人の自由や権利を妨害しなければ，何をしてもかまわない，他人が傷ついても仕方がない，ということになりがちである．それ以上に，自由主義の競争原理には深刻な問題が含まれることをアマルティア・セン（Amartya Sen）が証明した．経済学の重要な価値判断の基準であるパレート最適の原理と個人の選択における自由とが両立しないというパラドクスである[8]．この定理の証明によって，財の再分配にとらわれるロールズの自由主義的正義論は正当化されなくなってしまった．センは伝統的な経済学に対し，「単一の万能の選好順序と

いう後光を背負った〈合理的な愚か者〉に占領され続けてきた」と痛烈な批判を浴びせ，その代替案として「共感」と「コミットメント」を備えた人間像を提出することとなった[9]．共感とは他者への関心が自分の効用に影響を及ぼすことをあらわす．たとえば，他人が虐待されていたり，危険にさらされていたりすることを知って心を痛める（自己の効用が減少する）ことがこれにあたる．また，コミットメントは，他人が虐待されたり危険にさらされていることを知って，これらに援助の手を差し伸べる用意があることを示す．

　他者への気づかいや配慮は，人が置かれた個別で特殊な文脈に依存する．このため，何が正しいことであるかの判断を鈍らせる欠点を持つとされてきた．また，ケアを生活の中心に据えることは，お人好しな存在になることであり，周囲に気配りばかりして自己を見失う危険があるため，競争社会を生き抜いていくには不適切な倫理観であるとされてきた．さらに，ケアは正義（ロールズ）のように「すべての人は平等に処遇されるべきである」といった明確な規準を持たないため，道徳観としてはあいまいで素朴すぎるとされてきた．

　しかし，そうではない．キャロル・ギリガン（Carol Gilligan）がいうように，ケアの倫理には「だれも傷つけられるべきではない」という非暴力の一般原則が存在する[10]．ケアは人が他者とともに生きるための条件であるから，これは人びとのつながりを知り，互いに関わり合い，応答し合う世界を想定している．ケアが開く世界は，正義のそれのように諸権利の擁護が焦点となるのではなく，人間関係の物語すなわち「つながり」や「絆」が中心となる世界である．

　正義は権利を守るために暴力をも辞さない場合があるため，必ずしも万能ではない．暴力は関係者すべてに破壊的にはたらく．一方，ケアは「他者とともに生きる」ことを柱とする．したがって，ケアの倫理は，人間関係を破壊する傷つけあい，暴力は回避されなければならないとする道徳的規準を含む．ケアの発想にとって重要なことは，人間関係を手当し，破綻させないことである．

　他者とともに生きる（共生）とは，以上のようなケアにもとづく状況を意味する．相互に他者の力を引き出し合うことで自分だけではできない新たな価値や効果を創発する社会，つまりシナジー社会であるためには，他者に関心を抱き，関わり，他者からの呼びかけに応答するという人間存在のありかたが不可欠である．これはケアリングの存在論的意義であり，このケアによって他者と

のつながりが確保され，シナジー効果が発揮される．ケアを通じたシナジーこそは他者とともに生きる（共同存在のための）条件である．

3 つながり不全症候群

ケアを通じたシナジーを賛美して楽観的になることは危険である．関心―関与―応答の3要素は，それぞれ無関心―無関与―無視，あるいは過剰関心―過剰関与―過剰応答といった極端なケースになると病理現象になる．この事例として，「ひきこもり」と「ネット依存症」に代表されるつながり不全症候群と呼びうる現象を指摘できる．

3-1 ひきこもり

「ひきこもり」が社会問題になって久しい．これは周囲の世界に対するケアリング力が低下していることに原因がある．つまり他者一般に対して無関心―無関与―無応答の状態になっていることである．

厚生労働省の定義によると，ひきこもりとは「仕事や学校に行かず，かつ家族以外の人との交流をほとんどせずに，6カ月以上続けて自宅にひきこもっている状態」をさす[11]．ひきこもりの原因は，生物的・心理的・社会的な要因の複合したものにあるといわれているが，要は自宅以外での生活の場が長期にわたって失われている状態をあらわす．周囲の世界との接触を断つことによって，ストレスを避け仮の安定を得ていることである．具体的には，「病気」や「いじめ」や「家族関係のもつれ」などがその原因であるが，ひきこもっているということは，周囲の世界への関心や気づかいを失っていることである．それは，何らかの理由で，人間存在の原点であるケアの力が喪失した状態を表す．

厚生労働省が2003年にまとめた「社会的ひきこもり」についてのガイドラインによれば，「ひきこもり」のなかで，他者や自分に対する攻撃的行動がみられることがあるという．家族や他者への暴力，自傷行為，器物破損，危険物所持などがその例である．「ひきこもり」はあくまで仮の安定にすぎず，多くの人は安心感を得られずに，孤立感，焦燥感，不安感，苦悶感をつのらせる．この結果，追いつめられた気持ちになり，「こうなったのも家族のせいだ」「自

分をこんな目にあわせている周囲をうらんでやる」と他者を責める気持ちが高まったり，「もうどうなってもいい」と自暴自棄になったりして，他者や自分自身に対する攻撃行動を引き起こすのである[12]．

人間はケア衝動を持つ動物である[13]．このケア衝動が適切に満たされないと，心の葛藤状態に陥り，精神の苛立ちを覚える．そして満たされないケア衝動が攻撃衝動に転化し，暴力という代償行為によって，この苛立ちを解消しようとする．「ひきこもり」における暴力の発生は，ケアするという人間存在の原点が失われていることへの精神的な苛立ちが原因なのである．そうならないためには，ケアする力を身に付ける必要があるが，この力は簡単に身に付くものではなく，幼い頃から長期にわたる訓練を要する．

「ひきこもり」は精神医学概念ではないことを強調する吉川武彦は，ひきこもりはジークムント・フロイト（Sigmund Freud）の自我防衛機制のひとつである「逃避機制」であるとする．ひきこもりは「他者や社会との関係をうまく構築できないために"現実から引き下がる"状態」をいい，「現実から引き下がる」かたちで「ひきこもる」新たな逃避機制の存在が明らかになりつつあるとしている[14]．ただフロイトは，人間を突き動かす衝動として，また文化を含めた人間活動の源泉として，性衝動と攻撃衝動の2つを指摘したが「ケア衝動」があることを見逃した[15]．ケア衝動は動物から人間に至るまで広く認められるものであり，とくに人間において顕著な特性である．他人や子どもが川に落ちたり自動車道に倒れて生死の危機に瀕しているとき，とっさに助ける行動を起こしたり，助けなければという観念がよぎるのは，ケア衝動の発現である．ひきこもりにしばしば暴力が伴うのは，ケア衝動と攻撃衝動が葛藤を起こすことに原因がある．家庭はケア衝動を満たす中心的な場であるが，幼児期からそれを満たす訓練と学習がなされていなかったり，過度なストレスによってこれが抑圧されたりすると，ケア衝動が攻撃衝動に転化する．家庭への「ひきこもり」における暴力の発生はこのように理解しないと説明がつかないであろう．

3-2 ネット依存症

今日，電子メールや携帯電話の普及で友人・知人とのコミュニケーションに大きな変化がもたらされた．これらは人びととの受発信自由なコミュニケーショ

ンを促進し，他者とのつながり（接続）を従来のそれから大きく変容させた．「いつなんどき」相手から呼び出しがかかるかもしれない．相手との「つながり」を大切にしておかないと，関係が途絶えるかもしれない．メール受信のチェックを怠ると仲間外れにされるかもしれない，等々．ネット社会はコミュニケーションを手段とするだけでなく，それ自体を目的とする社会の到来をもたらした．電子メールをことあるごとにチェックし，可能な限り即応答の体制を敷く．また，人とひとのつながりを支援するSNS（ソーシャル・ネットワーキング・サービス）によって，コミュニティ型のコミュニケーション・システムも登場し，そこでの対応も加わって四六時中，電子メディアに向かっている人が急増している．その結果，ネット依存症と呼ばれる病理現象が生まれた．ネット依存症は多様である．Facebook依存，Twitter依存，チャット依存，携帯依存，メール依存，掲示板依存，ブログ依存，mixi依存など，その数と規模は年々，増加する傾向にある．

携帯電話を含め，さまざまな電子メディアの登場により，関心領域が次々と開拓され，人びとはこれらに関心を抱き，関わり，応答を繰り返すようになった．つながりは多様化し，それを信頼のできるものとして維持するために，絶えずつながりを確認するリスクヘッジに走るようになる．「「「「「つながり」のためのつながり」のためのつながり」のためのつながり」のためのつながり」のための……．仲間外れになったり，孤独になったりすることは避けねばならない．つながりが自己目的化して，終わりなき応答が繰り返される．北田暁大はこうしたコミュニケーションのありかたを「つながりの社会性」と呼ぶ[16]．そしてネット依存症のおでましとなる．

ネット依存症は，事物や他者に対するケアリングの過剰——過剰関心―過剰関与―過剰応答——のことである．過剰な関与と応答の背景には，つながり確保についての不安がある．つながりに確信が得られないために，絶えず携帯メールで連絡をとりたくなる．取り立てて用件がないにもかかわらず，メールを送る．使用時間を短くしようとするとイライラする，等々．つながり不安に対応しようとして，ネット・コミュニケーションにのめり込んでいく．

「ひきこもり」と同じく「ネット依存症」もつながり不全症候群の典型例である．両者はつながりにかんして両極端のケースであるが，シナジー社会では，

つながりつつ離れ，離れつつつながる変幻自在な接続と切断の営みが求められる．これはシナジーが固化せず絶えず創発をもたらすために必要な条件である．

4 新しい共同体づくり──ケアを介した「つながり共同体」

シナジー社会は相互に他者の力を引き出し合うことで自分ひとりではできない新たな付加価値を創発する社会である．また，シナジー社会は個人主義を前提にしたうえで新たなタイプの共同体（コミュニティ）を志向する社会である．では，こうした共同体はどのように特徴づけられるのであろうか．結論を先取りすれば，それはケアを介したつながり共同体といえるものである．

つながりだけで共同体が成立するのかという疑問がただちに発せられるであろう．つながりだけでは共同体の特徴である一体感が生まれない．必要条件ではあるが，十分条件とはならない．へたをすると，前節でみたつながり不全症候群に陥ってしまう可能性がある．こうした事態を回避するためにケアを介したつながりを条件として設定したのである．ケアは前節でみたように，他者への関心─関与─応答を基本とする人間存在のありかたを表す．その具体的な形態は，子どもの世話であれ高齢者の介護であれ，あるいは科学者コミュニティでの共同研究であれ，他者へ向けた関与と他者からの呼びかけに対する応答が前提である．こうしたかたちのつながりが確保されてさえいれば，共同体として十分な特徴を備えているといってよい．これまで共同体の条件に一体感の存在を前提としてきたが，このことはもはや過去の話とすべき状況にある．

個々人が抱く興味関心によって互いに他者に関わり，相互に応答的になる関係が維持されていれば，支え合い，相互の尊重と交流，異質な文化や人間の共生といった共同体の特徴が担保される．今日のように個人主義化が進んだ状況のもとで，統一された一体感やアイデンティティを共同体の条件とすることは不可能に近い．

旧来の共同体により課せられる「過負荷な自我」は「ケアを介したつながり」へと転換される必要がある．2011年3月11日に発生した東北地方太平洋沖地震による甚大な災害，いわゆる3.11東日本大震災の復興をめざした取り組みの多くが「絆プロジェクト」という呼称を掲げた．絆は人と人とのつなが

りであり，支え合いや助け合いを表す．この言葉はかつてはしがらみや拘束など共同体の縛りを表す言葉であったが，今日では支え合いによるつながりへと変容した．しがらみとしての共同体からつながりとしての共同体への変容を表す事例といえるであろう．

　それでもなお，つながり共同体を志向するシナジー社会は個人主義と共同体主義という互いに矛盾する原理を含むので，実質的には意味をなさないとする批判が提出されるかもしれない．近代社会は，フェルディナンド・テンニエス（Ferdinand Tönnies）が定式化したように，ゲマインシャフト（共同社会）からゲゼルシャフト（利益社会）へと転換を遂げるのであり，この趨勢のもとではコミュニティ（共同性）に代わって自発的なアソシエーション（結社）が優位する社会への転換が進む[17]．したがって，個人主義化のもとでの組織原理は自発的結社が中心になるはずである，と．

　確かに，コミュニティと自発的結社はその特徴を異にする．後者は契約にもとづいて利害を共有することで形成される集団である．これに対し，コミュニティは利害関係の共有を超えたアイデンティティと一体感の存在を特徴としてきた．しかし，ロバート・マッキーヴァー（Robert MacIver）はコミュニティを地域性と共同性で捉え，これが特定の利害関心を追求するアソシエーションを包括する（コミュニティの地域性は，地域，国家，地球規模と考えられる）かたちで社会が進化するものと捉え，両者の併存の可能性を指摘した[18]．現状は，これがさらに進んで，コミュニティとアソシエーションが融合する現象が進みつつあると考えられる[19]．それは利害関心の共有とアイデンティティの共有が融合した新しい共同体づくりと呼べるものである．

　筆者は社会性が成立するためには，「コミュニティ（共同性）のアソシエーション（結社）に対する優位」を前提にせざるをえないと考える．アソシエーションを包摂したコミュニティが社会である．この意味で共同体がより重要である．ただし，アソシエーションを包摂するには，先述したように，旧来の共同体論が想定してきた「過負荷な自我」は除去されねばならない．拘束性のある規範や強固なつながりを前提としたのでは，アソシエーションの包摂ができない．

　コミュニティによるアソシエーション包摂の具体例として，生活協同組合や

町内会・自治会，ボランティア団体を指摘できる．コミュニティに包摂されないアソシエーションが多数存在することは事実であるが（たとえば営利企業），CSR（企業の社会的責任）の発想にみられるように，企業は単に利益をあげるだけの存在ではなく，市民としての企業として社会的業績をあげるよう活動すべきであるという考え方が支配的になりつつある．これは企業が市民共同体（civic community）の一員として包摂されることを表す．以上のように，社会は共同性が結社を包摂するかたちで再編されつつあると考えるべきである．ただし，繰り返しになるが「過負荷な自我」は自由主義的な個人主義によって希釈される必要があることはいうまでもない[20]．

　シナジー社会で形成される新しい共同体としてのつながり共同体とは，あらかじめ決められた地位や役割にしたがって人とひとが関係を取り結ぶのではなく，興味関心や問題意識を共有できる相手と自在に結合することをあらわす[21]．これは「つながり」や「絆」が人間関係のしがらみと化して，「過負荷な自我」をもたらさないために不可欠な条件である．

　機能分化が進んだ現代では，人は多くの役割を持ち，この役割にもとづいて他者と関係をとり結ぶことを常とする．このため関係する相手はおおよそ決まっている．たとえば，企業をはじめとしたほとんどの組織では，各メンバーの地位と役割があらかじめ定められており，これらにしたがってメンバーが関係をとり結ぶことが一般的である．そうすることで組織機能が効率的に遂行されると考えられている．確かに，こうした仕組みは組織の運営と維持にとって不可欠である．あらかじめ与えられた目標を効率よく達成するには既存の地位―役割構造にもとづいた活動が功を奏する．しかし新たなアイディアや創意工夫の創発にとっては足枷となる場合が少なくない．なぜなら，既存の地位―役割構造にはなすべき事柄への期待と責任が定められており，これらから外れた行動をとることは逸脱とみなされるからである．そこには旧共同体ほどではないにしても，組織への忠誠という名目での「過負荷な自我」を強いる構造がある．

　ケアを介したつながりは人間関係の基礎となるものであり，社会秩序の基本原理にかかわる．これまで社会の仕組みを考えるうえで，ケアによるつながりの意義がきちんと位置づけてこられなかった．しかし，ケアの発想を欠いた社会は，人間関係を貧しくし，殺伐とした弱肉強食の社会を帰結する．昨今，自

己責任という美名のもとに，市場競争主義を賛美する改革論が猛威を振るっているが，これは危険な潮流である．ケアという考えに含まれる他者との共生を基礎にした競争社会こそが問題にされるべきである．

　ケアすることによる人のつながりが喜びであり，生きていくうえでの力となることが大きな課題である．物質的な豊かさの下支えがなされ，人びとの関心が所有ではなく，いかに生きるか，自己実現をはかるかといった存在関心に重心を移行した時代においては，自己の存在確認を求める私的動機が高まる．他者をケア（支援）することで最終的に自己実現をすること，自身の喜びと生きる力を獲得することの重要性が高まる．それは私的ではあるが利己的ではなく，しかも利他的にも見える行為である．個人主義ではあるが他者性への指向を前提としたものであり，他者とともに生きることをめざした共同体への道筋が担保されている．

　現在，人びとは弱肉強食型の競争社会に翻弄されて，ケアする力が萎えてしまいかねない状況にある．共生社会を作り上げるには，ケアを介したつながり共同体を前提とする共生配慮型の競争社会の仕組みを考えるほかない．ケアなき市場主義では共生社会は訪れない．

【注】
1) Sandel（1982, 1998（2nd ed.））および Rawls（1972）を参照．
2) 平等の自由に対する先行，およびもっとも不遇な人への再分配をおこなう格差原理がそれらである．
3) たとえば，サンデルは，こうした人間存在を「状況づけられた自我」として強調している．いわく，「私の人生の物語は，私の自己同一性が導き出される，そのような共同体——家族であれ都市であれ，種族であれ国民であれ，党派であれ大義であれ——の物語のなかにつねに埋め込まれている．共同体主義的な見解では，このような物語によって，単に心理学的相違ではなく，道徳的相違がもたらされる．その物語によって，われわれはこの世界に状況づけられ，われわれの生活に道徳的な固有性が与えられる」(Sandel, 1982：訳20)．
4) ミルは危害原則という言葉を発案したわけではない．ミルが危害に関する原理について論じた内容を，後の人たちが危害原理と命名したものである．彼によれば，危害に関する原理とは「人類が，個人的にまたは集団的に，だれかの行動の自由に正当に干渉しうる唯一の目的は，自己防衛だということである．すなわち，文明社会の成員に対し，彼の意志に反して，正当に権力を行使しうる唯一の目的は，他人にたいする危害の防止である」ことにほかならない（Mill, 1859：訳224）．

5) ミルは自由についての危害原則は判断能力が成熟した人間（大人）にのみあてはまることを述べている．いわく，「この理論は，成熟した諸能力をもつ人間に対してだけ適用されるものである．われわれは子どもたちや，法が定める男女の成人年齢以下の若い人々を問題にしているのではない」（Mill, 1859：訳225）．
6) ドイツ語のSorgeは一般的には関心（concern）と訳されることが多い．しかし，慮（care）の意味も含まれており，統一された訳語はない．ハイデガー（Heidegger, 1927）はSorgeの展開として，日常生活で用をたすためのものへの道具的な慮を配慮（Besorgen）と呼び，共同存在としての現存在が依拠する他人への気づかい，世話としての慮を顧慮（Fürsorge）と呼んでいる．本章ではケア（care）と訳すのが適切と判断した．事物へのケアがBesorgenであり，人に対するケアがFürsorgeである．もちろん文脈によっては，Sorgeを関心（concern）と訳すことが適切な場合があることは否定しない．
7) ハイデガーの『存在と時間』における議論は，社会学理論への利活用がなされて然るべき内容を含むにもかかわらず，筆者の知る限り彼の議論が社会学において問題にされたことは皆無に近い．20世紀の哲学界を代表する著書から学ぶべき内容は数多くある．私は拙著（今田，1986）で，彼の存在の解釈学について社会学的方法の意義を検討し，解釈学的社会学への貢献を指摘した．本章では，人間存在の意味をケアという視点から論じた側面をとりあげたが，彼の議論は社会学理論に対して重要な問題を提起するものである．
8) 自由主義のパラドクスについては，Sen（1970a, 1970b）を参照．
9) Sen（1982）．とくに共感とコミットメントの議論については，同訳書133-59頁を参照．なお，このテーマについては，今田（2004）で議論したことがある．
10) Gilligan（1982：訳305）．
11) http://www.mhlw.go.jp/seisaku/2010/02/02.html を参照．
12) http://www.mhlw.go.jp/topics/2003/07/tp0728-1.html を参照．
13) 今田（2001: 259-60）参照．
14) 吉川（2010）．
15) 以下，ケア衝動の議論は，今田（2001: 258-9）を参照のこと．
16) 北田（2002: 153）によれば，「つながりの社会性」とはコミュニケーション行為が接続していくことそのものを重視する作法（接続志向）のことである．
17) Tönnies（1887）．
18) MacIver（1917）．
19) コミュニティとアソシエーションの関係が排他的ではなく混在している状況を捉える必要があるという議論を小林正弥がしている．本章の議論は彼の議論と別個に考えついたものであるが，ねらいは共通する点が多い．また，彼の議論を収録した編著書が出版されたのは，本章をほぼ書き終えた時点であるため注での指摘にとどめるが，今後議論して深めたいテーマである．なお，小林と私の議論の違いは，彼の議論がコミュニティとアソシエーションの混在状態を問題にしているのに対し，私の議論は社会性の成立が「コミュニティ（共同性）のアソシエーション（結社）に対する優位」にあることを前提としている点である．小林（2013）を参照．

20) その方法として，関心―関与―応答というケアリングにもとづいた個人―他者―共同性の連鎖が求められるのである．
21) 自在結合の原理については今田（2001: 238-9）を参照のこと．

【参考文献】
今田高俊（1986）『自己組織性――社会理論の復活』創文社．
今田高俊（2001）『意味の文明学序説――その先の近代』東京大学出版会．
今田高俊（2004）「福祉国家とケアの倫理――正義の彼方へ」塩野谷祐一・鈴村興太郎・後藤玲子編『福祉の公共哲学』東京大学出版会，pp. 235-261.
北田暁大（2002）『広告都市・東京――その誕生と死』廣済堂出版．
吉川武彦（2010）「精神医学からみた『ひきこもり』――内閣府が実施した本調査とこれまでのわが国における『ひきこもり』調査の差異に触れて」内閣府政策統括官（共生社会政策担当）編『若者の意識に関する調査（ひきこもりに関する実態調査）報告書（概要版）』pp. 29-32.
小林正弥（2013）「マイケル・サンデルとリベラル・コミュニタリアン論争」菊池理夫・小林正弥編著『コミュニタリアニズムの世界』勁草書房，pp. 13-110.
Gilligan, Carol (1982) *In a Different Voice: Psychological Theory and Women's Development,* Cambridge, Mass.: Harvard University Press（生田久美子・並木美智子訳，岩男寿美子監訳（1986）『もうひとつの声――男女の道徳観のちがいと女性のアイデンティティ』川島書店）．
Heidegger, Martin (1927) *Sein und Zeit,* Halle: Max Niemeyer（桑木務訳（1960）『存在と時間』（上・中・下）岩波文庫）．
MacIver, Robert M. (1917) *Community: A Sociological Study: Being an Attempt to set out the Nature and Fundamental Laws of Social Life,* London: Macmillan（中久郎・松本通晴監訳（2009）『コミュニティ――社会学的研究：社会生活の性質と基本法則に関する一試論』ミネルヴァ書房）．
Mill, John Stuart (1859) *On Liberty,* London: John W. Parker and Son（早坂忠訳（1967）「自由論」関嘉彦責任編集『ベンサム，J. S. ミル』（世界の名著49）中央公論社，pp. 211-348）．
Rawls, John (1972) *A Theory of Justice,* Oxford: Clarendon Press（川本隆史・福間聡・神島裕子訳（2010）『正義論』紀伊國屋書店）．
Sandel, Michael J. (1982, 1998 (2nd ed.)) *Liberalism and the Limits of Justice,* New York: Cambridge University Press（菊池理夫訳（1999）『自由主義と正義の限界』[第2版] 三嶺書房）．
Sen, Amartya (1970a) "The Impossibility of a Paretian Liberal," *Journal of Political Economy,* 78: 152-157.
Sen, Amartya (1970b) *Collective Choice and Social Welfare,* San Francisco: Holden-Day（志田基与師監訳（2000）『集合的選択と社会的厚生』勁草書房）．
Sen, Amartya (1982) *Choice, Welfare and Measurement,* Oxford: Basil Blackwell（大庭健・川本隆史訳（1989）『合理的な愚か者――経済学＝倫理学的探究』（抄訳）

勁草書房).

Tönnies, Ferdinand (1887) *Gemeinschaft und Gesellschaft: Abhandlung des Communismus und des Socialismus als empirischer Culturformen*, Leipzig: Fues's Verlag (杉之原寿一訳 (1957)『ゲマインシャフトとゲゼルシャフト——純粋社会学の基本概念』(上・下) 岩波文庫).

おわりに

　共生という言葉が使われて久しい．人と共に生きる，自然と共に生きることの大切さは現代において，ますます重要になってきて，その実現が希求されている．それは，人間の活動が自然を破壊できるレベルに到達してしまったこと，他者との関係，他組織，他国との関係において，悩みが尽きないことが背景にある．つまり，共生の大切さは自覚できていてもそれを実現する原理はいまだ不明なのである．人との共生の場合，仮に自分を相手に対して開くことができても，相手がそれを望まなければ，それまでであり，逆もまたしかりである．相手の力を引き出す，自分の力を引き出してもらえるのかは，"相手を含んだ関係をどのように扱えるか"の科学になる．自分が自己実現できたり，自分が不利にならないようにしたりすることの追求だけでは不十分である．相手との関係を対象とし，よい関係を立ち上げ，それを循環させていくことを科学しなくてはならない．そうした営みをだれもが日常的にせねばならない時代が近づいている．本書はそこに，シナジーという概念を媒介にして，光を当てた．しかも，傍観者や観察者としてではなく，生活者や体験者という内部の視点から描き，シナジー社会実現を拓こうとした．

　「シナジー社会は相互に他者の力を引き出しあうことで自分ひとりではできない新たな付加価値を創発する社会」としたが，これは個人にしてみれば，自分以外の人の力を引き出すこと，自分以外の人から自分の力を引き出してもらえることに互いにコミットすることを意味している．文化も価値観も言葉も違うグローバルな社会のなかで，これを実現する実践こそ，人々の新たな機会であり，挑戦であり，それこそが喫緊の課題なのである．

　さて，本書の構想は今からおよそ4年前に始まった．今田研究室OB・OGのメンバーが集い，先生のご退職をきっかけに，研究室出身者で現在の社会学的諸課題に取り組もうではないかという機運が高まった．それには社会学として，新規性と発展性，メルクマールとなる企画が必要であった．そこで研究

会を立ち上げて，公共性，自己組織性，支援，幸福論など幅広い議論をおこなった結果，現実に根ざし，生活者として，近代をこえる社会学を描くことに全員の一致をみた．その後，テーマの適合性や方向性について模索するなかで，本書のタイトルである「シナジー社会論」が誕生した．幸い東京大学出版会がこのテーマで書を著すことに賛同してくださり，各自の議論の執筆機会を得ることができた．互いにピアレビューをし合い，書籍づくりの工夫を議論しあいながら本書が完成することとなった．本書の作成プロセスそのものがシナジーの連続であり，この活動そのものがシナジー社会のささやかなひな型であった．

　今田教授は，現実に通用しない，リアリティに貢献しない論は無益であるという立場である．それは，わたくしたち全員の思いでもある．研究室は，社会人，学生，留学生など多様なメンバーで構成され，自由な雰囲気での闊達な議論が誇りである．

　本書の編集に関して東京大学出版会の宗司光治氏に献身的なご尽力を頂いた．ここに感謝の意を表したい．彼もまた，この本のシナジープロセスを構成，共有してくれた．

　世界は今大きなうねりをあげて変わろうとしているように感じる．依然として，拡大を背景に競争していくことによって幸福が担保されるという世界観が根強く，跋扈している．だが，そのゆきすぎによる，歪みやひずみや矛盾が人類自身を蝕んでいる．だからこそ，奥ゆかしさや思いやりや譲り合いという深い精神文化を忘れてはならない．シナジー社会の到来とは，競争に勝って勝者になる喜びが，つながって互いに生かし合う喜びに席を譲ることを意味する．協力や関係性の進化が始まっているのである．それはまた，自然の背後にある奥深いあり方との共生でもある．なぜなら，自然は異なるものが互いに生かし合って成立しているからであり，人類自身も自然の一部だからである．本書によって，一人でも多くの方が，シナジー社会の息吹に触れ，その方向に舵をきり，平和への扉を拓いて下されば，望外の喜びである．

　最後に，恩師への感謝をこめて筆をおく．

　　　2014 年 1 月吉日　木洩れ日に輝く寺家ふるさと村白心庵茶室にて

　　　　　　　　　　　　　　　　　　　　　　　　舘　岡　康　雄

索引

ア

アロー，K. 74
育児休業 141
維持管理者 59
意思決定 172
一次同次関数 64
意味的なシナジー・ネットワーク 7
イングルハート，R. 16
インターネット 179
インフォームド・コンセント 180
SNS 232
老いの疎外 8
おおかみ少年のたとえ（タイプⅠエラー）
　113

カ

「解」の所在の位置 203-205
外部性 42
価格のシグナル効果 112
確定給付型年金制度 125
確定拠出型年金制度 125
過去の反復 140
可採年数 190
価値観 171
価値と価格の乖離 108,111
可能性定理 77
ガラスの天井 124
空の巣症候群 124
関係の関係性 218
関心―関与―応答の連鎖 227-228
管理行動 204
緩和 185,194-195
危害原則 226
気候変動 185,187,194,197

規制（裁定）(Regulatory Arbitrage)
　116
北田暁大 232
吉川武彦 231
ギデンズ，A. 16,31,34
規模の経済 192
共感 102-103,229
共助 11,58
共通善 224
協働過程 205
協同参加型モデル 173
協同性 189
共同体主義 224-226
共鳴 26,28-29,33
共有 96,101-103
ギリガン，C. 229
金融危機 107,111,113-115
クラウドソーシング 130
グローバル市場主義 107
ケア 227-230,233,235-236,237
　――衝動 231
　――を介したつながり 235
経験への支出 96
啓発された自己利益 185,197
ケイパビリティ 77
ゲーム理論 42
限界費用逓増 192
現代的諸問題 202-203
向社会的（プロソーシャル）支出 99
厚生経済学の基本定理 41
幸福 22,25,30-32
　――（度）指標 11,73,94
　　主観的―― 95,103
高齢化 171
高齢社会 153

ココロの豊かさ　90,103
コーズパラダイム（CP）　209
小林正弥　237
コブ・ダグラス型　64
コミットメント　229
コミュニケーション　46,51,178
コミュニティ　234
　　——によるアソシエーション包摂　234
コモンズの悲劇　57-59
孤立した死　167

サ

再生可能エネルギー　11-12,187-189,192,194
裁定機会　108
裁定行為（利益を極大化する）　113
裁定行動（グローバル企業の）　116
裁定（アービトラージ）取引　108,116
最良の利益　172
サポート　176
産出弾性率　68
産出弾力性　64
サンデル, M.　224,236
シェア志向　4-5
シェアド・ディシジョン　174
シェール革命　191
SHIEN原理　209
支援行動　205
SHIENマネジメント　6,209-212
仕組み債のデフォルトリスク　114
自己決定権　167
自己効果　44
自己責任　126
事後発展的な科学　218
市場メカニズム　115
自助努力　126
システム信頼　3
疾病構造　171
「してもらう・してあげる」関係　212,217

死と再生　154
シナジー　1-2,6-7,12-14,44
　　——解　217
　　——関係　26
　　——圏　27-30,33
　　——作用　26
　　——消費　4,89,103
　　——的近代化　31
　　——的自由　3
　　——的平等　3
　　ケアを通じた——　230
　　消極的な——　27-28,30-31
　　深層——　8
　　積極的な——　26-28,31
シナジェティクス　14
シナジー社会　1-3,7,10-11,223-225,233
　　——のコア概念　213
　　——論　225
自発的結社　234
社会関係資本　2,100
社会貢献意識　99
社会的価値志向　48
社会的企業家　9,57,59,70
社会的ジレンマ　58,60
社会的選択理論　74
社会的比較　97
社交型支出　98
シャドウ・ワーク　161
シャノン, C.　73
自由　37,51
　　——／平等　23-24,30
自由主義　224-226
囚人のジレンマ　42,60
出産退職　141
循環的な自律性　40,52
小規模企業　145
所得格差　110
自律性　178
自律分散系　3
深層価値　8

診療報酬体系　179
スーパーウーマン幻想　124
生活資源　121
生活満足度　95
生活リスク・リテラシー　13,121
正義　229
　　──の二原理　224
正常性　128
生成変化　50
性別分業　135
セルフガバナンス　58
ゼロリスク　127
　　──要求　114
セン，A.　16,74,228
選好理論　136
選択的なインセンティブ　63
専門性　172
専門体系　24-25,29-30
臓器移植　165
相乗効果　→シナジー
創発効果　44
ソーシャルメディア　92,100
その先の近代　216-217
　　──の自由と幸福　218

タ

大企業　147
第3のスペース　201,210
第3の道　16
退出者　59
第四の消費　4-5
他者効果　44
他者性　224-225
他者とともにある存在　227
他者とともに生きる　228-230
立ち上がる　217
ダブルコンティンジェンシー　53
秩序問題　38,41
チーム医療　180
長寿企業の長寿性　215

つながり　11,223-225,232
　　──不全症候群　230,232
つながり共同体　234-235
　　ケアを介した──　233,235
適応　185,194-197
手づくりの公共性　9
デュルケーム，É.　2,22-24
テンニエス，F.　234
討議民主主義　5
同調性　128
投票のパラドクス（コンドルセのパラドクス）　75
ドゥルーズ，G.　17
匿名性水準　78

ナ

ナイ，J.　17
ナッシュ均衡　43
ナンシー，J.-L.　159
人間開発指数（HDI）　74
人間機械論　160
ネット依存症　231-232
ネットワーク　49,181

ハ

排除性　64,70
ハイデガー，M.　227-228,237
ハキム，C.　136
ハーケン，H.　26
パーソンズ，T.　23,25,135
バタイユ，G.　159
パターナリズム　171
パットナム，R.　2,15
パートナー　181
ハーバマス，J.　32-33
ひきこもり　230-231
悲劇の舞台が消滅する悲劇　59,70
ビーチ，R.M.　8,171
不安の増幅的フィードバック　118
フェアトレード　15,27-29

不可能性定理（一般可能性定理） 75-76
物質主義 97-98
ブラック・スワンのたとえ（タイプⅡエラー） 113
フリーライダー 58-59
ブルデュー，P. 139
フロイト，S. 231
不老不死 155
プロセスパラダイム（PP） 206-209
ペアリング 178
平和の番人 191
ベック，U. 15,17,126
ベルグソン，H. 16-17
ホスピス 180
ポートフォリオ理論 114

マ

マッキーヴァー，R. 234
三浦 展 4
未来への応答 140
ミル，J. S. 226,236-237
メディア媒介的シナジー 27-29,31
モノの豊かさ 90

ヤ

有機的連帯 2,22-23
豊かさの指標 93
欲求 25,27,30-31,33-34

ラ

ライフイベント 123
ライフコース 121
利己的合理性 39
リザルトパラダイム（RP） 206-209
リスク社会 12,113,119,126
リスク認知 128
リスク・マネジメント 126
リスクリテラシー 115-116,118-119
利他志向 48
リバースイノベーション 192,197
リベラル・コミュニタリアン論争 224,227
ルーマン，N. 2,15,23-25,32-33
ルール 40
労働のコモディティ（商品）化 108-109
ロールズ，J. 224,228

執筆者一覧（執筆順）

今田　高俊　（いまだ・たかとし）
編者．奥付頁参照．

後藤　実　（ごとう・みのる）
東京工業大学特別研究員・非常勤講師
［主要著作］「世界社会の論理」（『現代社会学理論研究』第1号，2007年），「包摂／排除の社会システム理論的考察」（『社会学評論』63 (3)，2012年）．

武藤　正義　（むとう・まさよし）
芝浦工業大学システム理工学部准教授
［主要著作］「相互行為状況における倫理規範の性能分析」（『社会学評論』56 (1)，2005年），「相互行為システムと創発効果」（今田高俊・鈴木正仁・黒石晋編『社会システム学をめざして』ミネルヴァ書房，2011年）．

中井　豊　（なかい・ゆたか）
芝浦工業大学システム理工学部教授
［主要著作］『熱狂するシステム』（ミネルヴァ書房，2009年），「グローバリゼーション下での政治的なエスノセントリズム」（宮島喬・舩橋晴俊・友枝敏雄・遠藤薫編『グローバリゼーションと社会学』ミネルヴァ書房，2013年）．

岩井　淳　（いわい・あつし）
群馬大学社会情報学部准教授
［主要著作］"Evaluation of an Anonymity Measure as an Index of Voting Anonymity" (*Journal of Socio-Informatics*, 5 (1), 2012年), 「社会的選択理論の情報学的展開」（『社会情報学』1 (1)，2012年）．

佐野　美智子　（さの・みちこ）
高千穂大学商学部教授
［主要著作］『心が消費を変える』（多賀出版，2004年），『消費入門』（創成社，2013年）．

西山　昇　（にしやま・のぼる）
東京工業大学大学院社会理工学研究科研究員
［主要著作］"One Idea of Portfolio Risk Control Focusing on States of Correlation" (*Physica A*, 301, 2001年), 「ゼロリスク幻想と安全神話のゆらぎ」（共著，*View & Vision*, CUC, No. 34, 2012年）．

栗林　敦子　（くりばやし・あつこ）
リコー経済社会研究所社会構造研究室主任研究員
［主要著作］「リスク社会における『自助努力』『自己責任』」（『ニッセイ基礎研究所報』Vol. 34，2004年），「女性のライフコースと金融行動」（『季刊個人金融』7 (2)，2012 年）．

池田　心豪　（いけだ・しんごう）
労働政策研究・研修機構副主任研究員
［主要著作］「ワーク・ライフ・バランスに関する社会学的研究とその課題」（『日本労働研究雑誌』599，2010 年），「出産退職を抑制する労使コミュニケーション」（『大原社会問題研究所雑誌』655，2013 年）．

遠藤　薫　（えんどう・かおる）
学習院大学法学部教授
［主要著作］『社会変動をどうとらえるか』(1-4)（勁草書房，2009-2010 年），『廃墟で歌う天使』（現代書館，2013 年）．

小松　楠緒子　（こまつ・なおこ）
明治薬科大学薬学部准教授
［主要著作］『薬剤師と社会』（編著，北樹出版，2011 年），*Physician-Patient Collaboration* (Sankeisha，2014 年)．

一針　源一郎　（いちはり・げんいちろう）
株式会社日立製作所電力システム社戦略企画本部統括主管
［主要著作］「コーポレート・ガヴァナンスとポートフォリオ理論」（『日本コーポレート・ガバナンス・フォーラム年報』2，1997 年），「投資摩擦へのカタストロフィー理論の応用」（『理論と応用』13 (1)，1998 年）．

舘岡　康雄　（たておか・やすお）
編者．奥付頁参照．

編者紹介

今田　高俊　(いまだ・たかとし)
1948年生まれ．東京工業大学大学院社会理工学研究科教授．
[主要著作]
『自己組織性』(創文社，1986年)
『意味の文明学序説』(東京大学出版会，2001年)
『自己組織性と社会』(東京大学出版会，2005年)
『社会システム学をめざして』(共編，ミネルヴァ書房，2011年)

舘岡　康雄　(たておか・やすお)
1953年生まれ．静岡大学大学院工学研究科教授．
[主要著作]
『利他性の経済学』(新曜社，2006年)
『「気づく」能力』(共著，静岡学術出版，2007年)
『世界を変えるSHIEN学』(フィルムアート社，2012年)
『感性工学ハンドブック』(分担執筆，朝倉書店，2013年)

シナジー社会論　他者とともに生きる

2014年2月28日　初　版

[検印廃止]

編　者　今田高俊・舘岡康雄

発行所　一般財団法人　東京大学出版会

代表者　渡辺　浩

153-0041 東京都目黒区駒場 4-5-29
電話 03-6407-1069　Fax 03-6407-1991
振替 00160-6-59964

印刷所　株式会社三陽社
製本所　牧製本印刷株式会社

Ⓒ 2014 Takatoshi Imada and Yasuo Tateoka, et al.
ISBN 978-4-13-050181-1　Printed in Japan

JCOPY 〈(社)出版者著作権管理機構 委託出版物〉
本書の無断複写は著作権法上での例外を除き禁じられています．複写される場合は，そのつど事前に，(社)出版者著作権管理機構(電話 03-3513-6969，FAX 03-3513-6979，e-mail: info@jcopy.or.jp)の許諾を得てください．

自己組織性と社会　今田高俊	A5・4600 円
グローバル時代の人的資源論 渡辺聰子／アンソニー・ギデンズ／今田高俊	A5・3800 円
社会学の方法的立場　盛山和夫	46・3200 円
公共社会学（全2巻） 盛山和夫・上野千鶴子・武川正吾（編）	A5 各 3400 円
戦後日本の社会学　富永健一	A5・6200 円
〈生〉の社会学　藤村正之	46・2800 円
福祉の公共哲学 塩野谷祐一・鈴村興太郎・後藤玲子（編）	A5・4200 円
情報社会の構造　犬塚先	A5・3800 円

ここに表示された価格は本体価格です．御購入の際には消費税が加算されますので御了承下さい．